本专著得到以下项目资助：
- 国家自然科学基金（51665015）
- 华东交通大学专著基金资助项目
- 江西省一流学科华东交通大学交通运输工程学科资助
- 江西省自然科学基金项目（20181BAB206025）
- 西南交通大学牵引动力国家重点实验室开放课题（TPL2007）

高速动车组齿轮箱箱体振动特性及疲劳强度研究

朱海燕　著

西南交通大学出版社
·成　都·

图书在版编目（CIP）数据

高速动车组齿轮箱箱体振动特性及疲劳强度研究 / 朱海燕著. —成都：西南交通大学出版社，2020.3
ISBN 978-7-5643-7326-9

Ⅰ.①高… Ⅱ.①朱… Ⅲ.①高速铁路 – 列车 – 齿轮箱 – 机械振动 – 研究 Ⅳ.①U260.332

中国版本图书馆 CIP 数据核字（2019）第 294951 号

Gaosu Dongchezu Chilunxiang Xiangti Zhendong Texing ji Pilao Qiangdu Yanjiu
高速动车组齿轮箱箱体振动特性及疲劳强度研究

朱海燕　著

责任编辑	李华宇
特邀编辑	黄干芮
封面设计	何东琳设计工作室
出版发行	西南交通大学出版社 （四川省成都市金牛区二环路北一段 111 号 西南交通大学创新大厦 21 楼）
邮政编码	610031
发行部电话	028-87600564　　028-87600533
网址	http://www.xnjdcbs.com
印刷	四川煤田地质制图印刷厂
成品尺寸	170 mm×230 mm
印张	14.75
字数	226 千
版次	2020 年 3 月第 1 版
印次	2020 年 3 月第 1 次
书号	ISBN 978-7-5643-7326-9
定价	88.00 元

图书如有印装质量问题　本社负责退换
版权所有　盗版必究　举报电话：028-87600562

PREFACE / 序

随着我国高速铁路的快速发展和运营速度的不断提高,高速动车组的服役环境变得更加复杂化,其在实际运行过程中出现齿轮箱异常振动和疲劳损伤是我国高速铁路发展中遇到的新问题和新挑战,而齿轮箱是高速动车组动力传动系统的核心部件,对运行安全极为关键。高速动车组齿轮箱箱体的振动特性和疲劳损伤及其寿命主要受到线路条件、运行速度、轮轨耦合特性及齿轮啮合运动等因素影响,而且随着运行速度的不断提高,齿轮箱箱体的振动和疲劳损伤及服役寿命等问题变得更加复杂和突出,而过去对此类问题开展的研究工作较少,为了确保高速动车组的安全可靠运行,非常有必要对此开展深入的科学研究和探讨工作。

朱海燕副教授撰写的著作《高速动车组齿轮箱箱体振动特性及疲劳强度研究》,针对高速动车组在各种服役工况下齿轮箱箱体的振动特性和疲劳强度,开展了深入的理论和应用研究。通过线路长期服役跟踪试验、台架试验、动力学仿真分析及有限元分析,并结合振动时频分析及疲劳强度损伤研究,得出车轮多边形化对齿轮箱箱体振动特性的影响及其传递规律,探讨了箱体局部固有模态共振及动应力对其疲劳损伤的影响,分析了齿轮箱箱体在各种服役工况下的疲劳寿命。此著作的研究成果具有创新性和科学意义,对工程实际具有很好的指导作用。

此著作图文并茂,内容翔实,数据丰富,理论与工程实际紧密结合,是有关铁道车辆传动齿轮箱振动和疲劳损伤研究难得的著作,相信其出版对提升和完善高速动车组齿轮传动系统的研究具有重要意义。同时,此著作也可作为研究生、科研人员和工程技术人员从事该领域研究很好的参考书。

曾 京

2019 年 6 月

FOREWORD / 前言

高速动车组齿轮箱是牵引电机与轮对之间动力传递的核心部件之一，对高速动车组的动力传输和安全运行具有十分重要的作用。地铁等动力分散车辆由于齿轮箱系统运行速度较低，很少出现服役性问题，对齿轮箱的研究也相对较少。现在我国"复兴号"的服役速度 350 km/h 是世界上最快的运营速度，随着动车组运行速度的不断提高、服役里程的持续增加及运行环境的日趋复杂，齿轮箱系统出现漏油、润滑油变黑、箱体内存在异物及箱体开裂等问题，严重威胁到高速动车组的安全运行。本书基于高速动车组齿轮箱在实际服役中出现过箱体裂纹的背景下，开展高速动车组齿轮箱箱体的振动特性和疲劳强度研究后而撰写的一本著作。

本著作在高速动车组齿轮箱箱体裂纹等故障调研基础上，基于线路服役试验、小滚轮高频激励试验台试验、刚柔耦合动力学仿真计算及有限元疲劳强度分析法，结合机械振动及疲劳损伤强度理论，深入开展轮轨激励下高速动车组齿轮箱箱体的振动特性及疲劳损伤研究。本书结构及主要研究内容如下：

第 1 章：绪论。

根据高速动车组齿轮箱箱体存在的工程问题，介绍了研究工作的背景和意义，简单分析齿轮箱箱体的故障类型及其产生的原因；基于国内外研究现状，指出研究的不足，给出了本书的研究工作和目标。

第 2 章：振动信号处理方法与结构疲劳损伤理论。

介绍了振动信号数据处理方法与结构疲劳损伤方面的相关理论。对传统时频分析方法进行比较分析；对结构疲劳损伤评估理论中常用的方法进行介绍，为后续的齿轮箱箱体疲劳失效损伤分析夯实基础。

第 3 章：高速动车组齿轮箱箱体线路服役试验研究。

通过 MATLAB 软件编写 Uff 程序，生成 LMS Test. Lab 软件能够识别的数据格式，基于京沪客运专线线路跟踪试验，对 A 型和 B 型两种故障齿轮箱箱体的幅频-时频特性进行对比分析，提出了 B 型齿轮箱箱体存在约 580 Hz 的局部固有频率可能是造成齿轮箱箱体共振疲劳的主要原因之一。基于哈大线服役试验，在高速动车组在新镟踏面和磨耗踏面运行条件下，精心选择短时间段线路服役试验工况数据，对结构改进齿轮箱箱体的振动加速与运行速度的变化关系、振动频域特性开展深入细致研究，充分掌握齿轮箱箱体在服役过程中的动力学振动行为特性。对车轮多边形形成机理研究，提出了延缓或抑制高阶车轮多边形的有效措施，尽可能降低高阶多边形激扰对齿轮箱箱体的振动影响。

第 4 章：高速动车组齿轮箱箱体台架试验研究。

基于小滚轮高频激励试验对 B 型齿轮箱箱体进行扫频分析，再现了线路试验中箱体存在 580 Hz 左右的局部共振现象。为了研究车轮踏面在多边形轮轮激扰下高速动车组齿轮箱箱体的振动特性和疲劳损伤，分析了多种速度在不同垂向载荷工况下齿轮箱箱体加速度的时域特性和频域特性，利用疲劳失效评估理论对测试齿轮箱箱体开展了动应力疲劳损伤评估。

第 5 章：高速动车组齿轮箱箱体振动特性仿真分析。

对动力学仿真理论和刚柔耦合建模理论进行阐述，建立某型高速动车组刚柔耦合模型，基于该模型进行齿轮箱箱体在车轮多边形和轮径差工况下的振动特性和动应力影响分析，得出了各种工况下齿轮箱箱体的振动特性和动应力响应特性。

第 6 章：结构改进齿轮箱箱体疲劳失效评估。

基于某动车组结构改进齿轮箱箱体三维模型，应用 MSC.Nastran

商业软件，结合相关标准、线路实测试验及仿真分析数据，计算齿轮箱箱体在实际服役线路上可能遇到的各种载荷工况，并根据各载荷工况的疲劳失效评判标准，评估了齿轮箱箱体在各种载荷工况下的疲劳失效。

  本著作的相关内容得到西南交通大学牵引动力国家重点实验室的大力支持和帮助，在此表示感谢。特别感谢西南交通大学曾京教授不辞辛劳为本书作序，并对本书提出了很多修订的宝贵意见。感谢国家自然科学基金（51665015）、华东交通大学专著基金资助项目、江西省一流学科华东交通大学交通运输工程学科资助项目、江西省自然科学基金项目（20181BAB206025）、西南交通大学牵引动力国家重点实验室开放课题（TPL2007）为本书的相关研究和出版提供资助。

  由于作者水平有限，书中存在的疏漏和不妥之处，敬请指正。

朱海燕

2019 年 6 月

CONTENTS / 目录

第1章 绪 论 …………………………………………… 1
  1.1 工程背景及研究意义 ………………………………… 1
    1.1.1 齿轮箱故障问题 ……………………………… 2
    1.1.2 齿轮箱故障分析 ……………………………… 3
  1.2 国内外研究现状 ……………………………………… 7
    1.2.1 高速列车齿轮箱振动特性研究现状 ………… 8
    1.2.2 高速列车齿轮箱疲劳失效及可靠性研究现状 … 12
  1.3 本书的主要研究内容 ………………………………… 18
    1.3.1 齿轮箱箱体振动特性研究 …………………… 19
    1.3.2 齿轮箱箱体疲劳失效研究 …………………… 19

第2章 振动信号处理方法与结构疲劳损伤理论 …… 20
  2.1 传统时频分析方法 …………………………………… 20
    2.1.1 傅里叶变换 …………………………………… 21
    2.1.2 短时傅里叶变换 ……………………………… 21
    2.1.3 连续小波变换 ………………………………… 22
    2.1.4 Wigner-Ville 时频分布 ……………………… 24
    2.1.5 频率混叠 ……………………………………… 25
  2.2 齿轮箱振动信号的调制与边频带分布 ……………… 27
    2.2.1 齿轮啮合振动简化理论模型 ………………… 27
    2.2.2 齿轮箱振动频率调制机理 …………………… 28
    2.2.3 齿轮箱振动频率组成分析 …………………… 33
  2.3 结构疲劳损伤评估理论 ……………………………… 33

2.3.1　雨流计数理论 …………………………………………… 34
　　　2.3.2　Miner 线性疲劳损伤理论 …………………………………… 35
　　　2.3.3　叠加法理论 ……………………………………………… 36
　　　2.3.4　功率谱密度疲劳寿命理论 ……………………………… 38
　　　2.3.5　惯性释放理论 …………………………………………… 41
　2.4　本章小结 …………………………………………………………… 43

第 3 章　高速动车组齿轮箱箱体线路服役试验研究 ……………… 44
　3.1　高速动车组齿轮箱和轴箱振动频率 ……………………………… 44
　　　3.1.1　齿轮箱和轴箱振动频率分析 …………………………… 44
　　　3.1.2　轮轨激扰频率分析 ……………………………………… 45
　3.2　齿轮箱箱体振动特性试验对比分析 ……………………………… 47
　　　3.2.1　试验工况 ………………………………………………… 47
　　　3.2.2　齿轮箱箱体振动特性分析 ……………………………… 49
　3.3　结构改进的齿轮箱箱体线路服役特性试验研究 ………………… 55
　　　3.3.1　列车过分相区工况 ……………………………………… 56
　　　3.3.2　列车上坡与下坡运动工况 ……………………………… 62
　　　3.3.3　列车过九里庄隧道工况 ………………………………… 70
　　　3.3.4　列车过鞍山隧道工况 …………………………………… 78
　　　3.3.5　列车起动加速并减速至停车工况 ……………………… 86
　　　3.3.6　列车过曲线轨道工况 …………………………………… 91
　3.4　本章小结 …………………………………………………………… 98

第 4 章　高速动车组齿轮箱箱体台架试验研究 …………………… 100
　4.1　齿轮箱箱体振动特性台架试验方法 ……………………………… 100
　　　4.1.1　试验台结构及工作原理 ………………………………… 100
　　　4.1.2　试验方案 ………………………………………………… 102
　4.2　齿轮箱箱体振动特性试验分析 …………………………………… 104
　　　4.2.1　13 阶滚轮激励工况振动均方根值演化 ………………… 104
　　　4.2.2　不同速度垂向载荷工况下的振动特性分析 …………… 106
　　　4.2.3　时频谱特性 ……………………………………………… 109

4.3 齿轮箱箱体动应力特性试验分析 ································ 112
    4.3.1 结构疲劳失效名义应力法 ································ 112
    4.3.2 动应力累计损伤特性 ······································ 115
4.4 本章小结 ··· 130

第5章 高速动车组齿轮箱箱体振动特性仿真分析 ············· 132

5.1 高速动车组动力学模型建立 ·· 132
    5.1.1 刚柔耦合动力学建模基本理论 ························· 132
    5.1.2 齿轮箱箱体振动测点布置 ································ 138
    5.1.3 动力学模型验证 ·· 138
5.2 直线轨道上振动特性影响分析 ·· 147
    5.2.1 存在车轮多边形工况 ······································ 147
    5.2.2 振动加速度的影响因素 ··································· 149
    5.2.3 动应力影响因素 ·· 154
    5.2.4 振动传递分析 ·· 155
    5.2.5 多边形幅值影响分析 ······································ 158
    5.2.6 多边形阶次影响分析 ······································ 162
5.3 曲线轨道上不同阶次多边形影响分析 ······························ 167
    5.3.1 振动加速度影响因素 ······································ 167
    5.3.2 动应力影响因素 ·· 168
5.4 曲线轨道上不同速度等级下的多边形影响分析 ·············· 169
    5.4.1 振动加速度影响因素 ······································ 169
    5.4.2 动应力影响因素 ·· 174
5.5 轮径差影响分析 ··· 175
    5.5.1 车轮轮径差 ·· 175
    5.5.2 直线轨道上轮径差影响分析 ··························· 176
    5.5.3 曲线轨道上轮径差影响分析 ··························· 179
5.6 本章小结 ··· 183

第6章 结构改进齿轮箱箱体疲劳失效评估 ······················· 185

6.1 计算工况分析 ··· 185

  6.1.1 超常载荷分析 ································· 186
  6.1.2 运营载荷 ··································· 187
  6.1.3 冲击载荷 ··································· 187
  6.1.4 随机振动载荷分析 ···························· 189
 6.2 有限元模型分析 ···································· 189
  6.2.1 超常载荷和运营载荷工况分析模型 ············· 190
  6.2.2 冲击载荷工况分析模型 ······················ 191
  6.2.3 随机振动工况分析模型 ······················ 191
 6.3 结果分析 ··· 192
  6.3.1 超常载荷下分析结果 ························ 192
  6.3.2 运营载荷下的计算结果 ······················ 196
  6.3.3 冲击载荷分析结果 ·························· 200
  6.3.4 随机振动工况分析结果 ······················ 204
 6.4 本章小结 ··· 209

第 7 章 结论与展望 ······································ 210
 7.1 主要研究结论 ····································· 210
 7.2 研究展望 ··· 213

参考文献 ·· 214

第1章 绪 论

1.1 工程背景及研究意义

高速轨道交通系统是《国家中长期科学和技术发展规划纲要（2006—2020年》的优先主题之一，而安全性与可靠性问题则是轨道交通研究的核心内容之一[1]。近几年在国家大力支持下，我国高速铁路蓬勃发展，很多关键性技术研究取得了丰硕成果，并逐步形成了具有自主知识产权的高速动车组车体、转向架研制与试验技术，这些研究成果使我国高速列车技术水平位于世界前列。

高速列车牵引传动系统通常由牵引电动机、齿轮箱系统和联轴器等组成。齿轮箱系统主要由两部分组成：一是由齿轮副、传动轴等组成的传动系统；二是由轴承、箱体等组成的结构系统。它是一个复杂的弹性机械系统，同时也是高速动车组十大配套技术之一。作为高速动车组牵引传动系统的关键件，齿轮箱的主要功能是将驱动电机功率按照一定的比例传递给轮对，进而带动列车运行。随着列车运行速度的提高，高速运行下列车动力学性能更易受到各种复杂因素的影响，如车轮不圆顺与钢轨耦合动力学性能的复杂化，使得高速列车振动加速度的频率范围已明显高于传统机车车辆。

通常国内动车组线路常规运营速度在 200~300 km/h，2017年"复兴号"动车组成功实现350 km/h的运营速度，而更高运营速度的高速动车组正在研究中。随着动车组运行速度的提升，齿轮箱系统的运行环境将变得更加复杂，其所承受的内外载荷激扰也将对其安全稳定运行产生更大的影响。轮轨激扰力将是其主要的外部激扰因素。动车组车轮不圆顺缺陷或线路钢轨不平顺造成轮轨耦合作用力呈现高频周期性变化会加剧轮轨间振动冲击，使齿轮箱箱体发生明显的异常振动行为，这些因素都会直接影响齿轮箱箱体的强度，导致齿轮箱箱体出现故障[2]。齿轮箱系统位于动车的下部,悬挂于动轴上,在车辆正常运行过程中直接承受轮轨间的各种振动和冲击载荷,工作环境相当恶劣[3]。齿轮箱传动齿轮在啮合过程中,要承受长时间的循环性交变载荷、振动及冲击,导致传动齿轮出现点蚀、磨损、接触疲劳与断裂及齿轮箱箱体出现裂纹等失效现象,会进一步恶化列车转向架动力学性能。如果齿轮箱箱体出现故障,将直接威胁到齿轮箱系统运行的安全性。目前高速列车齿轮箱箱体普遍的故障形式主要包括润滑油渗漏、齿轮箱箱体内润滑油温度过高、箱体内存在异物等,而最危险的失效形式则是箱体出现裂纹,它会严重威胁着高速动车组的安全运行。

高速动车组在实际服役环境中出现的齿轮箱箱体裂纹故障是我国高速列车发展过程中出现的新问题和新挑战,而齿轮箱箱体在实际服役线路中的振动特性与其裂纹的产生有着极大关联性,且目前该问题尚处研究的初期阶段。因此,对其开展深入研究和分析具有重要的理论意义和工程实用价值。

1.1.1 齿轮箱故障问题

高速动车组运行于京津、武广、京沪、哈大等高速客运专线上,出现故障的齿轮箱主要是国外某品牌的 A 型和 B 型两种齿轮箱,其中 B 型结构齿轮箱已逐步更换为结构改进齿轮箱。A 型和 B 型齿轮箱如图 1-1 所示。

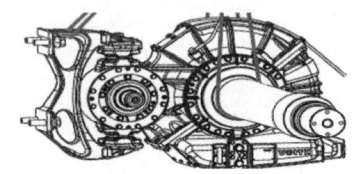

(a) A 型齿轮箱　　　　　　　　(b) B 型齿轮箱

图 1-1　故障齿轮箱类型

针对动车组齿轮箱的故障现象,对故障齿轮箱开展较为详细的调研分析,总结出齿轮箱的故障类型如下:

A 型齿轮箱故障的主要类型:① 润滑油乳化;② 齿轮箱漏油问题普遍存在,其中,电机侧渗油约占 64.3%,车轮侧渗油约占 35.7%;

③ 润滑油黑油；④ 内部异物；⑤ 齿轮箱输出端轴承故障。

B 型齿轮箱故障的主要类型：① 原结构齿轮箱箱体裂纹故障；② 箱体内部异物；③ 润滑油颜色发黑；④ 齿轮箱输出端轴承故障；⑤ 防水挡圈脱出问题。

通过比较发现 A、B 型齿轮箱故障在结构上存在明显差异；A 型齿轮箱故障主要问题表现为渗油和油脂乳化；B 型齿轮箱故障主要问题表现为齿轮箱箱体强度不足导致箱体出现裂纹。其中最严重的是齿轮箱箱体裂纹故障问题，一旦出现裂纹就意味着齿轮箱功能失效，严重威胁动车组的安全运行。

1.1.2 齿轮箱故障分析

1. 齿轮箱箱体内部异物[4]

1）A 型齿轮箱内部异物案例分析

（1）某型高速动车组齿轮箱在更换润滑油时，发现齿轮箱油位观察孔位置附着白色颗粒物质，经现场确认为组装过程中白色泡沫保护挡板脱落的颗粒。

（2）某型高速动车组齿轮箱在库内做二级修，排油过程中发现有铁丝状金属异物。案例如图 1-2 所示。

图 1-2　A 型齿轮箱内部异物

2）B 型齿轮箱内部异物案例分析

（1）某型高速列车齿轮箱温升异常故障：动车组限速 140 km/h，报警温度 160 °C，齿轮箱分解后发现大量铝屑。

（2）某型高速列车齿轮箱在日检时防水挡圈脱出，齿轮箱分解后发现纸片。

（3）某型高速列车齿轮箱温升异常故障：动车组限速 140 km/h，报警温度 146 ℃，齿轮箱分解后发现铝片。案例如图 1-3 所示。

铝屑　　　　　　　　　　纸片　　　　　　　　　　铝片

图 1-3　B 型齿轮箱内部异物

3）齿轮箱内部异物影响

齿轮箱内部异物对润滑油的品质会造成极坏的影响，同时会造成齿轮箱润滑油路流通不畅，严重时可能导致油路阻塞，使得轴承因润滑不充分发生热轴报警故障。此外，齿轮箱内部存在的金属异物会加速齿轮箱旋转件磨损，导致轴承损坏，性能失效。

2. 齿轮箱润滑油变黑

1）润滑油变黑案例分析

导致润滑油变黑的根本原因是齿轮箱润滑油产生氧化反应。A、B 两种型号齿轮箱润滑油变黑现象如图 1-4 所示。此外，根据对齿轮箱润

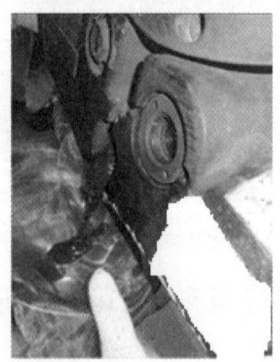 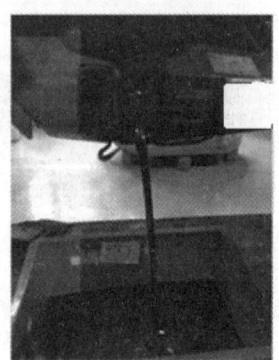

A 型齿轮箱油黑色黏稠　　　　　　B 型齿轮箱润滑油发黑

图 1-4　齿轮箱润滑油发黑

滑油异常油样的检测发现：齿轮箱内发黑的润滑油中铁含量基本偏高。这表明齿轮箱内部存在异常磨损。同时对润滑油发黑的齿轮箱进行分解检查，发现齿轮箱内确实存在异常磨损现象。

2）润滑油发黑原因简析[4]

（1）在对A型润滑油发黑的齿轮箱分解检查中，发现数起FAG圆锥滚子轴承保持架偏磨故障。

（2）在对B型润滑油发黑的齿轮箱分解检查中，发现多起圆锥滚子轴承内圈与车轴松脱打滑，故障特征如图1-5所示。

A型齿轮箱轴承保持架偏磨　　B型齿轮箱轴承内圈与车轴打滑

图1-5　滚动轴承故障

对润滑油发黑的齿轮箱分解检查后得到如下信息：

（1）根据润滑油检测结果，润滑油发黑与Fe含量有显著的关联性。

（2）A型齿轮箱润滑油发黑且Fe含量超过350×10^{-6}，轴承保持架存在偏磨故障。

（3）B型齿轮箱润滑油发黑且Fe含量超过200×10^{-6}，部分轴承存在问题。

3. B型齿轮箱箱体强度问题

针对齿轮箱出现裂纹导致漏油的情况进行调研统计分析，发现只有B型齿轮箱箱体存在裂纹故障；对所有齿轮箱裂纹部位检查后发现，裂纹均发生在齿轮箱箱体的上部齿面观察孔和下部油位观察孔周围。

对裂纹位置统计得出，52%的裂纹出现在齿轮箱的上箱体，48%的裂纹出现在齿轮箱的下箱体，如图1-6所示。

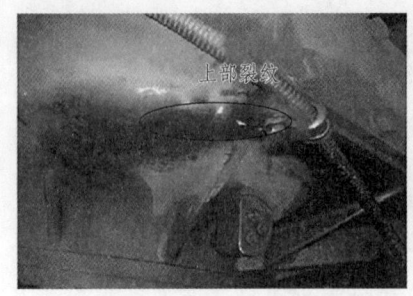 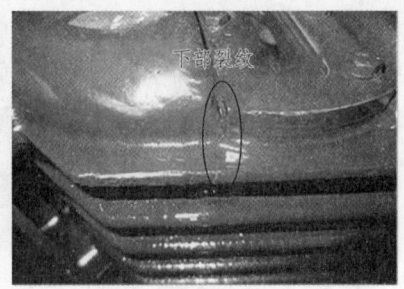

图 1-6 高速动车某齿轮箱箱体裂纹位置

齿轮箱箱体产生裂纹原因分析:

基于齿轮箱箱体的模态计算和线路试验测试结果,发现 B 型齿轮箱箱体存在以下现象:① B 型原结构齿轮箱存在 580 Hz 模态主频,与线路激扰主频 580 Hz 吻合,导致列车运营时出现箱体局部共振现象;② B 型原结构齿轮箱箱体的铸造及机加工质量存在缺陷;③ B 型原结构箱体最薄处的厚度仅为 9 mm,而 A 型箱体最薄处的厚度为 12 mm,箱体厚度对其强度的影响很大;④ 对 B 型原结构齿轮箱箱体材料及断口进行测试,结果表明:断面上存在可见气孔。通过宏观观察,齿轮箱裂纹起源于箱体的内表面,裂纹以疲劳方式扩展直至开裂。试验分析如图 1-7 所示。

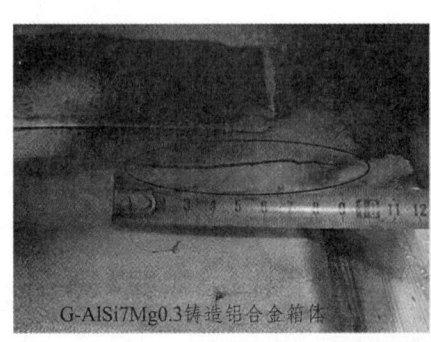 

图 1-7 齿轮箱箱体开裂微观分析

高速列车齿轮箱箱体出现裂纹,在国外也有案例:日本新干线高速列车齿轮箱出现过箱体断裂,导致齿润滑油全部漏光并露出大部分齿轮的重大事故,如图 1-8 所示。目前我国高速动车组的运营速度已经达到 350 km/h,随着更高速动车组技术的发展,其后期运营速度的不断提升,动车组各个部位的服役环境将会更加复杂，齿轮箱箱体的工作环境也将变得更加恶劣，高速动车齿轮箱箱体将会面临安全运营上的严峻挑战。

图 1-8　日本新干线某高速列车齿轮箱开裂故障

目前国内对于高速动车组齿轮箱箱体出现裂纹导致其失效的原因尚处初期研究阶段，对于齿轮箱箱体在实际服役线路中的动态振动行为特性及动应力对其造成的损伤鲜有系统性的研究报道。本书在对某型高速动车组齿轮箱箱体裂纹等故障系统调研的基础上，基于线路试验、台架试验、刚柔耦合动力学仿真计算及有限元分析法，深入重点开展齿轮箱箱体在高速动车组整车振动环境下的动态振动特性及其疲劳失效研究。

1.2　国内外研究现状

齿轮传动系统是高速动车组动力转向架的核心部件，其功能是将牵引电机的输出动力传递给轮对，其动态性能将直接影响动车组运行的安全可靠性。因此，研究齿轮传动系统的振动特性对于保障机械设备的正常运营具有重要意义。国内外学者为此进行过大量研究，这些研究主要集中在齿轮箱系统动态激励、齿轮箱系统振动稳定性和非线性振动特性等方面，采用的研究方法主要有解析方法、数值方法、实验方法、传递矩阵法、有限元法和模态分析法等。

由于高速列车齿轮系统故障一般都伴随着相应振动状态的恶化，因而齿轮箱箱体的振动特性在很大程度上表征了其运行状态的好坏。国内外学者对这种动态激励下的齿轮传动系统振动特性进行过相关研究，本节从高速列车齿轮箱传动系统的动态激励特性研究现状和高速列车齿轮箱疲劳失效及可靠性研究现状两方面展开论述。本书的研究领域是高速动车组工程实际运用问题，相关研究学者出于技术保密及商业保密的需要，没有将最新的研究成果公开发表，因此本书缺少近几年的研究参考文献，特此说明。

1.2.1 高速列车齿轮箱振动特性研究现状

随着高速列车运行速度不断提高，列车各部件的工作环境急剧恶化，齿轮传动系统在传递动力的过程中长期处于高速、复杂外载荷的运行条件下，因此齿轮传动系统的动态特性及失效机理与齿轮箱系统所受的内外激励及动态响应关联紧密。

齿轮箱是高速列车齿轮传动系统的载体，在列车高速运行中主要承受以下的激励载荷：一是轨道不平顺和车轮磨耗等原因造成轮轨冲击的外部激励，这些激励通过轮对传递到齿轮箱；二是牵引电机转轴形成谐波转矩的外部激励；三是齿轮啮合刚度变化造成的周期性振动的内部激励，通过传动轴传递给齿轮箱[5][6]。在这些激励耦合作用下，齿轮箱承受复杂的交变载荷，而且高速列车齿轮箱是一个闭式的传动系统，很难直接测得齿轮啮合的时变特性。因此，高速列车齿轮箱的工作状态至今还很难确定，所以目前主要基于上述三种激励载荷而开展齿轮箱的振动特性研究工作。

1. 外部激励对齿轮箱振动特性的影响

齿轮箱长期处于复杂交变载荷作用下，因此齿轮传动动态特性及失效机理与齿轮箱系统所受到内外激励密切相关。高速列车齿轮箱强度校核最基本的方法是采用单一外载荷，对高速列车齿轮箱而言，外载荷主要是轮轨激励和电机输入激励[7]。

姚远、任少云等[8][9]从铁路车辆和轮式车辆的角度定义了滑动率的概念，认为轮对黏滑振动与轮对纵向振动耦合作用下的轮轨切向力变化是导致轮轨自激振动形成的主要原因。基于多体动力学和自动控制理论建立黏滑控制模型，再现黏着条件降低时轮对黏滑振动现象，同时分析了自激振动引发构架、电机和齿轮箱部件等系统共振现象。张卫华等[10]通过1∶1的实物模型研究了高速轮轨黏着机理试验，并研究了轮轨表面黏着系数与蠕化率的关系及黏着系数与运行速度的关系。通过研究黏着系数，为车轮多边形磨耗的研究奠定了基础。

Nielsen等[11][12][13]对车轮多边形磨耗进行了归类，并提出多边形磨耗所导致的振动问题。Meinders等[14][15]指出车轮非圆化的振动会传递至车体，导致振动噪声。Johansson等[16]研究了1～20阶车轮不圆的发展状态及不同阶次轮轨系统的振动特性。刘逍远[17]研究了车轮非圆化对轮轨系统动力学性能的影响，分析发现轮轨振动的成分非常复杂，而且非圆化车轮对轮轨间作用力的影响很大。李广全等[18]基于高速铁路线路服役试验获得典型工况下轴箱、齿轮箱箱体的振动加速度信号及表面的动应力响应，结果表明：直线运行工况下轮轨激扰引起的齿轮箱箱体振动频率与其固有频率产生交集，齿轮箱箱体产生局部共振，使得齿轮箱箱体局部产生较高的动应力幅值，最终导致箱体出现裂纹。常程城[19]通过实际的线路测试，研究轮轨激励对齿轮箱的影响，发现车轮的20阶不圆顺的振动频率586 Hz与齿轮箱的固有频率很接近，从而引起齿轮箱箱体共振，这可能是齿轮箱箱体开裂的原因之一。

目前关于电机谐波转矩对齿轮箱振动影响的研究较少。吴志敢等[20]研究发现，在实际应用中异步电动机定子电压的磁场并非完全正弦，其中有较多的高阶谐波。赵怀耘等[21]研究发现，电机的谐波振动对机车的动力学影响甚微，但是在做驱动传动装置的动力学分析时，应该将电机谐波转矩考虑在内。单独研究电机谐波转矩对高速列车齿轮箱振动特性的并不多，大多是在多方激励共存的情况下考虑电机谐波。

赵春等[22]在分析高速列车齿轮箱振动特性的基础上，对其开展了振动模态和线路跟踪试验测试分析。结果表明：从轴箱到齿轮箱的振动传递存在放大现象。当运营速度接近300 km/h时，齿轮箱的振动加速度会急剧上升，通过频谱分析发现齿轮箱异常振动的根本原因可能是轮轨高频激扰传递到齿轮箱上导致结构共振现象。

黄冠华等[23]利用有限元方法及建立考虑齿轮啮合的高速列车动力车整车动力学模型研究了高速列车齿轮箱系统动态特性。研究显示：齿轮传动系统中存在谐波振动，扭矩波动不仅会增大齿轮的角加速度和啮合力，还会使齿轮箱的振动加剧，并改变系统的振动主频，可能引发共振现象。

邓晓宇[2]基于 ANSYS 和 SIMPACK 建立了考虑齿轮箱箱体为柔性的刚柔耦合高速动车整车动力学模型，对比分析柔性箱体与刚性箱体的动态响应特性及其对车辆整车动力学性能的影响，并探讨了车轮多边形与箱体共振关系。

杨广雪等[24]为研究高速列车齿轮箱箱体在轮轨激扰下的振动特性，基于武广客运专线试验，获得齿轮箱箱体在新轮和磨耗轮状态下的振动特性。结果表明：新轮状态下箱体振动加速度幅值要高于磨耗轮，说明磨耗轮在一定程度上能改善箱体的振动特性。

外部激励对齿轮箱振动特性影响研究表明，轮轨激励对齿轮箱的振动影响较大，特别是车轮不圆顺产生的振动频率与齿轮箱的固有频率很接近，有可能会导致齿轮箱的共振，所以轮轨的外部激励对齿轮箱箱体振动影响很大。因此，本书重点研究轮轨激励下齿轮箱箱体的振动特性。

2. 内部激励对齿轮箱振动特性的影响

李润方、王建军和林腾蛟[25][26]等人对齿轮啮合的时变刚度激励、误差激励和啮合冲击激励进行模拟，采用非 Hertz 接触有限元模型，研究齿轮弯曲、剪切和接触等各种变形及相对应的应力状态，以及齿轮传递误差对啮合刚度的影响，为研究齿轮箱内部激励对箱体的振动特性影响奠定基础。Abbes 等[27]研究齿轮与箱体的相互作用，建立了基于动态子结构法的斜齿圆柱齿轮副及箱体的动力学模型，该模型包含了斜齿圆柱齿轮啮合面弹性效应的 6 自由度模型。Chaari 等[28]通过对行星齿轮传动装置建立动力学模型，在时域、频域及基于 Wigner-Ville 分布的时-频联合域对比分析了齿轮在正常啮合和齿面点蚀、裂纹缺陷等工况下的动力学响应。Ebrahimi 等[29]通过建立刚-柔混合的齿轮接触模型来研究齿轮的接触力，并考虑了齿隙非线性、制造误差和不同齿侧啮合等因素对接触力的影响。范军等[30]研究了车轮啮合的典型振动特性对齿轮箱的影响，发现齿轮啮合的高频特性会加剧齿轮箱振动。

为了分析齿轮内部动态激扰对高速列车结构振动的影响，张卫华等[31]采用有限元方法，建立考虑齿轮内部动态激励的高速列车动车非线性动力学模型，发现齿轮内部动态激扰对车体和构架的振动基本没有影响，但对电机和齿轮箱的垂向振动有较大影响。这种方法很好地体现了内部动态激扰对车体和构架的振动影响，但其考虑的是刚体模型，对刚柔耦合模型没有进行深入分析。

为了分析某动车组齿轮箱振动特性及其影响因素，金思勤等[32]对某动车组齿轮箱进行加载试验并对齿轮箱试验过程中出现的故障进行了诊断研究，其研究结果表明：随着转速的增加，齿轮箱各位置振动速度有效值呈增大趋势；随着扭矩的增加，齿轮箱振动速度有效值呈减小趋势，试验台组装中各相邻两轴的对中误差对试验过程中齿轮箱的振动有很大的影响，可能引发齿轮箱故障。

Wang[33][34][35]以金属齿轮和非金属齿轮为研究对象，采用有限元法开展了轮体、轮齿和轴对轮齿啮合刚度影响的研究。在此基础上，Zhang[36]深入考虑了齿廓修形和不对中下轮齿啮合刚度的影响。Cai[37]针对斜齿轮传动，考虑齿数、轴偏心和齿顶隙系数等对轮齿啮合刚度影响，并提出了一种新的刚度计算函数与实验结果进行验证。

因为高速列车齿轮箱内齿轮啮合的振动特性难以直接测量，所以大多数研究均采用数值仿真的方法，而且目前大多数研究都集中在齿轮啮合方面。根据研究结果表明，齿轮啮合时产生的高频振动特性，会加剧齿轮箱的振动，但目前单独研究齿轮啮合对齿轮箱振动特性影响的并不多，因为应用单个激励对高速列车齿轮箱进行校核并不能反映出齿轮箱的实际动态响应。

3. 内外耦合激励对齿轮箱振动特性的影响

由于高速列车齿轮箱独特的工作环境，目前大多数研究都集中在多激励耦合的情况下进行研究。黄冠华等[23]通过建立高速列车整车齿轮传动模型，通过动力学仿真得到高速列车的扭矩波动会引发齿轮传动系统的谐波振动，使得齿轮副的动态响应变大，加剧齿轮箱的振动；并通过黏滑振动描述负载转矩的变化，轮轨间的滑动会使齿轮啮合力及齿轮箱体振动急剧增加。王红岩等[38]基于虚拟样机技术建立了变速箱箱体刚柔耦合虚拟振动试验台模型，能够在给定的激励条件下获得箱体相应的动应力历程。王炎等[39]根据虚拟样机模型建立了齿轮箱刚柔耦合系统，实现了刚柔耦合仿真，并验证了模型的合理性与准确性。黄冠华等[40]建立了考虑齿轮啮合的整车动力学模型，外部激励采用武广线路谱的时域不平顺样本，研究在内外耦合激励下高速列车齿轮箱的动态响应，并通过齿轮箱箱体有限元模型算出其动应力数值。

为了分析高速列车齿轮箱在内外耦合激励下产生的剧烈振动特性，丁康[41]、赵广[42]、朱革[43]在齿轮箱故障振动频带特性方面做了大量研究，得到的研究结论接近，即齿轮箱对不同的故障形式具有不同的振动特性。虽然以上研究的对象是针对一般的齿轮箱系统，但为高速列车齿轮箱故障研究奠定了基础。

通过研究内外耦合激励对高速列车齿轮箱振动特性的影响，发现齿轮啮合、电机谐波、轮轨激励中均含有激励齿轮箱共振的频率特性。黄冠华、张卫华等[23][40]的研究已经充分展示出多耦合激励共存条件下齿轮箱的振动特性。但是，对于齿轮箱箱体的振动特性，因为不同线路和不同列车均存在差异，所以需要采集更多的试验数据样本进一步开展研究。

1.2.2　高速列车齿轮箱疲劳失效及可靠性研究现状

1. 高速列车齿轮箱疲劳破坏研究现状

疲劳破坏是构件的主要失效形式之一，学者们很早就发现在结构疲劳破坏中交变载荷频率与结构的某一阶或某几阶固有频率相同或相近时，结构会发生共振，此时相同的激励幅值将会产生更大的响应，从而加速产生疲劳破坏，这种因共振而导致结构失效的行为称为共振疲劳[44]。1958 年，Crandall[45]将随机振动理论应用于结构疲劳研究中，但是随机振动理论仅对使结构发生共振的一定激励有效，对于交变载荷等复杂问题并没有提出很好解决方法。1963 年，在随机振动理论基础上，crandall[46]首次将振动疲劳描述为在交变载荷激励下产生的一种不可逆的且具有损伤累积性质的振动疲劳，这也是首次在振动疲劳研究中引入交变载荷激励的概念，为后来研究结构疲劳破坏提供了非常有价值的理论基础。20 世纪 70 年代末，姚起杭[47]提出了振动疲劳的新型概念，随后与姚军[48]将结构的疲劳分为静态疲劳与振动疲劳两类问题开展研究，很好地解决了一些工程结构的振动问题。Aykan 等[49]的研究表明振动疲劳分析应考虑外部激励的动态特性及结构的主频响应。工程应用中将振动疲劳分为共振疲劳和非共振疲劳，共振疲劳并非经常表现为结构整体共振，更多的是部件共振或局部共振。交变载荷激励经常发生结构局部共振大应变及应力集中，导致有缺陷的部位发生疲劳损伤引起断裂，疲劳破坏是结构局部共振与应力集中两种因素的共同作用[50]。

目前，高速列车疲劳主要是通过建立多轴疲劳损伤模型进行分析，该模型有 3 类[51]：① 复杂应力状态下静态屈服理论向疲劳理论的延伸；② 基于能量的方法；③采用"临界面"法。Findely 首次提出了临界面概念，Mcdiarmid 和 Brown-Miller 等对其进行了深入研究。临界面法疲劳损伤模型有正应变模型、Brown-Miller 模型、Bannantine 模型和 Wang-Brown 模型等，其中 Brown-Miller 模型同时考虑了剪应变和正应变，能适用于大多数金属结构。李广全等[18]对齿轮箱箱体的典型工况振动特性进行模态分析，结果表明：列车高速直线运行时，轮轨激扰引起的齿轮箱振动频率与其固有频率产生了交集，齿轮箱产生局部共振导致产生较高的动应力幅值，使得箱体出现裂纹。何斌斌[52]采用 Hibert-huang 变换的时频法[53]，参照传统齿轮振动特性，对高速列车齿轮箱箱体信号进行分析，得出齿轮箱箱体产生裂纹的主因是：车轮不平顺的激扰力使齿轮箱箱体局部振动频率与其固有频率相同或相近，引发共振，且高速列车的振动特性存在非线性振动特性。

综上所述，研究如何利用振动方法来进行疲劳损伤诊断，并克服车轮不圆顺的激扰力使齿轮箱箱体局部振动频率与其固有频率相近的问题是结构抗疲劳设计的重要思想。

2. 高速列车齿轮箱强度分析

高速列车齿轮箱强度分析通常需要建立其整车动力学模型及有限元模型进行强度分析，强度校核通常借鉴构架等相关试验标准。钟文生等[54]提出了高速动力车承载式铸铝合金齿轮箱的结构特点及设计原则，用有限元法分析箱体强度，该设计具有一定的合理性，但是从列车实际运行过程中时变性很强的动态受力情况分析，该设计还有待优化。在铁路车辆齿轮传动系统研究中，对于齿轮啮合时变特性的影响考虑较少，齿轮箱强度校核研究也大多基于单一的外荷载，很难反映出齿轮箱在高速运行时的动态载荷以及动态载荷作用下齿轮传动系统振动失效问题。杨文硕等[55]利用有限元方法中实体单元与平板壳单元相结合，建立结构力学中齿轮箱箱体分析模型，研究铸铝合金减速箱体的结构强度和刚度。

单巍[56]开展了新型齿轮箱箱体结构设计、强度及模态仿真分析，利用 HyperMesh 软件对齿轮箱进行网格划分，再用 ANSYS 有限元对箱体静强度和疲劳强度进行仿真分析，得出该箱体在材料 Goodman 疲劳极限内，箱体的疲劳强度满足要求。刘建新[57]使用有限元分析软件 Workbench 对箱体模型进行强度分析研究，分析了短路工况以及起动工况的受力情况，并开展了综合评估。

Lotfi[58]对齿轮箱存在过早故障问题开展研究，得到齿轮箱轴承故障诊断的关键是找到涵盖故障轴承信号的最佳频带的结果，并开展了基于平方的信封光谱峰度方法诊断。董宏等[59]基于齿轮啮合力学模型，利用频谱分析法对机车齿轮箱异常振动开展故障诊断，得到齿轮箱异常振动的原因与实际情况一致。潜波等[60]利用传递矩阵法建立多轴系统模型，针对不同的模型采用不同的传递矩阵方法，建立场传递矩阵、点传递矩阵、载荷模型、阻尼模型和齿轮啮合模型等，然后建立多回转轴系模型，在轴的两端施加边界条件，得到的数学模型可用于传动系统的强迫振动和自由振动研究。

袁文东[61]通过对齿轮箱在纵向、横向和垂向振动加速度的测量，对齿轮箱在三个方向的振动特性开展研究，对高速动车组的齿轮箱进行了疲劳强度校核，求得其在标准载荷下的动态响应，并对其振动能量、速度、频率开展研究，得到速度越快其振动能量就越大的结论。

Wilk 等[62]通过建立齿轮箱的有限元模型，发现增加加强筋可以有效地减少齿轮箱的振动，对齿轮箱的振动稳定性和强度会产生有利影响。袁雨青等[63]通过线路实际测试，得到齿轮箱的振动加速度，并对数据进行相关性分析。结果表明：车轮 20 阶磨耗产生的振动与齿轮箱固有频率接近，易引起齿轮箱共振。Zhang 等[64]认为导致高速列车齿轮箱失效的主要原因是疲劳破坏，并对齿轮箱进行了疲劳强度校核。Hu 等[65]通过线路测试、仿真计算等方法，对相关数据开展时域、频域、时频及齿轮箱疲劳强度分析，并建议对齿轮箱进行改进设计避免与轮轨激励产生共振。孟永帅等[66]以动车某齿轮箱箱体为研究对象,通过有限元计算和锤击法试验分别得到了齿轮箱箱体的模态频率及振型,通过相关性分析,验证了齿轮箱箱体仿真模型的有效性和计算结果的准确性,该研究为减少样机试验奠定了较好的基础。

齿轮箱长期处于复杂的交变载荷作用下,因此研究齿轮传动动态特性及失效激励因素与齿轮箱系统所受到内外激励密切相关,所以考虑内外耦合激励方式是研究齿轮箱疲劳失效比较有效的方法之一。

3. 高速列车齿轮箱可靠性及寿命分析

研究齿轮箱疲劳失效是为了确保其运行安全可靠性及预测其使用寿命。高速齿轮箱箱体具有承受动载、冲击剧烈、承受外界激扰、结构复杂紧凑、运动副发热量大、温度升高快等显著问题,这些问题均会严重影响齿轮箱中齿轮、轴承及箱体本身的使用寿命,如何有效处理好上述问题是提高齿轮箱性能及使用寿命的关键。对于不同型号的高速列车以及列车行驶线路的不同,轮轨接触均呈现出差异性[67],在各种激励的耦合作用下,齿轮箱要承受异常复杂的交变应力。而且高速列车齿轮箱的传动系统是一个闭式传动系统,很难直接测得齿轮啮合的时变特性,使得研究人员难以确定高速列车齿轮箱的振动特性,对其可靠性及寿命分析就显得困难重重。

基于该背景,国内外学者开展了很多关于齿轮箱可靠性及寿命的研究。蒋喜等[68]阐述了处理性能退化数据的3种方法,并根据GJB-899A可靠性试验验收标准设计性能退化试验,根据相关标准和经验来确定伪寿命,利用伪寿命建立威布尔分布的可靠度函数。樊红东等[69]采用Bayes方法,通过性能退化数据建立退化曲线,用退化方程计算齿轮剩余寿命,为计算齿轮箱齿轮的使用寿命提供了可借鉴的有效方法。Meeker等[70]介绍了故障类型的分类,指出性能退化和失效之间的关系、性能退化数据研究方法的优点,并根据Paris模型介绍了齿轮箱性能退化研究的概念。文占科等[71]对齿轮箱箱体模型进行简化、优化边界条件、改善有限元网格质量以确保计算的准确性,计算得到应力和位移,初步确定刚度和强度特性,进而对箱体方案进行优化,提高了设计的效率及可靠性。

戚墅堰机车车辆工艺研究所有限公司基于高速动车组齿轮传动系统综合性能试验台,开展高速列车齿轮箱的温升、噪声、振动、传动效率、齿轮箱耐久性及超载等试验，分析齿轮箱载荷谱，运用 Miner 线性累计准则以及齿轮的超载强化理论，对齿轮箱开展加速疲劳试验，提高了箱体齿轮的使用寿命。Luo[72]通过时域法对地铁车辆箱体振动疲劳寿命预测开展研究，在研究结果的基础上利用雨流计数法和 Miner 线性累积损伤理论计算了箱体的疲劳损伤。Choy 等[73]基于模态分析法，将齿轮箱系统中各个相互耦合的振动系统传递关系通过矩阵进行整合，转变成相互独立的运动方程，减少整个振动系统的自由度，减小计算规模；并基于上述方法编程，依据齿轮箱箱体结构和齿轮传动系统参数，求得整个齿轮箱传动系统的动态响应，通过动态响应结果判断齿轮箱的可靠性并预测其使用寿命。李丹等[74]基于转子动力学理论，借助软件研究了耦合和非耦合情况下，高速列车传动齿轮与轴承转子系统的动力学特性，为高速列车运转的稳定性问题提供参考性建议；同时基于虚拟样机技术，针对齿轮系统的柔性体模型，开展动力学特性仿真，为齿轮的刚度、强度及疲劳寿命的研究提供了重要参考依据。

通过引进、消化吸收和再创新，我国已较好地掌握了动车组走行部和车体结构的设计理论和方法，但对齿轮箱传动系统的疲劳失效分析与可靠性研究仍处于起步阶段。目前，国内关于机车车辆机械牵引传动系统的失效机理分析与可靠性设计已有一定研究。在齿轮箱传动系统寿命预测与疲劳可靠性研究方面，王起梁等[75]通过计算分析了某高速列车齿轮传动系统主动齿轮的接触疲劳可靠度、接触疲劳应力及强度的分布规律，开展了相关参数的灵敏度分析。宋永丰等[76]通过分析 CRH_{3C} 型动车组牵引传动系统的复杂程度、重要程度、技术成熟度等指标，建立了系统相关可靠性模型，并采用专家评分分配法对其部件开展可靠性分配。依据设计齿轮时提供的载荷谱，吴刚等[77]应用 Miner 线性法则预测了牵引小齿轮的使用寿命。赵永翔等[78]基于标准和可靠性曲线对 HXD_{1C} 大功率机车传动系统齿轮的接触和齿根弯曲疲劳可靠性开展了研究。俞必强等[79]运用断裂力学、雨流法和 Miner 准则等方法对齿轮承受动载荷工况下的弯曲疲劳寿命进行预判，并研究了齿轮裂纹萌生和扩展规律，为齿轮裂纹的疲劳寿命研究提供了新方法。

Ural 等[80]运用线弹性断裂力学、有限元方法和边界元法等，研究了螺旋锥齿轮裂纹的形成机理和扩展行为，为齿轮传动装置裂纹故障早期在线诊断开辟了新的途径。刘少龙[81]根据高速动车组电机及齿轮箱监测系统的安装和检测布点，提出了监测系统的可行性实施方案，为掌握动车组电机和齿轮箱的运行状态，跟踪研究其动态发展，提供了一种新的操作方法。Nejad 等[82]研究发现高速列车齿轮箱传动系统运营过程中不仅承受着车轮不圆和钢轨波磨耦合的激励，在列车牵引和制动时齿轮箱传动系统还要承受冲击载荷。

综上所述，对于高速列车齿轮箱箱体的可靠性及寿命问题，目前的研究方法主要基于动力学特性，再用雨流计数法和 Miner 线性累计损伤理论对齿轮箱箱体进行损伤计算和寿命预测。但研究的瓶颈是很难找到与实际线路存在对应关系的计算工况，对高速列车齿轮箱箱体进行仿真分析，得到无法测试大应力部位的仿真分析结果。

4. 高速列车齿轮箱传动系统失效机理研究现状

在齿轮箱传动系统失效机理方面，国内外学者也做了一定的研究。由于铸造缺陷导致齿轮箱箱体裂纹现象非常严重，曹庆峰等[83]从材料的微观角度，分析得到从液态到固态的结晶过程中，石墨的形状和大小与裂纹密切相关，并通过石墨的形成过程剖析齿轮箱箱体裂纹产生的原因。侯有忠[84]结合机械故障诊断理论对 CRH_2 型动车组转向架齿轮箱跑合试验台的振动数据进行分析，既能实时检测齿轮箱啮合及整个试验台的状态，又可预判齿轮箱安装是否科学合理、联轴节连接是否到位，该方法对避免因安装定位失误造成齿轮箱报废或跑合试验台故障有较好的效果。密封系统是高速动车组齿轮箱的重要组成部分，李枫[85]通过分析某高速动车组齿轮箱试验中密封系统发生润滑油渗漏的原因，提出了相应的整改措施，成功解决润滑油渗漏问题，为高速动车组齿轮箱密封系统设计提供了新的方法。针对 CRH_3-350 动车组运行中出现的牵引传动齿轮箱渗油问题，张川宝等[86]研究了动车组牵引传动系统中齿轮传动比的改变对齿轮箱渗油问题的影响。陈晓玲等[87]研究了某高速列车齿轮箱在不同转速下齿轮箱浸油深度对搅油损失的影响，得到了浸油深度对齿轮箱平衡温度场的响应规律，并建立了绝缘梯子齿轮箱导热模型。

针对齿轮接触疲劳失效和时变载荷变化交互作用问题，Osman 等[88]构建了三维动态齿轮模型，有效地描述了齿轮裂纹形成与扩展行为，分析了齿廓修形对其失效风险的影响。在齿轮传动装置故障特征提取研究方面，Ding 等[89]建立了齿轮副的准静态磨损模型，在考虑齿隙非线性和啮合刚度时变性的基础上，研究了啮合冲击力与齿面磨损量之间的相互关系。Jia 等[90]建立了两级直齿圆柱齿轮传动的齿轮动力学模型，运用有限元法计算了齿轮在正常、点蚀及裂纹状态下的啮合刚度，并将其用于齿轮动力学仿真，结果表明，调幅和调频的连续时间平均同步振动信号可用于区分点蚀和裂纹故障。

我国高速列车齿轮箱箱体出现裂纹故障的原因主要有以下几点[4]：① 齿轮箱箱体模态主频为 580 Hz，与线路振动主频 580 Hz 吻合，导致列车运营时出现箱体局部共振现象；② 由于上箱体内表面存在铸造缺陷和下箱体外表面存在机加工刀痕，形成早期疲劳源，导致箱体产生裂纹；③ 齿轮箱箱体最薄处厚度仅为 9 mm，箱体厚度裕量不足。

综合相关参考文献，众多学者主要从疲劳强度和可靠性方面来研究齿轮箱箱体裂纹问题，而很少考虑实际服役环境下高速列车轮轨激扰对齿轮箱箱体的振动特性和疲劳失效的影响。据此，本书基于动态服役环境线路试验数据、小滚轮高频激励试验、刚柔耦合动力学仿真计算，以及有限元法考虑齿轮箱箱体在实际服役线路中受到的载荷工况，运用高速动车组系统动力学与疲劳损伤理论相结合的方法，深入研究齿轮箱箱体的振动特性和疲劳损伤，充分掌握齿轮箱箱体在服役过程中的动力学振动特性和疲劳损伤。

1.3　本书的主要研究内容

本书的研究工作主要针对某型高速动车组齿轮箱箱体出现裂纹的工程问题开展相关研究。为了充分研究高速动车组齿轮箱箱体的振动特性和疲劳损伤，本书的主要研究思路为：基于高速动车组齿轮箱箱体在服役线路、小滚轮高频激励试验和刚柔耦合动力学建模仿真，获取齿轮箱箱体在实际服役线路中受到的载荷条件，运用高速动车组系统动力学与疲劳损伤理论相结合的方法，深入分析齿轮箱箱体在高速动车组整车振动环境下的动态振动特性及疲劳损伤。

1.3.1 齿轮箱箱体振动特性研究

本书的研究重点是考虑齿轮箱箱体的动力学性能、小滚轮高频激励试验、刚柔耦合动力学仿真计算及基于有限元法考虑齿轮箱箱体在实际服役线路中受到的载荷工况,研究高速动车组齿轮箱箱体动力学振动特性和疲劳损伤,充分掌握其在各种激扰下的振动响应和规律。

(1)基于线路试验和小滚轮高频激励台架试验,将数据导入通过MATLAB软件自行编写的Uff程序,生成LMS Test. Lab软件能够识别的数据格式,对A型和B型两种故障齿轮箱箱体线路试验开展幅频-时频分析,对这两种齿轮箱箱体测点的局部固有频率进行对比,分析齿轮箱箱体是否存在局部共振疲劳现象。

基于哈大线某型高速动车组在使用结构改进的齿轮箱箱体的线路服役试验,收集"新镟踏面"和"磨耗踏面"轮轨激扰下的多线路工况下的服役线路数据,对结构改进齿轮箱箱体的振动特性作较为全面的分析,研究齿轮箱箱体的振动特性变化规律。

(2)为了研究轮轨磨耗缺陷对高速动车组齿轮箱箱体振动特性所产生的影响,应用西南交通大学牵引动力国家重点实验室的小滚轮高频激励试验台,在车轮多边形、不同作动器垂向载荷及运行速度工况下,对比分析齿轮箱箱体的振动特性和动应力变化趋势。

(3)建立了某型动车组刚柔耦合动力学模型,尽可能模拟实际服役线路工况,在直线轨和曲线轨上,基于车轮多边形和车轮轮径差等轮轨激扰,对齿轮箱箱体出现故障的4个位置进行动力学振动特性和动应力分析,研究齿轮箱箱体在各种模拟工况下的振动加速度、振动时频-幅频特性和动应力变化的响应特性。

1.3.2 齿轮箱箱体疲劳失效研究

(1)基于小滚轮高频激励试验台测试获取齿轮箱箱体动应力,对齿轮箱箱体进行疲劳损伤评估。

(2)建立结构改正的某动车组齿轮箱箱体三维模型,根据线路试验数据并参照相关标准确定其计算载荷工况,根据不同的载荷工况及约束条件建立不同的有限元模型,分析齿轮箱箱体的疲劳失效。

第2章 振动信号处理方法与结构疲劳损伤理论

高速动车组齿轮箱箱体的线路试验数据主要由振动加速度和动应力两部分组成。振动加速度信号主要借助于传统时域及频域方法分析，齿轮箱箱体的损伤主要应用结构疲劳损伤理论进行计算分析。本章主要对齿轮箱箱体振动特性及疲劳损伤分析中要用到的相关理论进行简要介绍和探讨分析，为后续章节对这些理论的应用及分夯实基础并提供充足依据。

2.1 传统时频分析方法

分析和处理平稳信号最常用也是最主要的方法是傅里叶变换，它能够实现信号从时域到频域的变换，而其逆变换可将信号从频域变换到时域，却无法描述信号的时间与频域性质[91]。时频分析提供了从时域到时频域的变换，能够做出二维或三维时频分布图形，在时频平面上表示出信号中各个分量的时间关联谱特性，进而表示每一时刻在瞬时频率附近的能量聚集情况。等效的时域信号可以通过时频表示的求逆过程获得，并且能够进行时频滤波和时变信号综合，利用瞬时频率设计时变滤波器[92][93]。

时频分布可分为线性时频分布和非线性时频分布[94]，线性时频分布由傅里叶线性变换转化而来，典型的有短时傅里叶变换（STFT）及小波变换；非线性时频分布可以认为是二次型时频表示，最重要的是Wigner-Ville分布。

时频分析研究和应用得到快速发展，已经在经济、国防、科技和生活等领域得到广泛应用，如语音处理和自动识别[95]、声纳和雷达回声处理[96]、各种瞬态信号的检测和识别[97][98]、机械故障的早期诊断[99]、生物医学信号处理和超声无损检测[100]等。

2.1.1 傅里叶变换

分析和处理平稳信号最常用也是最主要的方法是傅里叶分析。傅里叶变换建立了信号从时域到频域的变换桥梁，而傅里叶逆变换则建立了信号从频域到时域的变换桥梁，这两个域之间的变换为一对一映射，它们可用式（2-1）和式（2-2）来表示[101]：

信号 $h(t)$ 的傅里叶变换（从时域到频域）表示为

$$H(f) = \int_{-\infty}^{+\infty} h(t) \mathrm{e}^{-\mathrm{j}2\pi ft} \mathrm{d}t \qquad (2\text{-}1)$$

傅里叶逆变换（从频域到时域）表示为

$$h(t) = \frac{1}{2\pi} \int_{-\infty}^{+\infty} H(f) \mathrm{e}^{\mathrm{j}2\pi ft} \mathrm{d}f \qquad (2\text{-}2)$$

时域和频域构成了观察一个信号的两种方式。基于傅里叶变换的信号频域表示及其能量的频域分布揭示了信号在频域的特征，它们对传统的信号分析与处理起到了极为重要的作用。傅里叶变换只能单独从信号的时域或频域上观察，却不能把二者结合起来，这是因为信号的时域波形中没有呈现频域信息，而其傅里叶谱中完全不具备时域信息，即对于傅里叶谱中的某一频率，无法获取该频率产生的时间。从式（2-1）和式（2-2）可以看出，傅里叶变换的原函数 $h(t)$ 和核函数 $\mathrm{e}^{-\mathrm{j}2\pi ft}$ 的时间长度均取 $(-\infty,+\infty)$，傅里叶逆变换的原函数 $H(f)$ 和核函数 $\mathrm{e}^{\mathrm{j}2\pi ft}$ 也在整个频率轴上取值。从这个意义上说，傅里叶变换本质上是信号 $h(t)$ 的全局变换，傅里叶逆变换则是频谱 $H(f)$ 的全局变换。

2.1.2 短时傅里叶变换

短时傅里叶变换（STFT）的核心思想是使用固定宽度的窗口函数来截取时域信号，然后使用傅里叶变换对截取的时域信号进行分析，得到所截取信号的频谱，接着不断移动窗口函数并记录时间，从而获取整个信号的时频分布。

信号 $s(\tau)$ 的 STFT 定义为[101]

$$\text{STFT}(t,\omega) = \int_{-\infty}^{+\infty} s(\tau)h(\tau-t)\mathrm{e}^{-\mathrm{j}\omega\tau}\mathrm{d}\tau \tag{2-3}$$

式中，$h(t)$ 为窗口函数。

信号 $s(\tau)$ 可以通过短时傅里叶逆变换重构

$$s(t) = \frac{1}{2\pi}\int_{-\infty}^{+\infty}\int_{-\infty}^{+\infty}\text{STFT}(\tau,\omega)h(\tau-t)\mathrm{e}^{\mathrm{j}\omega\tau}\mathrm{d}\tau\mathrm{d}\omega \tag{2-4}$$

短时傅里叶变换是研究非平稳信号的有效方法，它解决了传统傅里叶变换无法描述信号在特定时刻的频率特性的缺点，但也存在窗函数的选择问题。对于特定的信号，选择特定的窗函数可能会有更好的效果，但分析包含两个分量以上的信号时，一个窗函数很难同时满足几种不同的要求。此外，当窗口函数 $h(t)$ 确定后，矩形窗口的形状就确定了，τ、ω 只改变窗口在相平面上的位置。因此，用短时傅里叶变换分析非平稳信号，要得到理想的频域效果，应该要有较长的信号观测时间。对于变化较快的信号，由于时间信息失去，不能正确反映频率与时间变化之间的关系；反之，若选取的窗函数很短，虽然可以得到较好的时域效果，但根据 Heisenberg 测不准原理，这将会在频率上付出代价，所得到的信号频带会加宽，导致频域的分辨率降低。因此，短时傅里叶变换不能使两者同时达到最优。

2.1.3 连续小波变换

小波分析法是一种窗面积固定但其形态可改变，时间窗和频率窗均可变化的时频局部化分析方法，即在低频部分具有较高的频率分辨率和较低的时间分辨率，在高频部分具有较高的时间分辨率和较低的频率分辨率。

小波变换的基本思想与傅里叶变换类似，即用信号在一簇基函数形成的空间投影来表征该信号，但这一簇函数是通过基本母子波函数中不同尺度的伸缩和平移构成，其时宽和频宽积很小，且在时间和空间上很集中。

连续小波变换在时域定义为[102]

$$\text{CWT}(a,b) = \frac{1}{\sqrt{a}}\int_{-\infty}^{+\infty} w\left(\frac{t-b}{a}\right)h(t)\mathrm{d}t \tag{2-5}$$

式中，$a \neq 0$，为尺度因子；b 为时移因子，函数 $w(t)$ 为母小波。用不同的 a 和 b 构成的小波基函数：$w_{a,b} = \frac{1}{\sqrt{a}} w\left(\frac{t-b}{a}\right)$，小波逆变换为

$$h(t) = c \iint_{a>0} \frac{1}{a^2} \mathrm{CWT}(a,b) w_{a,b}(t) \mathrm{d}a \mathrm{d}b \tag{2-6}$$

小波变换在频域可以表示为

$$\begin{aligned}\mathrm{CWT}(a,b) &= \sqrt{a} \int_{-\infty}^{+\infty} H(f) W^*(af) \exp(\mathrm{j} 2\pi f b) \mathrm{d}f \\ &= \sqrt{a} F^{-1}[H(f) W^*(af)]\end{aligned} \tag{2-7}$$

式（2-7）中，F^{-1} 表示傅里叶逆变换。

如果 $w(t)$ 表示为

$$w(t) = \frac{\mu}{\sqrt{\pi}} \exp(-\mu^2 t^2) \exp(\mathrm{j} 2\pi f t) \tag{2-8}$$

则 $w(t)$ 的傅里叶变换 $W(f)$ 为

$$W(f) = \exp-\frac{\pi^2}{\mu^2} f^2 \cdot \delta(f-1) = \exp\left[-\frac{\pi^2}{\mu^2}(f-1)^2\right] \tag{2-9}$$

$$W(f) = \exp\left(-\frac{\pi^2}{\mu^2} a^2 f^2\right) \cdot \delta(af-1) = \exp\left[-\frac{\pi^2}{\mu^2}(af-1)^2\right] \tag{2-10}$$

现在证明式（2-5）和式（2-7）是完全等价的。

由于

$$H(f) = \int_{-\infty}^{+\infty} h(t) \cdot \exp(-\mathrm{j} 2\pi f t) \mathrm{d}t \tag{2-11}$$

式（2-7）可写为

$$\begin{aligned}\mathrm{CWT}(a,b) &= \sqrt{a} \int_{-\infty}^{+\infty} H(f) W^*(af) \exp(\mathrm{j} 2\pi f b) \mathrm{d}f \\ &= \sqrt{a} \int_{-\infty}^{+\infty} \int_{-\infty}^{+\infty} h(t) \cdot \exp(-\mathrm{j} 2\pi f t) \mathrm{d}t W^*(af) \exp(\mathrm{j} 2\pi f b) \mathrm{d}f \\ &= \sqrt{a} \int_{-\infty}^{+\infty} h(t) \cdot \left[\int_{-\infty}^{\infty} \exp(-\mathrm{j} 2\pi f t) W^*(af) \exp(\mathrm{j} 2\pi f b) \mathrm{d}f\right] \mathrm{d}t\end{aligned} \tag{2-12}$$

式（2-12）的中括号积分项可写为

$$\int_{-\infty}^{+\infty} \exp(-j2\pi ft) W^*(af) \exp(j2\pi fb) df$$
$$= \int_{-\infty}^{+\infty} \exp(j2\pi ft) W(af) \exp(-j2\pi fb) df$$
$$= \int_{-\infty}^{+\infty} W(af) \exp\left[j2\pi f(t-b)\right] df$$
$$= \frac{1}{a} w^*\left(\frac{t-b}{a}\right)$$

（2-13）

将式（2-13）代入式（2-12）可得

$$\mathrm{CWT}(a,b) = \sqrt{a} \int_{-\infty}^{+\infty} h(t) \cdot \left[\int_{-\infty}^{\infty} \exp(-j2\pi ft) W^*(af) \exp(j2\pi fb) df\right] dt$$
$$= \sqrt{a} \int_{-\infty}^{+\infty} h(t) \cdot \left[\frac{1}{a} w^*\left(\frac{t-b}{a}\right)\right] dt$$
$$= \frac{1}{\sqrt{a}} \int_{-\infty}^{+\infty} h(t) \cdot w^*\left(\frac{t-b}{a}\right) dt$$

（2-14）

可以看出，式（2-14）和式（2-5）完全相同，因此式（2-5）和式（2-7）等效。

小波变换优于傅里叶变换的地方在于其可以分析信号的局部特征，而傅里叶变换着重研究信号的整体特征。小波函数在允许的条件下能够根据信号的特征进行构造，具有较强的灵活可变性，而傅里叶变换只是用正、余弦函数来展开信号。小波分析应用联合时间-尺度函数分析非平稳信号，分析的非平稳信号是在时间-尺度平面上，因此小波分析是一种特殊的时频分析。

2.1.4 Wigner-Ville 时频分布

时频分析的基本目的就是确定一种时频分布函数，使其能够确定在时间 t 及频率 f 处的信号能量。时频分布除了上面介绍的几种线性方法外，还有非线性时频分布方法。本节介绍非线性时频分布中应用最广的 Wigner-Ville 分布方法。

信号 $s(t)$ 的 Wigner-Ville 分布用公式[103]表示为

$$W_z(t,f) = \int_{-\infty}^{+\infty} z\left(t+\frac{\tau}{2}\right) \cdot z^*\left(t-\frac{\tau}{2}\right) \cdot \exp(-j2\pi\tau f) d\tau \qquad (2\text{-}15)$$

式中，$z(t)$ 是 $s(t)$ 的解析信号，即

$$\begin{aligned} z(t) &= s(t) + js(t) \otimes h(t) \\ &= s(t) + j\int_{-\infty}^{+\infty} \frac{s(u)}{t-u} du = s(t) + jH[s(t)] \end{aligned} \qquad (2\text{-}16)$$

式中，$H[s(t)]$ 表示实信号 $s(t)$ 的 Hilbert 变换。

Wigner-Ville 分布也可以用解析信号的频谱表示为

$$W_z(t,f) = \int_{-\infty}^{+\infty} Z^*\left(f+\frac{v}{2}\right) \cdot Z\left(f-\frac{v}{2}\right) \cdot \exp(-j2\pi tv) dv \qquad (2\text{-}17)$$

利用 Wigner-Ville 分布对信号进行时频分析时，$z(t)$ 出现两次，因此称为双线性变换。式中没有包含任何窗函数，因此不存在线性时频表示中的时间与频率分辨率相互牵制的问题。通常，没有任何一种时频联合分布的时频分辨率能超过它，它的时间-带宽积达到 Heisenberg 测不准原理给出的下界。

假如

$$s(t) = s_1(t) + s_2(t) \qquad (2\text{-}18)$$

则有

$$\text{WVD}_s(t,f) = \text{WVD}_{s1}(t,f) + \text{WVD}_{s2}(t,f) + 2\text{Re}[\text{WVD}_{s1s2}(t,f)] \qquad (2\text{-}19)$$

式中

$$\text{WVD}_{s1s2}(t,f) = \int s_1\left(t+\frac{\tau}{2}\right) s_2^*\left(t-\frac{\tau}{2}\right) \exp(-j2\pi f\tau) d\tau \qquad (2\text{-}20)$$

式（2-19）中的第 3 项为交叉项，Wigner-Ville 分布的主要缺点是交叉项经常会导致时频平面产生伪影现象。

2.1.5 频率混叠

如果对传感器设置的采样频率为 F，通过傅里叶变换后，频谱图中

能够显示的频率为 $F/2$，而信号中 $F/2$ 以上的频率成分信息并没有消失，而是对称地映射到 $F/2$ 以下的频带中，并且与 $F/2$ 以下的原有频率成分叠加起来，这种现象称为混叠[104]（aliasing），如图 2-1 所示。

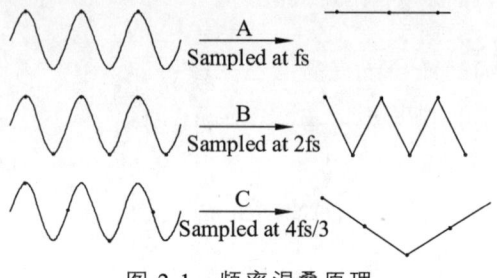

图 2-1　频率混叠原理

如果原始信号的实际频率为 f_s，根据图 2-1 中的 3 种情况，则有：

（1）采样频率 F 为 f_s 时，采样得到的信号为一条直线，频率为 0；

（2）采样频率 F 为 $2f_s$ 时，采样得到的信号为谐波信号，频率为 f_s；

（3）采样频率 F 为 $4f_s/3$ 时，采样得到的信号依然为谐波信号，频率为 $f_s/3$，出现频率混叠。

实际信号频率为 f_s，采取频率为 F，并且 $F<2f_s$，经采样分析得到混叠频率为 f_a，则根据混叠机理，可以得到分析信号的混叠频率的计算公式：

$$f_a = |f_s - nF| \tag{2-21}$$

式中，$n = \text{int}(f_s/F + 0.5)$，其中 int( ) 为取整数操作，即 n 为与被混叠信号 f 最接近的采样频率整数倍所对应的整数。

频率混叠是由于采样信号频谱发生变化而出现高、低频成分发生混淆的一种现象。采样频率不够高，采样的数据包括信号中的低频和高频信号的样本值，这使得信号重建时出现高频信号被低频信号代替，导致两种波形完全重叠在一起，形成严重失真。频率混叠是数字信号处理中的一个重要概念和一种特有现象，由数字信号中离散采样引起。通常等步长离散采样或采样频率小于模拟信号或实测信号频率的 2 倍就会产生频率混叠现象，该现象在本书第 3 章中对轴箱开展时频分析时会多次出现。

避免或减小频率混叠的措施：

（1）提高采样频率，使之达到最高信号频率的两倍以上，使混叠信号发生在需要考虑或研究的频域区间之外；但提高采样频率会使频率分辨率降低，而频率分辨率与采样时间有关联性，所以应选择合理的采样频率。

（2）引入低通滤波器或提高低通滤波器的参数。该低通滤波器通常称为抗混叠滤波器，可限制信号的带宽，使之满足采样定理的条件，所以引入抗混叠滤波器是减少混叠发生较为有效的办法。

（3）采用不等步长采样信号也可减少混叠的发生。

2.2　齿轮箱振动信号的调制与边频带分布

高速动车组齿轮箱在服役过程中时常产生各种振动冲击，除了常规存在的齿轮啮合频率及其各次谐波外，还会出现以下调制现象，如齿轮啮合频率及其谐波为载波频率的调制、分别以齿轮和齿轮箱箱体的局部固有频率为载波频率的共振调制。

2.2.1　齿轮啮合振动简化理论模型

齿轮箱传动系统是一个复杂的非线性系统，要建立其精细化完美的非线性系统振动模型在目前的情况下是不可能完成的，所以通常研究理想化模型。一对理想渐开线齿轮传动副振动系统在不考虑任何误差的情况下，通常采用简化模型来表达，其简化模型如图 2-2 所示[105]。

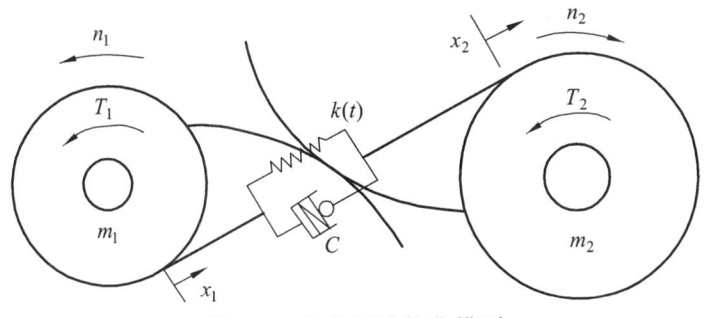

图 2-2　齿轮振动简化模型

根据机械振动理论，其动力学模型方程为

$$M\ddot{x} + C\dot{x} + k(t)x = F(t) \tag{2-22}$$

式中，x 为沿齿轮啮合线的相对位移，$x = x_2 - x_1$；C 为齿轮啮合阻尼；$k(t)$ 为齿轮啮合刚度；M 为当量质量，$M = (m_1 m_2)/(m_1 + m_2)$；$F(t)$ 为外界激励，包含各类故障缺陷所产生的动载荷，主要受齿轮刚度和传动误差的影响，式（2-22）可写成：

$$M\ddot{x} + C\dot{x} + k(t)x = k(t)E_1 + k(t)E_2(t) \tag{2-23}$$

式中，E_1 为齿轮承载后的平均静弹性变形；$E_2(t)$ 为齿轮误差及故障导致两个齿轮间的相对位移，也称为故障函数；$k(t)E_1$ 为齿轮的正常振动；$k(t)E_2(t)$ 取决于齿轮啮合刚度和故障函数。

由于一对齿轮副啮合时的重合度大于 1，所以啮入时参与啮合的齿轮对数由一对变成两对，啮出时由两对变成一对，依次交替循环，对齿轮产生周期性的振动冲击，即齿轮啮合振动，式（2-24）和式（2-25）分别为正常齿轮啮合频率及谐波频率成分表达式。

$$X_c(t) = \sum_{m=0}^{M} A_m \cos(2\pi m f_z + \phi_m) \tag{2-24}$$

$$f_z = n \frac{N}{60} Z \tag{2-25}$$

式中，f_z 为齿轮的啮合频率；n 为自然数 1，2，3，$\cdots$，M（M 为最大谐波次数）；N 为齿轮转速，r/min；Z 为齿数。

2.2.2 齿轮箱振动频率调制机理

1. 齿轮固有频率调制现象

齿轮啮合传动中，载荷、刚度和转速的波动及故障的产生都会使齿轮振动信号发生变化，影响其幅值和频率的变化，产生幅值和频率调制现象。通常，齿轮振动信号中啮合频率及谐波成分可表示为[105]

$$x(t) = \sum_{m=0}^{M} A_m [1 + a_m(t)] \cos[2\pi m f_z t + \phi_m + b_m(t)] \tag{2-26}$$

式中，$a_m(t)$ 表征幅值调制函数；$b_m(t)$ 表征相位调制函数。

（1）幅值调制。

对于齿轮振动，在式（2-23）中，齿轮振动 $k(t)E_1$ 一般不随故障的产生而变化，而 $k(t)E_2(t)$ 为故障发生时产生调制边频带的原因。由振动理论可知，对于线性系统，将产生与激励 $k(t)E_2(t)$ 频率相同的调制振动部分的响应，因此由式（2-23）可求得齿轮啮合振动中幅值调制部分表示形式：

$$Y(t) = X_K(t)D_E(t) \tag{2-27}$$

式中，$X_K(t)$ 为载波信号，包含了齿轮啮合频率 f_z 及其高次谐波；$D_E(t)$ 为包含调制频率（齿轮啮合所在轴的转频 f_n）及其高次谐波的信号。

$D_E(t)$ 反映齿轮本身误差、故障及其他零件故障引起的齿轮传动误差情况，包含故障轴的转频及高次倍频。对 $Y(t)$ 作频谱分析，根据信号傅里叶变换中的时域相乘、频域卷积原理，在频谱图上形成若干组围绕啮合频率及其高次谐波两侧、间隔为转频及其高次倍频的边频带，根据傅里叶变换频域卷积定理，式（2-27）在频域中可表示为

$$S_Y(f) = S_X(f) * S_D(f) \tag{2-28}$$

式中，*表示卷积；$S_Y(f)$ 为 $Y(t)$ 的傅里叶变换（频谱）；$S_X(f)$ 为 $X_K(t)$ 的傅里叶变换（频谱）；$S_D(f)$ 为 $D_E(t)$ 的傅里叶变换（频谱）。该式较好地表达了齿轮啮合频率幅值调制边带形成的原因。

式（2-26）为啮合频率振动模型，只考虑幅值调制时，可写成：

$$x(t) = \sum_{m=0}^{N} A_m [1 + a_m(t)] \cos[2\pi m f_z t + \phi_m] \tag{2-29}$$

式（2-29）中啮合频率调制振动在频谱图上形成若干组围绕啮合频率及其高次谐波两侧、间隔为转频及其倍频的边频带，即啮合频率振动幅值调制现象。这种现象在第 3 章的齿轮箱箱体振动的频谱分析中要用到。

（2）频率调制。

齿轮传动中，由于齿轮制造加工、传动误差或其他故障都会使齿轮啮合刚度产生相位变化[105]，该相位变化基于齿轮循环周转的周期性形成齿轮啮合频率调制。在齿轮信号频率调制中，载波函数和调制函数均为基频及其各阶倍频成分的一般周期函数。频谱图中，在齿轮啮合频率

及其高次谐频两侧形成一系列边频带，边频的间隔为齿轮轴转频，边频族的形状主要由调制系数决定。

如果式（2-26）仅考虑单频率调制，则有：

$$x(t) = A\cos[2\pi f_z t + \beta \sin(2\pi f_n t)] \quad （2-30）$$

式中，A 为调频信号幅值；f_z 为载波频率；f_n 为调制频率；β 为调制系数。

将式（2-30）写成指数形式：

$$\begin{aligned} x(t) &= \frac{A}{2}\left[e^{j[2\pi f_z t + \beta \sin(2\pi f_n t)]} + e^{-j[\beta \sin(2\pi f_n t)]}\right] \\ &= \frac{A}{2}\left[e^{j2\pi f_z t}e^{j\beta \sin(2\pi f_n t)} + e^{-j2\pi f_z t}e^{-j\beta \sin(2\pi f_n t)}\right] \end{aligned} \quad （2-31）$$

运用恒等式[106] $e^{j\beta\sin\varphi} = \sum_{m=-\infty}^{\infty} J_m(\beta)e^{j\beta\varphi}$，可得

$$\begin{aligned} x(t) &= \frac{A}{2}\left[\sum_{m=-\infty}^{\infty} J_m(\beta)e^{j2\pi(f_z+mf_n)t} + \sum_{m=-\infty}^{\infty} J_m(\beta)e^{-j2\pi(f_z+mf_n)t}\right] \\ &= \frac{A}{2}\sum_{m=-\infty}^{\infty} J_m(\beta)\left[e^{j2\pi(f_z+mf_n)t} + e^{-j2\pi(f_z+mf_n)t}\right] \\ &= \frac{A}{2}\sum_{m=-\infty}^{\infty} J_m(\beta)\cos[2\pi(f_z+mf_n)t] \end{aligned} \quad （2-32）$$

式中，$J_m(\beta)$ 为变量 β 第一类 Bessel 函数。

式（2-32）只考虑正频率部分的傅里叶变换可写为

$$x(t) = \frac{A}{4}\sum_{m=-\infty}^{\infty} J_m(\beta)\delta[f-(f_z+mf_n)] \quad （2-33）$$

根据 Bessel 函数的性质 $J_{-n}(\beta) = (-1)^n J_n(\beta)$，由（2-30）可知，调频信号包含一组以 f_z 为中心，以 f_n 为间隔对称分布的调制变频带，相位调制和频率调制效果相同，实际上所有频率调制都可看作相位调制，反之亦然。

（3）调频调幅。

调幅和调频效应在齿轮传动系统中同时存在，频谱上的边频成分由

两种调制单独作用时的边频成分叠加。尽管在理想条件下两种调制产生的边频带均对称于载波频率，但两者共同作用时，由于边频成分相位差异矢量相加，相加后边频幅值存在增加和减小现象，使得频谱图上形成复杂不对称的调制边频带。

式（2-26）为啮合频率振动模型，幅值调制和频率调制都存在时，考虑单频率调制情况为

$$x(t) = A\left[1 + B\cos(2\pi f_n t)\right]\cos\left[2\pi f_z t + \beta\sin(2\pi f_n t)\right] \qquad (2-34)$$

式中，A 为信号幅值；f_n 为调幅和调频是相同调制源的调制频率；B 为调制指数；β 为调制系数；f_z 为载波频率。

根据式（2-32），将式（2-34）展开，得到：

$$\begin{aligned}
X(t) &= A\cos\left[2\pi f_z t + \beta\sin(2\pi f_n t)\right] + \\
&\quad AB\cos(2\pi f_n t)\cos\left[2\pi f_z t + \beta\sin(2\pi f_n t)\right] \\
&= A\sum_{m=-\infty}^{\infty} J_m(\beta)\cos\left[2\pi(f_z + mf_n)t\right] + \\
&\quad \frac{1}{2}AB\cos\left[2\pi(f_z - f_n)t + \beta\sin(2\pi f_n t)\right] + \\
&\quad \frac{1}{2}AB\cos\left[2\pi(f_z + f_n)t + \beta\sin(2\pi f_n t)\right] \\
&= A\sum_{m=-\infty}^{\infty} J_m(\beta)\cos\left[2\pi(f_z + mf_n)t\right] + \\
&\quad \frac{1}{2}AB\sum_{m=-\infty}^{\infty} J_m(\beta)\cos\left\{2\pi\left[(f_z - f_n) + mf_n\right]\right\} + \\
&\quad \frac{1}{2}AB\sum_{m=-\infty}^{\infty} J_m(\beta)\cos\left\{2\pi\left[(f_z + f_n) + mf_n\right]\right\}
\end{aligned} \qquad (2-35)$$

式（2-35）仅考虑正频率的傅里叶变换为

$$\begin{aligned}
X(t) &= A\sum_{m=-\infty}^{\infty} J_m(\beta)\delta\left[f - (f_z + mf_n)\right] + \\
&\quad \frac{1}{2}AB\sum_{m=-\infty}^{\infty} J_m(\beta)\delta\left\{f - \left[(f_z - f_n) + mf_n\right]\right\} + \\
&\quad \frac{1}{2}AB\sum_{m=-\infty}^{\infty} J_m(\beta)\delta\left\{f - \left[(f_z + f_n) + mf_n\right]\right\}
\end{aligned} \qquad (2-36)$$

由式（2-36）可知，调幅和调频同时存在时，信号含有分别以 f_z、f_z-f_n、f_z+f_n 为中心，间隔均为 f_n 的三组频率成分进行矢量叠加的一组频率成分，考虑 f_z 频率两边对应幅值的关系：

$$|X_3(f_z+kf_n)| = AJ_k(\beta) + \frac{1}{2}ABJ_{k+1}(\beta) + \frac{1}{2}ABJ_{k-1}(\beta) \quad (2-37)$$

$$|X_3(f_z-kf_n)| = \left|AJ_{-k}(\beta) + \frac{1}{2}ABJ_{-k+1}(\beta) + \frac{1}{2}ABJ_{-k-1}(\beta)\right|$$

$$= \left|(-1)^k AJ_k(\beta) + (-1)^{k-1}\frac{1}{2}ABJ_{k-1}(\beta) + (-1)^{k+1}\frac{1}{2}ABJ_{k+1}(\beta)\right| \quad (2-38)$$

式中，k 为正整数。

对比式（2-37）和式（2-38），由于 $(-1)^k(-1)^{k-1}<0$ 或 $(-1)^k(-1)^{k+1}<0$，无论 k 取何值，式（2-37）和式（2-38）的幅值均都不相等，即

$$|X_3(f_z+kf_n)| \neq |X_3(f_z-kf_n)| \quad (k>0) \quad (2-39)$$

由式（2-39）可知，调幅与调频同时存在时，信号的调制边频带不再对称。

2. 箱体固有频率调制现象

齿轮箱故障严重时的激振能量很大，如出现严重轴弯或齿轮故障时，齿轮传动中的异常振动会激起箱体局部固有频率，使得箱体局部固有频率振动出现调制现象，此时在齿轮箱上测得的信号中含有箱体局部固有频率调制振动分量：

$$Y(t) = \sum X_X(t) D_G(t) \quad (2-40)$$

式中，$X_X(t)$ 为箱体局部固有频率引起的振动；$D_G(t)$ 包含调制频率（啮合齿轮所在轴的转频 f_n）及其高次谐波的信号。

在这类振动中，振动能量最大的是 $\sum X_X(t)D_G(t)$，它包含有故障轴转频及高次谐波的调制边频带，同时有啮合频率调制成分和齿轮固有频率调制成分。如果箱体的局部固有频率都被激励出来并发生调制现象，则说明故障非常严重。

2.2.3 齿轮箱振动频率组成分析

高速列车齿轮箱传动系统的振动主要由包括以下频率成分：
（1）轮轴及牵引电机输出轴的转频及其倍频；
（2）滚动轴承故障频率；
（3）齿轮啮合频率及其倍频；
（4）以齿轮啮合频率及其超谐波为载波频率，以轮轴转频及其超谐波为调制频率的齿轮啮合频率调制产生的边频带；
（5）以齿轮或齿轮箱箱体的固有频率为载波频率，以齿轮轴转频或轮轴转频及其超谐波为调制频率的齿轮或齿轮箱箱体共振产生的边频带；
（6）隐含成分；
（7）复杂的交叉调制成分。

实际测得的齿轮箱振动信号，可能包涵上述若干种振动的综合效果，忽略成分复杂的交叉调制成分，齿轮箱振动信号的表达式为[107]

$$Y(t) = G(t) + \sum X_K(t)D_E(t) + \sum X_{GA}(t)D_G(t) + \\ \sum X_X(t)D_G(t) + \sum X_B(t)D_B(t) + n(t) \quad (2-41)$$

式中，$G(t)$ 为与轮轴及齿轮轴相关的转频振动信号；$\sum X_K(t)D_E(t)$ 为齿轮及轴弯等故障激扰引起的齿轮啮合频率调制信号；$\sum X_{GA}(t)D_G(t)$ 为齿轮及轴弯等故障激扰引起的齿轮固有频率调制信号；$\sum X_X(t)D_G(t)$ 为齿轮及轴弯等故障激扰引起的齿轮箱箱体固有频率调制信号；$\sum X_B(t)D_B(t)$ 为滚动轴承振动信号（一般以外圈固有频率为载波频率）；$n(t)$ 为其他振动及干扰信号；$X(t)$ 为载波频率信号；$D(t)$ 为调制频率信号。

2.3 结构疲劳损伤评估理论

由于齿轮箱箱体在服役过程中受到各种激扰振动冲击会对其造成疲劳损伤，目前结构疲劳损伤评估理论很多，本节主要介绍疲劳失效损伤分析中用到的雨流计数法、线性 Miner 损伤准则、叠加理论、功率谱密度疲劳寿命及惯性释放法等相关理论，为后续的研究分析奠定基础。

2.3.1 雨流计数理论

雨流计数法在疲劳寿命计算等工程领域运用非常广泛，亦名"塔顶法"，是 20 世纪 50 年代英国的 M. Matsuiski 和 T. Endo 在考虑材料应力-应变过程中提出来的，他们认为材料疲劳损伤的必要条件是存在塑性，且塑性性质表现为应力-应变的迟滞回线。雨流计数法主要的优点是在计数原则上有一定的力学基础，主要功能是把实测载荷历程简化为若干个载荷循环，供疲劳寿命估算和编制疲劳试验载荷谱使用。它以双参数法为基础，考虑了动强度（幅值）和静强度（均值）两个变量，符合疲劳载荷本身固有的特性；把载荷-时间历程数据记录旋转 90°，时间坐标轴竖直向下，数据记录犹如一系列屋面，雨水顺着屋面下流，故称为雨流计数法，其原理是取一竖直向下的坐标表示时间，水平横坐标表示载荷，如图 2-3 所示[108]。

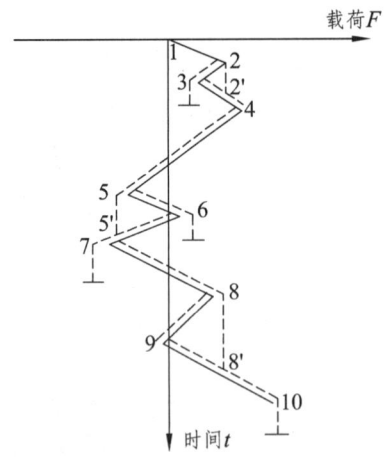

图 2-3 雨流计数原理简图

在图 2-3 中，第一个雨流从 1 点流至 2 点，竖直下滴到 3 与 4 点幅值间的 2′点，然后流到 4 点，最后停于比 1 点更负的峰值 5 的对应处，得出一个从 1 到 4 的半循环；第二个雨流从峰值 2 点流经 3 点，停于 4 点的对面，因为 4 点是比开始的 2 点具有更正的最大值，得出一个半循环 2-3；第三个雨流从 3 点流至 2′点，因为遇到由 2 点滴下的雨流，所以终止于 2′点，得出半循环 3-2′；这样 3-2 和 2-3 就形成了一个闭合的应力-应变回路环，它们形成一个完全的循环 2′-3-2。第四个雨流从峰值 4 流经 5 点，竖直下滴到 6 和 7 之间的 5′点，继续往下流，再从 7 点竖直下滴到峰值 10 的对面，因为 10 点比 4 点具有更正的最大值，得出半循环 4-5-7。第五个雨流从 5 点流至 6 点，竖直下滴，终止于 7 点的对面，因为 7 点比 5 点具有更负的极小值，取出半循环 5-6；第六个雨流从 6 点开始，因为遇到由 5 点滴下的雨滴，所以流到 5′点终止；半循环 6-5 与 5-6 配成一个完全循环 5′-6-5。第七个雨流从 7 点流至 8 点，下落到 9-10 线上的 8′点，然后到最后的峰值 10，取出半循环 7-8-10；第八个雨流从 8 点流至 9 点下降到 10 点的对面终止，因为 10 点比 8 点具有更正的最大值，取出半循环 8-9；最后一个雨流从 9 点流至于 8′，因遇到由 8 点下滴的雨流，所以终止于 8′点，取出半循环 9-8′，把两个半循环 8-9 和 9-8′配对，组成一个完全的循环 8-9-8′。这样，图 2-3 所示的载荷-时间记录包括三个完全循环 2′-3-2，5-6-5′，8-9-8′ 和三个半循环 1-2-4，4-5-7，7-8-10。

雨流计数理论是一种随机数据统计方法，广泛应用于疲劳寿命计算分析。它能使应力-时间交变信号的每一部分都参与计数，将这种载荷统计分析与材料的 S-N（应力-寿命）曲线结合起来，在 Miner 线性累积损伤疲劳法则的基础上，对结构进行疲劳损伤计算，该知识点主要用于动应力对齿轮箱箱体的疲劳损伤评估。

2.3.2 Miner 线性疲劳损伤理论

在实际工程结构中，施加在试件上的循环载荷经常是在两个以上应力水平下的循环加载，因此，不能直接使用 S-N 曲线来估算疲劳寿命，针对多个应力水平下的循环加载，通常会采用疲劳累积损伤理论。

疲劳累积损伤理论是研究变幅疲劳载荷作用下疲劳的累积规律和疲劳的破坏准则。对于疲劳累积损伤规律，国内外学者提出了许多疲劳累积损伤理论和计算模型，目前应用最为工程界所接受的是以 Miner 法则为代表的线性累积损伤模型，其基本假设是：每个应力循环下的疲劳损伤是独立的，各级交变应力引起的疲劳损伤分别计算，然后再线性叠加起来，当累计的损伤达到某一限值时，结构就会发生疲劳破坏。

线性疲劳损伤准则基于 Miner 假设[109]：

$$D = \sum_{i=1}^{n} \frac{n_{\sigma_i}}{N_{\sigma_i}} = \sum_{i=1}^{n} \frac{Np(\sigma_i)\Delta\sigma}{N_{\sigma_i}} \quad (2\text{-}42)$$

式中，n_{σ_i} 为应力变程 σ_i 下的循环数；N 为应力变程的平均循环数；$p(\sigma_i)$ 为应力变程 σ_i 的概率密度函数；D 表示结构的疲劳损伤。

将式（2-42）转换为积分表达式：

$$D = \int_0^{+\infty} \frac{Np(\sigma)}{C\sigma^{-m}} d\sigma = \frac{N_0 T}{C} \int_0^{+\infty} \sigma^m p(\sigma) d\sigma \quad (2\text{-}43)$$

式中，C、m 为疲劳特性常数；N_0 为单位时间内应力以正斜率通过零值的数目。

2.3.3 叠加法理论

1. 准静态叠加法

在工程分析中，确定了载荷工况和边界条件就能运用有限元法计算得到结构的应力与变形。准静态叠加法是一种在结构受到外部随机载荷作用时的线性分析法，该方法假设忽略结构本身的弹性振动及其部件质量、惯量等特性，即忽略惯性力和阻尼力的作用，使用的边界条件为：结构件刚度很大而外界激励频率无法使其产生共振，且结构件在受到外载荷时基本处于平衡状态。该方法的基本原理是：结构件在受到外部随机载荷的位置处施加与随机激励同向的单位静载荷，通过计算分析得到结构的静应力影响因子，然后用结构件受到的外部随机载荷与静应力影响因子相乘，得到结构件的动应力。当多个外部载荷同时作用在结构件上时，结构件的总动应力由单个随机载荷获得的动应力线性叠加[110]。

式（2-44）为该方法在假定平面应力条件下，结构某节点的应力时间历程计算的数学公式[111]。

$$\begin{bmatrix} \sigma_x(t) \\ \sigma_y(t) \\ \tau_{xy}(t) \end{bmatrix} = \begin{bmatrix} \sigma_{x1}(t) & \sigma_{x2}(t) & \cdots & \sigma_{xn}(t) \\ \sigma_{y2}(t) & \sigma_{y2}(t) & \cdots & \sigma_{yn}(t) \\ \tau_{xy1}(t) & \tau_{xy2}(t) & \cdots & \tau_{xyn}(t) \end{bmatrix} \begin{bmatrix} F_1(t) \\ F_2(t) \\ \vdots \\ F_n(t) \end{bmatrix} \quad (2\text{-}44)$$

式中，n 为应用载荷历程数量；σ_{xi}，σ_{yi}，τ_{xyi} 为应力影响因子，$i \in [1, n]$，应力影响因子由施加在结构件部件与载荷历程作用在相同位置和方向的单位载荷决定。

准静态法作为常用的时域分析法，用于外界载荷频率远离结构件固有频率的刚性结构。这对于工作在固有频率之下的刚性结构是一种有效的应力分析方法，但当结构柔性较大时，动力学因素对其影响较大，导致疲劳寿命计算结果与实际值存在较大差异，所以很少应用。

2. 模态叠加法

模态叠加法通常用来求解结构件的动力响应。首先建立结构件的有限元模型并计算其模态，接着将动力学方程解耦，通过线性变换将结构件的模态坐标响应转变为物理坐标响应[112]。在实际运行中，往往是低阶模态对结构件影响较大，因此为了降低计算量，只需考虑结构件的前几阶低阶模态即可。

系统动力学的基本方程为[113]

$$[M]\{\ddot{u}\} + [B]\{\dot{u}\} + [K]\{u\} = \{P(t)\} \tag{2-45}$$

式中，$\{\ddot{u}\}$ 为评估点加速度向量；$\{\dot{u}\}$ 为评估点速度向量；$\{u\}$ 为评估点位移向量；$\{P(t)\}$ 为外载荷时间历程；$[M]$ 为质量矩阵；$[B]$ 为阻尼矩阵；$[K]$ 为刚度矩阵。

将运动方程从物理坐标 $\{u\}$ 变换为模态坐标 $\{q\}$：

$$\{u(t)\} = [\phi]\{q(t)\} \tag{2-46}$$

式中，$[\phi]$ 为振型矩阵。模态叠加法理论中系统振动应重点考虑前几阶主模态的主导作用，且这几阶模态的计算精度都较高。

将式（2-46）代入式（2-45）得到模态坐标下的运动方程：

$$[M][\phi]\{\ddot{q}(t)\} + [B][\phi]\{\dot{q}(t)\} + [K][\phi]\{q(t)\} = \{P(t)\} \tag{2-47}$$

将两边左乘 $[\phi^T]$，得到新的向量空间内的运动方程：

$$[\phi^T][M][\phi]\{\ddot{q}(t)\} + [\phi^T][B][\phi]\{\dot{q}(t)\} + [\phi^T][K][\phi]\{q(t)\}$$
$$= [\phi^T]\{P(t)\} \tag{2-48}$$

式中，$[\phi^T][M][\phi]$ 为广义质量矩阵；$[\phi^T][B][\phi]$ 为广义阻尼矩阵；$[\phi^T][K][\phi]$ 为广义刚度矩阵；$[\phi^T]\{P(t)\}$ 为模态力向量。

利用振型正交特性，将式（2-48）写成式（2-49）所示的一系列单自由度系统方程：

$$m_i\ddot{\zeta}_i(t)+2\zeta_i\omega_i\dot{\zeta}_i(t)+\omega_i^2\zeta_i(t)=\frac{1}{m_i}p_i(t) \quad (2\text{-}49)$$

式中，$\zeta_i=\dfrac{b_i}{2m_i\omega_i}$ 为模态阻尼比；$\omega_i^2=\dfrac{k_i}{m_i}$ 为模态频率。

2.3.4 功率谱密度疲劳寿命理论

经典疲劳主要关注结构的刚度，而振动疲劳是研究结构在共振状态下的疲劳性能，其本质在于关注动应力的贡献比，主要考虑系统的惯性和阻尼。结构振动疲劳相比于传统疲劳分析主要有两点差异：一是计算结构动应力时要考虑其模态参数，主要分析共振区频段动应力响应；二是在动应力处理上主要应用功率谱密度方法计算应力数据。

1. 功率谱密度概念

随机振动按统计特性随时间变化情况通常分为平稳随机振动与非平稳随机振动两类。相关函数描述平稳过程随时间变化的特性，即时域特性，而功率谱密度（Power Spectral Density，PSD）描述平稳过程随频率变化的特性，即频域特性，是随机过程在频域内的重要数值特征量，它表征随机过程的能量分布[114]。

功率谱密度是将原来对时域的振动描述转化为频域的振动描述。由于随机信号包含大量样本集合，其特征不能从单个样本获得，需从总体上去研究其统计规律。在随机信号频域分析中，可以用信号样本的"均方根值"替代样本本身进行频谱分析。根据帕塞瓦尔定理：信号在时域的总功率等于其在频域的总功率，可以得到随机过程的功率谱密度，其表征了随机过程统计参量均方根值在频域上的分布，即在各个频域上振动能量的概率分布。

2. 窄带随机振动疲劳寿命分析理论

1964 年，Bendat 首次提出了运用 PSD 信号求解疲劳寿命的方法。一个窄带信号随着带宽的降低，波峰的功率谱密度（PSD）函数趋向于 Rayleigh 分布。对于一个窄带时域信号，Bendat 假定所有函数值为正的波峰随后跟着一个对应数值相等的波谷，不论它们实际上是否构成应力循环。基于这一假定，应力范围的功率谱密度函数也会趋向于 Rayleigh 分布。为了完善该算法，Bendat 用 PSD 曲线下的惯性矩估计预期的波峰数。Bendat 的范围均值直方图窄带解为[115]

$$N(S) = E(P)T\left(\frac{S}{4m_0}e^{-\frac{S^2}{8m_0}}\right) \tag{2-50}$$

式中，N 为发生在 T 时间内应力范围为 S 的循环次数；m_0 为 PSD 曲线的第 0 阶惯性矩（即曲线下的面积）；$E(P)T$ 为预期的波峰数，即

$$E(P)T = \sqrt{\frac{m_4}{m_2}} \tag{2-51}$$

式中，m_4，m_2 分别为 PSD 第 4 阶和第 2 阶惯性矩；其中，第 n 阶惯性矩为

$$m_n = \int f^n G(f) \mathrm{d}f \tag{2-52}$$

结构破坏发生在危险部位处，其危险部位的应力功率谱密度（PSD）可表示为

$$G(f) = W(f)H^2(f) \tag{2-53}$$

式中，$W(f)$ 为输入加速度功率谱密度；$H(f)$ 为危险部位的应力频响函数，应力值为

$$\sigma^2 = \int_{-\infty}^{+\infty} G(f) \mathrm{d}f \tag{2-54}$$

其特征频率为

$$N_0 = \sqrt{\int_0^{+\infty} f^2 G(f) \mathrm{d}f \Big/ \int_0^{+\infty} G(f) \mathrm{d}f} \tag{2-55}$$

由随机过程理论可知，如果随机应力是一个窄带高斯过程，那么应力振幅符合 Rayleigh 分布，即

$$P(S_a) = \frac{S_a}{\sigma} \exp\left(-\frac{S_a^2}{2\sigma^2}\right) \quad (2\text{-}56)$$

式中，S_a 为应力振幅。

材料的 S-N 曲线表达式为

$$K = N_s^b \quad (2\text{-}57)$$

式中，k，b 是与材料性质、试样形式、应力比和加载方式等有关的参数；N 是应力幅值为 s 时的破坏循环数。根据 Miner 线性累积损伤假设：

$$D = \int_0^\infty \frac{n_s}{N_s} \mathrm{d}s \quad (2\text{-}58)$$

式中，n_s 是应力峰值为 s 时的实际循环次数；N_s 是应力峰值为 s 时的破坏循环数；T 为疲劳寿命。对于窄带高斯随机过程，应力幅值功率谱密度函数与应力峰值的功率谱密度函数相等。若取 $D=1$，结合以上公式，推导出窄带频域疲劳寿命计算公式：

$$T = \frac{k \int_0^\infty G(f) \mathrm{d}f}{N_0 \int_0^\infty s^{1+b} \exp\left(-\frac{s^2}{2\int_0^\infty G(f)\mathrm{d}f}\right) \mathrm{d}s} \quad (2\text{-}59)$$

式（2-59）只适合用于窄带时域信号，而对于宽带时域信号的处理，其计算结果非常保守，所以本书不采用该方法对齿轮箱箱体进行疲劳寿命分析。

3. 宽带随机振动疲劳寿命分析理论

由于实际结构应力信号通常为宽频信号，因此学者们对宽频随机信号的频域疲劳分析方法开展研究，主要有 P H Wirsching 法、Dirlik 法、Bi-modal 法及 Monte-carlo 法等。其中 Dirlik 法最常用，它是 4 个 PSD 惯性矩 m_0、m_1、m_2、m_4 的一个函数，Dirlik 法的数学表达式为[115]

$$N(\sigma) = E(P)Tp(\sigma) \quad (2\text{-}60)$$

式中，$N(\sigma)$ 是时间长度为 T，应力幅值为 σ 的应力循环数。工程应用中 $\{q\}$ 常采用 Dirlik 的经验表达式[116]：

$$p_D(\sigma) = \frac{\dfrac{D_1}{Q}e^{\frac{-Z}{Q}} + \dfrac{D_2 Z}{R^2}e^{\frac{-Z^2}{2R^2}} + D_3 Z e^{\frac{-Z^2}{2}}}{2(m_0)^{1/2}} \qquad (2\text{-}61)$$

式中，$\gamma = \dfrac{m_2}{(m_0 m_4)^{1/2}}$，$x_m = \dfrac{m_1}{m_0}\left[\dfrac{m_2}{m_4}\right]^{1/2}$，$D_1 = \dfrac{2(x_m - \gamma^2)}{1+\gamma^2}$，$R = \dfrac{\gamma - x_m - D_1^2}{1 - \gamma - D_1 + D_1^2}$，

$D_2 = \dfrac{(1-\gamma-D_1+D_1^2)}{1-R}$，$D_3 = 1 - D_1 - D_2$，$Q = \dfrac{1.25(\gamma - D_3 - D_2 R)}{D_1}$，$Z = \dfrac{\sigma}{2\sqrt{m_0}}$，

以上参数均为 m_0、m_1、m_2、m_4 的函数。

m_0、m_1、m_2、m_4 分别为应力功率谱密度 $G(f)$ 的 0 阶、1 阶、2 阶和 4 阶矩：

$$m_i = \int_0^{+\infty} f^i G(f) \mathrm{d}f \qquad (2\text{-}62)$$

此外：

$$N_0 = \sqrt{m_2/m_0} \qquad (2\text{-}63)$$

因此将式（2-63）和式（2-61）代入式（2-43），结合 Miner 线性损伤准则，当疲劳损伤 $D=1$ 时，即可算出疲劳寿命 T：

$$T = \frac{C}{N_0 \int_0^{+\infty} \sigma^m p(\sigma) \mathrm{d}\sigma} \qquad (2\text{-}64)$$

应力均方根值是表征结构应力强度的重要参数：

$$\sigma_{\mathrm{RMS}} = \sqrt{m_0} \qquad (2\text{-}65)$$

通常，当应力功率谱形状相差不大时，σ_{RMS} 越大，疲劳寿命越短。Dirlik 法是针对 70 种形状各异的功率谱密度函数，采用 1 个指数和 2 个 Rayleigh 分布，是幅值功率谱密度函数的近似公式。该模型精确性高，但只是一种近似方法，其不足在于：不能考虑平均应力的影响，PSD 处理会消除数据的相位信息，即不能考虑载荷之间的相位信息。

2.3.5 惯性释放理论

惯性释放是指在刚体运动自由度方向上使结构的惯性力与外力相平

衡。采用惯性释放方法进行静力分析时，首先设置支持点作为变形零点，将某一节点设置为虚支座，约束其 6 个自由度。程序会针对该支座先计算各节点因外力作用在各方向上产生的加速度，进而得到其惯性力，然后反向施加于单元的节点，从而建立一个自平衡力系[117]。

对于具有刚体运动的物体，与常规方法通过添加约束获得应力相比，惯性释放方法会更加精确。

惯性释放方法的详细计算原理[118]如下：

在外力作用下，若忽略结构的阻尼，力的平衡方程可表示为

$$[m]\{\ddot{u}\}+[k]\{u\}=\{f\} \qquad (2\text{-}66)$$

式中，$[m]$ 是质量矩阵；$\{u\}$ 是各自由度位移矢量；$[k]$ 是刚度矩阵；$\{f\}$ 是载荷矢量。

有限元模态求解方程为

$$([k]-\omega^2[m])\{q\}=0 \qquad (2\text{-}67)$$

由式（2-67）可得到结构的特征频率 $\{\omega\}$ 和模态向量 $\{q\}$，所有的 $\{q\}$ 构成结构的模态矩阵 $[\phi]$，用 $[\phi_r]$ 表示所有的刚体模态，则广义加速度矢量 $\{\lambda\}$ 可通过式（2-68）求得：

$$[\varphi_r]^T[m][\varphi_r]\{\lambda\}=[\varphi_r]^T\{f\} \qquad (2\text{-}68)$$

利用 $\{\lambda\}$ 可得到惯性力合力：

$$\{f_{\text{inr}}\}=[m][\phi_r]\{\lambda\} \qquad (2\text{-}69)$$

根据达朗伯法则，惯性力可用来表示系统的加速度，通过惯性力修正外载荷有

$$\{f\}'=\{f\}-[m][\phi_r]\{\lambda\} \qquad (2\text{-}70)$$

式中，$\{f\}'$ 为惯性释放后的载荷，它是进行有限元静力学求解后的最终载荷，在 $\{f\}'$ 的作用下，系统为平衡状态。

至此，通过惯性释放方法解决了系统的力平衡问题，但因结构仍有刚体运动，无法求解，还需要施加惯性释放的边界条件。惯性释放属于 MSC.Nastran 软件中的一个高级应用模块，允许对完全无约束或约束不足的结构体进行静力分析，可通过 MSC.Nastran 中的 SUPPORT 定义支持

点进行边界条件的约束,也可通过定义求解器中的参数 INREL 自动完成。

2.4 本章小结

本章主要给出了振动加速度信号频谱分析需要的基础理论和方法,以及疲劳失效损伤计算的相关理论。首先对传统时频分析常用的方法做了简单分析,然后对齿轮箱振动频率调制机理及频率组成开展理论分析,最后对结构疲劳损伤评估中要用到的相关理论进行探讨分析,为后续的数据分析和处理奠定理论基础。

第3章 高速动车组齿轮箱箱体线路服役试验研究

本章基于某型高速动车组齿轮箱箱体出现裂纹而进行线路专项跟踪试验,针对动车组 A、B 型两种齿轮箱箱体开展频谱分析,同时对结构改进的 B 型齿轮箱箱体的振动加速度特性和频谱特性开展研究,充分掌握齿轮箱箱体在服役过程中的动力学振动特性。

3.1 高速动车组齿轮箱和轴箱振动频率

3.1.1 齿轮箱和轴箱振动频率分析

高速动车组齿轮箱和轴箱在服役线路运行中由于受到轮轨激扰及外界环境影响会产生冲击振动,使得齿轮箱和轴箱会出现不同程度的调制现象,在齿轮箱和轴箱的时频图中会出现形式各异的调制边频带。这些调制边频带中包含许多齿轮箱或轴箱的运行状态信息。高速动车组齿轮箱和轴箱在服役线路运行时,在时频图中除了出现齿轮啮合频率及其各次谐波之外,通常还伴随有 3 种形式的调制现象[107]:① 齿轮啮合频率及其谐波为载波的共振调制;② 齿轮固有频率为载波的共振调制;③ 齿轮箱箱体固有频率为载波的共振调制。

在齿轮箱和轴箱的频率成分分析中,一般都会出现以齿轮啮合频率、齿轮固有频率或滚动轴承内外圈固有频率为中心频率,以轮轴转频、滚动轴承的频率或牵引电机轴输出转频为调制频率的调制边频带。此外,还存在钢轨波磨不平顺、枕跨冲击频率,轨道板固有频率和冲击频率等也会影响齿轮箱和轴箱的振动频率成分。

由于高速动车组轮轨磨耗产生的车轮不圆顺的振动特性影响会最先

传递到轴箱上，车轮多边形的振动激励频率会首先传递到轴箱上，为了确定车轮踏面是否形成多边形及其阶次，因此有必要对轴箱的振动特性进行分析，所以本章对轴箱的振动频率成分和振动特性也进行了相关分析。

3.1.2 轮轨激扰频率分析

高速动车组在钢轨上运行时，由于轮轨冲击会产生众多频率，本节将对齿轮箱箱体振动产生影响的主频进行分析，以便为齿轮箱箱体及轴箱振动特性分析奠定基础。车轮踏面非均匀磨耗是造成车轮踏面不圆顺的主因，其表现形式有扁疤、车轮多边形等，产生的后果是导致轮轨之间强烈的冲击振动。该冲击振动经由轮轴、轴承传递到齿轮箱上，而振动频率为车轮转频的倍数关系。相同工况下，车轮多边形阶数越高，车轮滚动一周所生产的激扰频率也越高，假定其频率用 f_i 表示，则有：

$$f_i = \frac{vN_i}{3.6\times10^{-3}\pi D} \qquad (3-1)$$

式中，v 为车速，km/h；N_i 为车轮多边形阶数；D 为车轮滚动圆直径，mm。

如果振动频率源来自车轮多边形，其转动频率会随着速度的变化而变化，假设齿轮箱箱体内大、小齿轮的传动比为 85∶35，因此可推导出车轮多边形的转频、电机转频及齿轮啮合频率等。表 3-1 为部分列车牵引传动部件频率计算结果。

表 3-1 三种速度工况下传动部件频率

运行速度/ （km/h）	滚动圆直径/ mm	轮轴转频/Hz	电机转频/Hz	齿轮啮合频率/Hz
300	920~850	28.83~31.20	70.02~75.77	2 450.55~2 652.00
250	920~850	24.03~25.11	58.34~60.97	2 042.55~2 133.93
200	920~850	19.22~20.32	46.67~49.35	1 633.70~1 727.23

高速铁路都是无砟轨道，轨枕安装在轨道板上面，哈大线轨枕间距为 0.629 m，而轨道板长度依据线路的曲直工况为 4~6 m，因此高速动车组在钢轨上运行时会受到枕跨和轨道板的冲击而产生激扰频率。表 3-2 计算了 3 种速度工况下枕跨和轨道板对高速动车组产生的冲击频率，即

速度为 300 km/h 工况下，128.20 Hz 和 132.49 Hz 为轨枕间距分别为 0.65 m 和 0.629 m 的枕跨冲击频率，13.89～20.83 Hz 为轨道板长度范围为 4～6 m 的轨道板冲击频率，其他速度工况与此类似。表 3-3 为哈大与武广高铁两种不同的轨道结构形式及不同轨枕距离下的钢轨局部模态[119]；表 3-4 为京沪线轨道板振动模态仿真结果[120]；本书中用到的其他相关频率分析不再列举，具体的主频数值来源可查阅文献[121]，这些频率数据将为本书 3.3 节的分析提供依据。

表 3-2　3 种速度工况下枕跨和轨道板冲击频率

运行速度/(km/h)	枕跨冲击频率/Hz	轨道板冲击频率/Hz	备　注
300	128.20/132.49	13.89～20.83	轨枕间距为 0.65 m /0.629 m，轨道板长度为 4～6 m
250	106.83/110.40	11.57～17.36	
200	85.47/88.32	9.26～13.89	

表 3-3　不同轨枕距离下钢轨局部模态对比

轨枕距离/m	支承刚度/(MN/m)	第 1 阶主频/Hz	第 2 阶主频/Hz	第 3 阶主频/Hz	第 4 阶主频/Hz	第 5 阶主频/Hz
0.629	20	145.24	335.13	622.45	955.86	1 268.17
0.65	20	140.46	318.15	592.26	914.30	1 217.41

京沪线高铁轨道的轨枕距离为 0.65 m，采用 CRTS2 型板式轨道，这与武广高铁的轨道结构几乎一致，而轨道钢轨的局部模态主要受枕跨的影响，所以可以认为京沪高铁轨道与武广高铁轨道的模型基本一致。

表 3-4　京沪线轨道板振动模态仿真结果　　单位：Hz

阶　次	频　率	阶　次	频　率	阶　次	频　率
1	20.20	5	110.26	9	167.00
2	30.94	6	113.29	10	178.49
3	58.31	7	131.85	11	180.42
4	66.21	8	144.04	12	187.43

3.2 齿轮箱箱体振动特性试验对比分析

3.2.1 试验工况

为了分析齿轮箱箱体在实际服役工况下的振动特性,本书选取某型高速动车组列车对其进行线路服役跟踪试验,分别对故障齿轮箱箱体和结构改进的齿轮箱箱体进行跟踪试验,跟踪试验包括一个镟轮周期,共约 20 万千米。通过试验数据,对齿轮箱箱体的振动特性开展研究分析。通过频谱信号处理方法来分析 A 型、B 型及结构改进齿轮箱箱体是否存在 580 Hz 左右的固有频率,并且该固有频率在试验中是否会被轮轨激扰频率激发而产生共振现象。

整个试验测试系统主要由四部分组成:控制终端系统、无线数据传输系统、测试数据采集系统和传感器测试系统。采集设备是数据采集过程中的核心部分,其性能的好坏直接决定着测试数据的可靠性。齿轮箱箱体振动特性滚动轮台架试验选用 HBM 公司生产的 SoMate DAQ 数据采集器作为采集设备,它是一款性能卓越的专为恶劣环境设计的密封独立数据采集系统,单台数据采集终端的数据通道为 64 个,通道间采样严格同步。数据采集终端有独立的嵌入式控制器运行数据采集程序,并配有独立的数据存储。系统满足无线控制及无线数据下载。线路跟踪测试齿轮箱箱体和轴箱的振动加速度采用的是 BK 加速度传感器,其量程范围为 0~700 g,灵敏度是 10 mV/g,数据采样频率分别为 10 kHz 和 5 kHz。

动车组结构位置说明如下:图 3-1 中 C_1 和 C_2 分别表示 1 车和 2 车,

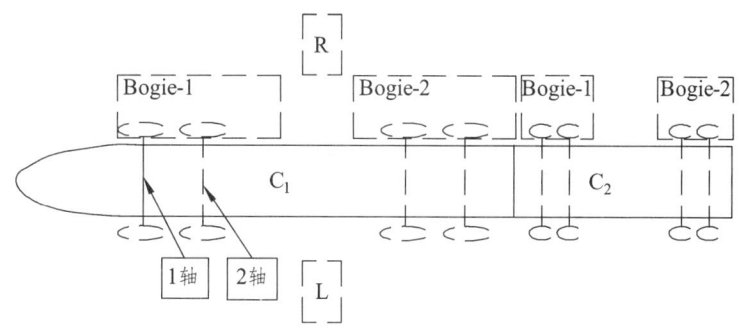

图 3-1 某型动车组结构位置图

Bogie-1 和 Bogie-2 为 C_1 车的一、二位转向架,该一位转向架上的两个轮轴分别称为 1 轴和 2 轴,R 和 L 分别表示动车组的右边和左边。

A 型齿轮箱箱体测试线路为京沪客运专线,测试对象是某型动车组 C9 车 2 位轮轴齿轮箱箱体齿面观察孔垂、横向部位,即图 3-2(a)中 1 号位置,列车踏面新镟轮后的运行里程数为 4.10 万千米。

B 型齿轮箱箱体测试线路为京沪客运专线,测试对象是某型动车组 C9 车 1 位轮轴齿轮箱箱体齿面观察孔垂、横向部位,即图 3-2(b)中 1 号位置,列车踏面新镟轮后的运行里程数为 10.08 万千米。

结构改进的 B 型齿轮箱箱体测试线路为哈大线客运专线,测试对象为某型动车组 C1 车的 1 位轮轴上的齿轮箱箱体齿面观察孔及左轴箱的垂、横向部位,在本章 3.3 节的分析中它们的位置分别称为轴箱和齿轮箱箱体,齿轮箱箱体垂、横向测试位置如图 3-2(c)和图 3-2(d)所示。

(a) A 型齿轮箱 　　　　(b) B 型齿轮箱

(c) 改进齿轮箱垂向 　　(d) 改进齿轮箱横向

图 3-2　齿轮箱箱体测点位置

3.2.2 齿轮箱箱体振动特性分析

将试验数据导入由 MATLAB 软件编写 Uff 程序，生成 LMS Test.Lab 软件能够识别的数据格式，再对试验数据开展时频分析，以获得齿轮箱箱体测点的时频特性。

本节首先分析 A、B 型两种齿轮箱箱体在服役线路上的振动特性，确认 A、B 型两种齿轮箱箱体是否存在局部固有频率并产生共振现象。

1. A 型齿轮箱箱体线路试验

1）加速工况

为了分析 A 型齿轮箱箱体在线路上的振动特性，本节选取列车从起动加速运行至 300 km/h 再稳定运行一段时间，共 150 s 的数据进行分析。图 3-3（a）所示为速度为 300 km/h 的垂向振动幅频图，分析图 3-3 可知，齿轮箱齿面观察孔垂、横向没有出现 580 Hz 和 2 500 Hz 左右的主频成分，即 A 型齿轮箱箱体在这组分析数据中不存在 580 Hz 的局部共振现象，也不存在齿轮啮合激扰引起齿轮箱箱体局部共振现象。

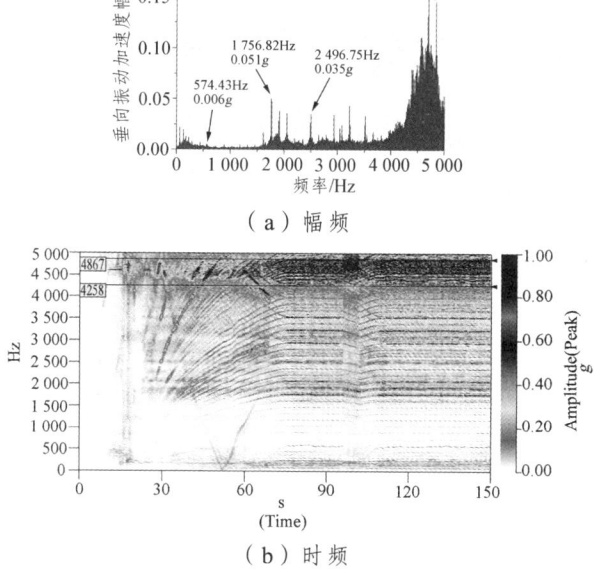

（a）幅频

（b）时频

图 3-3 齿轮箱齿面观察孔垂向振动幅频-时频图

图 3-3（b）中在 4 258～4 867 Hz 频段存在振动能量很高的响应，经过分析这可能是齿轮箱箱的局部固有频率发生共振。图 3-4（a）所示为速度为 300 km/h 的横向振动幅频图，由于齿轮箱齿面观察孔横向加速度幅值比垂向小很多，所以在图 3-4（b）中的主频不明显，即没出现高频段的共振现象，也没有出现 580 Hz 左右的主频共振。因此，A 型齿轮箱箱体没有发生 580 Hz 和 2 500 Hz 左右的局部共振现象。

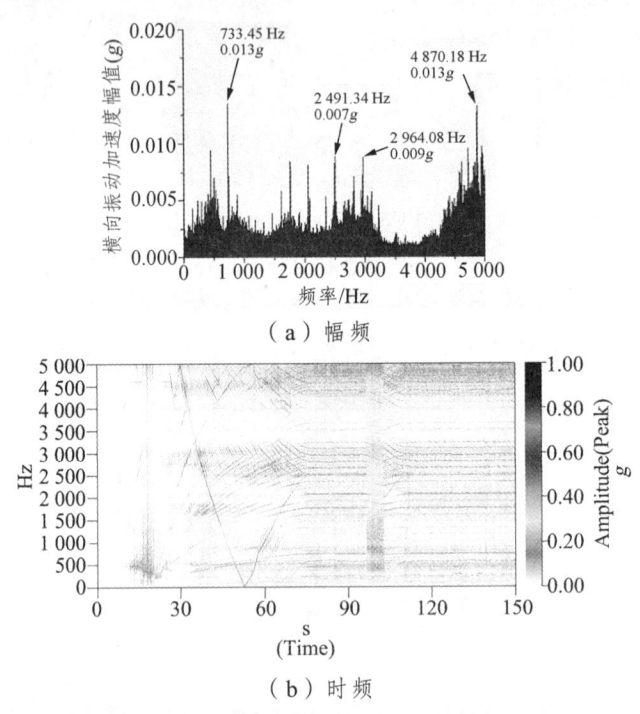

（a）幅频

（b）时频

图 3-4　齿轮箱齿面观察孔横向振动幅频-时频图

2）减速工况

本节选取列车以 300 km/h 的速度稳定运行一段时间后减速到停车状态共 150 s 的数据进行分析。图 3-5（a）和图 3-6（a）分别是时速为 300 km/h 的垂向、横向振动幅频图，比较图 3-5（a）和图 3-6（a）可知，齿轮箱箱体垂向加速度幅值显著高于横向，且幅值较大的主频也基本相同；但在图 3-5（b）中存在齿轮箱齿面观察孔垂向振动高能量响应，并且发生共振现象的频段区在 4 268～5 000 Hz，该频段振动比横向剧烈，会加剧齿轮箱箱体的振动疲劳损伤。在垂、横向加速度幅频图中标注的 580 Hz 主频由于振动能量响应很小，在其对应的时频图中几乎没有呈现，说明齿轮箱箱体没有发生该主频的共振现象。而在图 3-5 和图 3-6 中均没有出现 2 500 Hz 左右齿轮啮合频率激扰下引起的齿轮箱箱体共振现象。

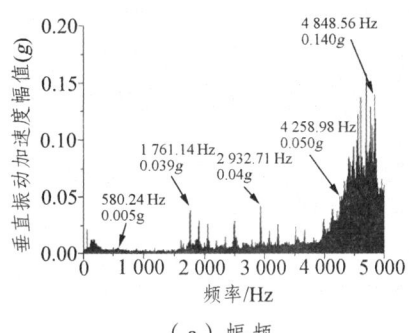

（a）幅频

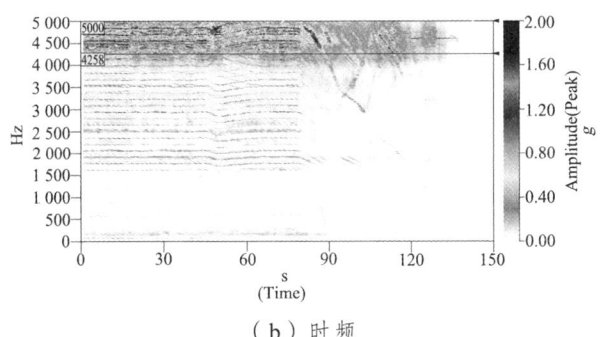

（b）时频

图 3-5　齿轮箱齿面观察孔垂向振动幅频-时频图

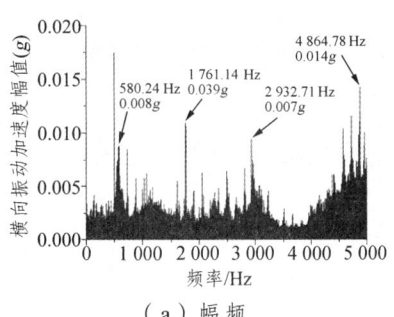

（a）幅频

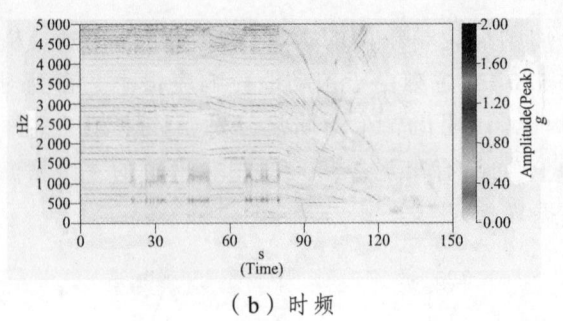

（b）时频

图 3-6 齿轮箱齿面观察孔横向振动幅频-时频图

基于以上分析可以得出，A 型齿轮箱箱体从起动加速到 300 km/h 及从 300 km/h 减速到停车状态的过程中，存在如下的显著振动特性：① 齿轮箱箱体没有出现 580 Hz 及 2 500 Hz 左右齿轮箱箱体局部共振现象；② 齿轮箱箱体齿面观察孔垂向在 4 268～5 000 Hz 频段区出现了高频能量响应共振现象，该共振会对齿轮箱箱体产生振动疲劳损伤，而在横向振动时频中并没有现出该现象。

所以 A 型齿轮箱箱体没有出现裂纹的原因，除上述分析的振动特性外，还有可能是该型齿轮箱箱体壁厚大（箱体壁厚最薄处为 12 mm），确保其有足够的强度满足线路服役工况要求，这可能是该箱体强度和刚度高而不开裂的重要原因之一。

2. B 型齿轮箱箱体线路试验

1）加速工况

为了分析 B 型齿轮箱箱体的振动特性，本节选取列车从起动加速运行至 300 km/h 再稳定运行一段时间，共 400 s 的数据进行分析。图 3-7（a）和图 3-8（a）分别为速度为 300 km/h 的垂向、横向振动幅频图，比较图 3-7 和图 3-8 可以得出：齿轮箱齿面观察孔横向加速度幅值要显著高于垂向，垂、横向加速度幅频图中均存在 583 Hz 左右的主频，且该主频在对应的时频图中均呈红黑色，说明 B 型齿轮箱箱体在这组数据中存在频率为 580 Hz 左右的共振现象，即证实 B 型齿轮箱箱体存在 580 Hz 左右的局部固有频率。在速度达到 300 km/h 时存在不明显的 2 430 Hz 左右的齿轮啮合激扰频率引起齿轮箱箱体局部共振，并在 3 283 Hz 左右存在明显的齿轮箱箱体局部共振现象。

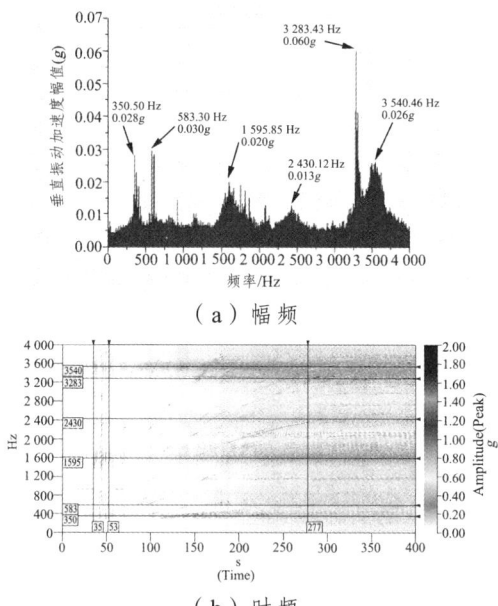

（a）幅频

（b）时频

图 3-7 齿轮箱齿面观察孔垂向振动幅频-时频图

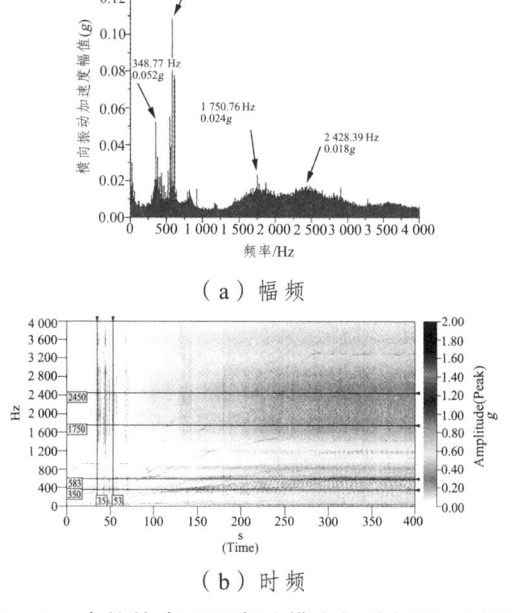

（a）幅频

（b）时频

图 3-8 齿轮箱齿面观察孔横向振动幅频-时频图

2）减速工况

本节选取列车以 300 km/h 稳定运行一段时间后减速到停车状态共 500 s 数据进行分析。图 3-9（a）和图 3-10（a）分别是时速为 300 km/h 的垂向、横向振动幅频图，比较分析可得：齿轮箱箱体齿面观察孔横向加速度要高于其垂向，幅值较大的主频也基本相同，且都存在 583 Hz 左右的主频。在图 3-9（b）和图 3-10（b）中存在明显的共振现象，说

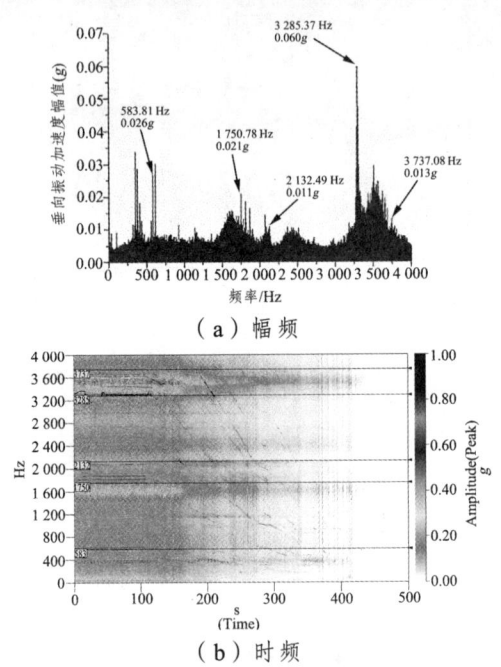

（a）幅频

（b）时频

图 3-9　齿轮箱齿面观察孔垂向振动幅频-时频图

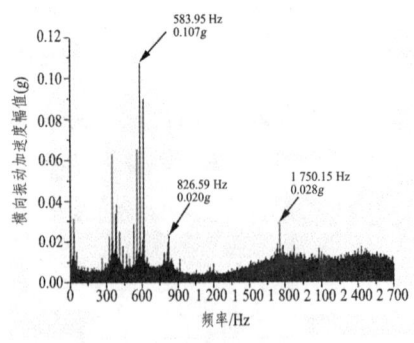

（a）幅频

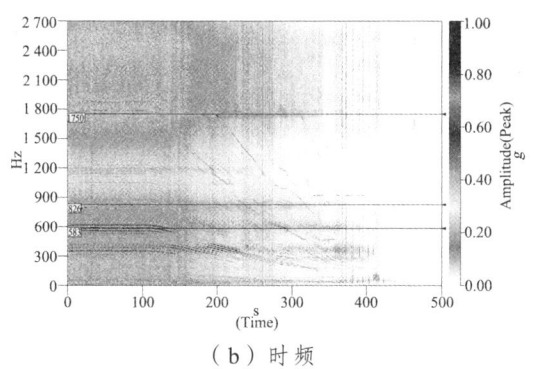

（b）时频

图 3-10 齿轮箱齿面观察孔横向振动幅频-时频图

明齿轮箱箱体存在 583 Hz 左右的局部固有频率。此外，在 3 285～3 737 Hz 频段存在显著的共振带，说明齿轮箱齿面观察孔在该频段存在激烈的振动现象，会加剧齿轮箱箱体的损伤。

基于以上分析，B 型齿轮箱箱体存在如下的显著振动特性：① 齿轮箱箱体存在 580 Hz 左右的固有频率，会在服役线路产生局部共振疲劳现象；② 在减速工况中齿轮箱箱体垂向振动时频图中在[3 285 Hz, 3 737 Hz]频段存在显著的高能量响应，即红黑色共振带，说明齿轮箱箱体齿面观察孔在该频段存在激烈的共振现象，这会加剧齿轮箱箱体的损伤，这是本书发现的一个新的研究结果；③ 在加、减速工况中均存在齿轮啮合频率激扰引起的齿轮箱箱体局部共振，但并不明显。

B 型齿轮箱箱体出现裂纹的原因，除上述分析的共振现象中存在共振疲劳损伤，还有一个重要原因是齿轮箱箱体壁厚对其强度影响很大。B 型原结构箱体最薄处厚度仅为 9 mm，因此可能是箱体的强度、刚度满足不了服役性能要求而导致开裂。

3.3 结构改进的齿轮箱箱体线路服役特性试验研究

目前，改进后的齿轮箱箱体在线路服役中尚未出现裂纹，说明改进后的箱体结构目前的运行状态比较安全，但目前安全并不代表后期不存在问题。为了研究结构改进的齿轮箱箱体的振动特性，本节基于哈大线某型高速动车组使用结构改进的齿轮箱箱体线路服役试验,选取新镟踏面和磨耗踏面重点比较分析齿轮箱箱体振动的加速度特性及频谱特性。为便于本书的对比分析,本节特做如下说明:"新镟踏面"指车轮踏面镟修后运行里程在 5 万千米以内;"磨耗踏面"指车轮踏面镟修后列车运行里程数在 15~20 万千米。

通过对齿轮箱箱体进行振动加速度测量,通过对振动信号进行处理,可得出其在运行过程中的振动频率特性。但很多分析的线路测试试验数据都是对整个时段进行处理,这种数据处理属于宏观分析,只能从宏观上了解齿轮箱的振动特性。本章从选定的各种线路服役工况中精心选择有代表性的小段试验数据来分析齿轮箱箱体振动特性,重点从某个时间段的细节方面来分析齿轮箱箱体振动特性,这样能真实体现齿轮箱箱体在实际服役线路中的振动特性。

3.3.1 列车过分相区工况

由于哈大线上列车以 300 km/h 运行 250~350 s 要经过一个分相区,列车经过分相区时由于牵引电机断电导致列车降速,列车依靠惯性通过分相区,之后牵引电机通电,列车加速运行,即列车在过分相区时存在减速和加速环节,且线路上分相区数量多,为了掌握齿轮箱箱体在过分相区的振动特性,有必要对齿轮箱箱体在过分相区时的振动特性开展研究。

3.3.1.1 新镟踏面工况下齿轮箱箱体振动特性

选取高速动车组经过分相区时齿轮箱箱体的振动数据,截取高速动车组经过前、中、后 3 个时间段共 100 s,时间分别为 8 s、31 s 及 61 s。从图 3-11 中可看出列车在分相区前,齿轮箱箱体的加速度比较稳定;进入分相区后列车减速,垂、横向加速度都有减小的趋势;经过分相区后由于列车速度增加,所以齿轮箱箱体的垂、横向加速度上升。由于过分相区时速度大概只下降了 20 km/h,所以齿轮箱箱体的加速度变化不明显,齿轮箱箱体垂、横向加速度基本稳定在 ±20 g 和 ±40 g 范围,将加速度数值转化为加速度均方根值能更直观看出加速度与列车速度响应关系。

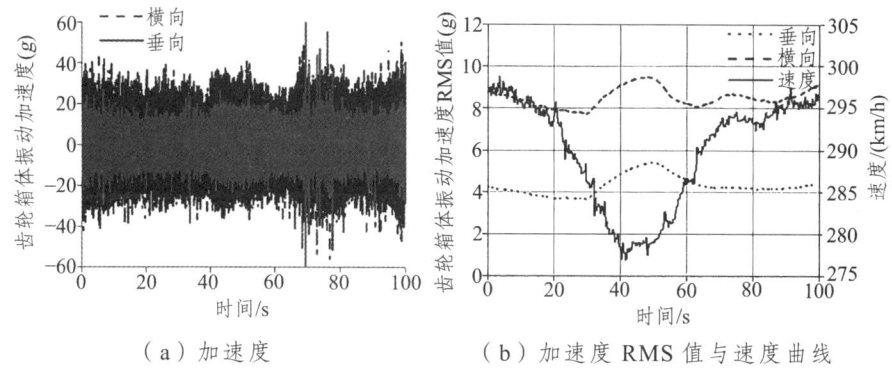

（a）加速度　　　　　　　　（b）加速度 RMS 值与速度曲线

图 3-11　过分相齿轮箱箱体加速度时域图

分析图 3-12 和图 3-13 可知：在高频区存在 2 320 Hz 的齿轮啮合频率，该啮合频率随速度变化并与齿轮箱箱体局部固有频率产生共振，该啮合主频在 8~39 s 时段消失，这是因为列车过分相区时牵引电机断电使得其转轴输出扭矩减小，导致齿轮啮合频率没有激励出齿轮箱箱体的局部频率产生共振。在齿轮啮合主频周围存在以轮轴转频为调制频率的调制边频带，且横向振动的能量响应明显高于垂向是由于横向加速度高于垂向所致。

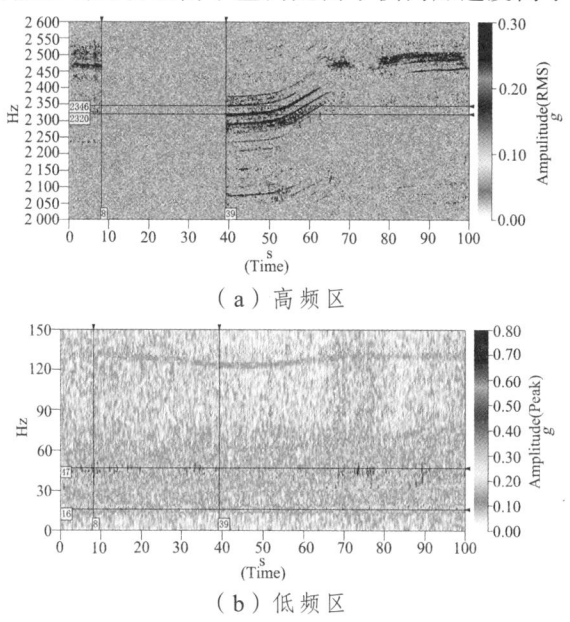

（a）高频区

（b）低频区

图 3-12　过分相齿轮箱箱体垂向振动时频图

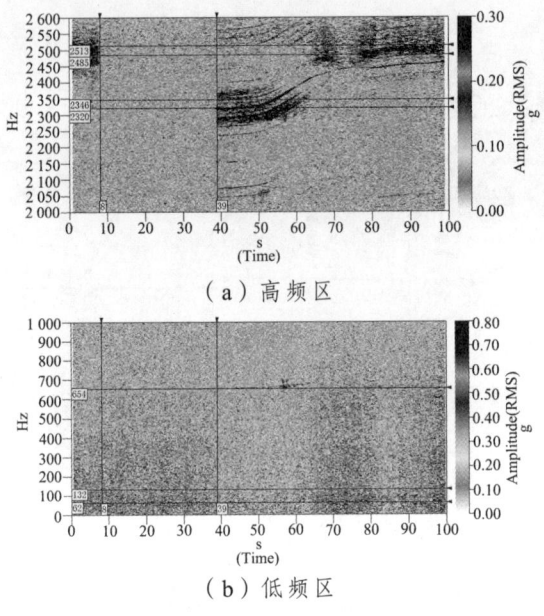

(a) 高频区

(b) 低频区

图 3-13 过分相齿轮箱箱体横向振动时频图

在垂向低频区，存在 130 Hz 左右随速度变化的弱主频，这是枕跨冲击频率。47 Hz 主频周围存在的能量波动响应频段，经分析可能是钢轨表面存在垂向不平顺波长引起的轮轨激扰频率，其数值大小与不平顺有关。16 Hz 主频是轨道板冲击频率。在横向低频区的主频不明显，但齿轮箱箱体存在横向冲击没有形成明显的主频带。此外，垂向振动时频图中 150～2 000 Hz 及横向振动时频图中 1 000～2 000 Hz 频段没有分析，其原因是这两个区间频段没有明显的主频，所以不予分析，本书中涉及没有分析的频段也是这个原因，不再另行说明。

3.3.1.2 磨耗踏面工况下齿轮箱箱体与轴箱振动特性

选取高速动车组经过分相区时齿轮箱箱体和轴箱的振动数据，截取高速动车组经过前、中、后 3 个时间段共 100 s，时间分别为 10 s、30 s 及 60 s。图 3-14 表明列车在过分相时，齿轮箱箱体垂、横向加速度基本稳定在 ±50 g 和 ±70 g 范围，但齿轮箱箱体垂向加速度有时达到 60 g，横向加速度达到 100 g；而轴箱的垂、横向加速度基本在 ±10 g 和 ±5 g 范围，齿轮箱箱体的加速度在过分相时有小幅减小和增加的过程。图 3-15

表明齿轮箱箱体加速度 RMS 值与速度变化响应趋势比较一致,而轴箱由于加速度数据较小,相对于列车速度的变化影响甚微。

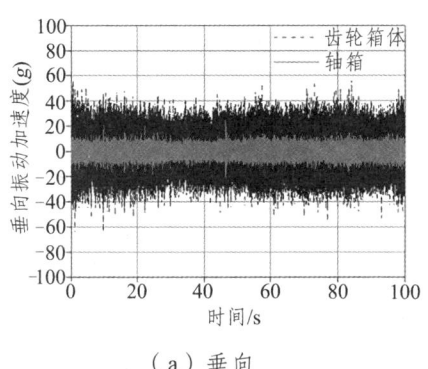

(a)垂向

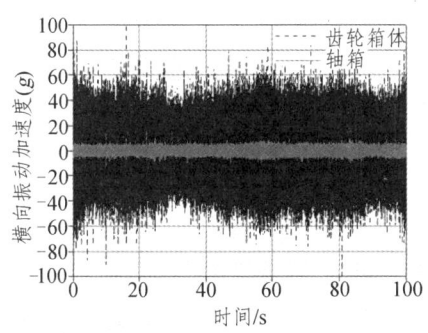

(b)横向

图 3-14 齿轮箱箱体与轴箱垂、横向加速度时域图

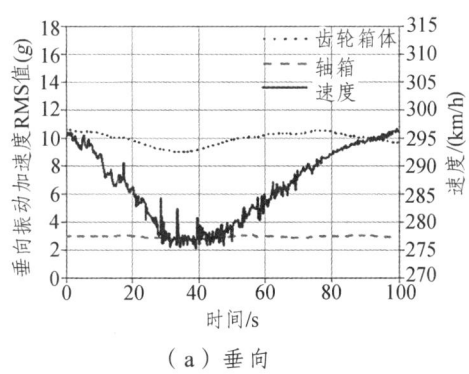

(a)垂向

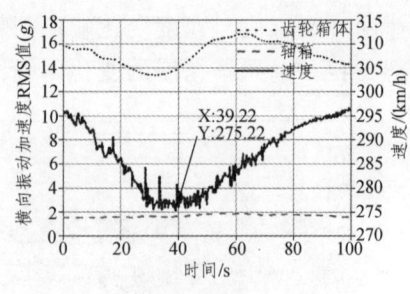

（b）横向

图 3-15　齿轮箱箱体与轴箱垂、横向加速度 RMS 与速度关系

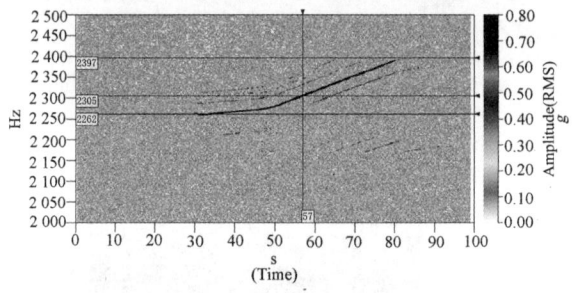

（a）高频区

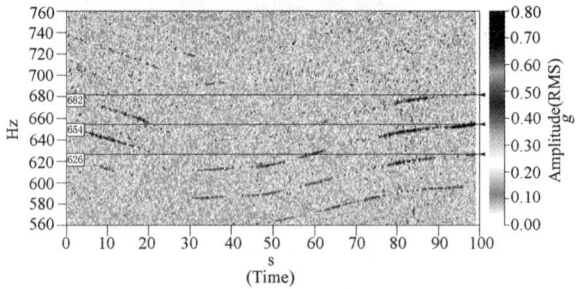

（b）低频区

图 3-16　齿轮箱箱体垂向振动时频图

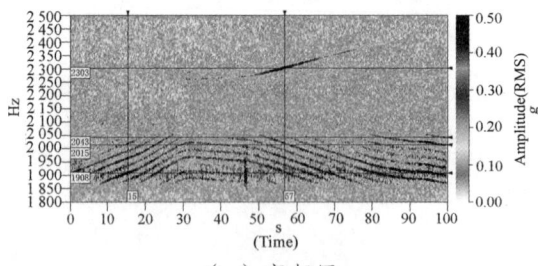

（a）高频区

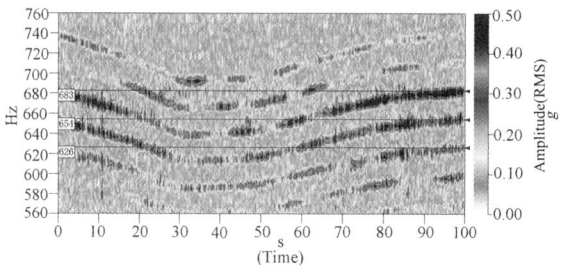

（b）低频区

图 3-17　轴箱垂向振动时频图

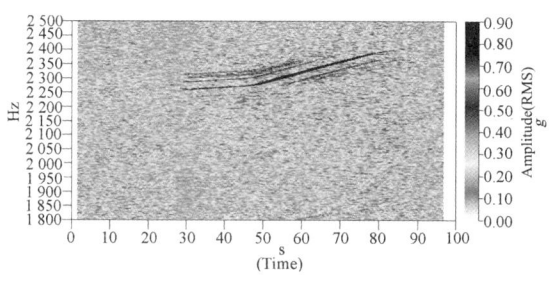

（a）高频区

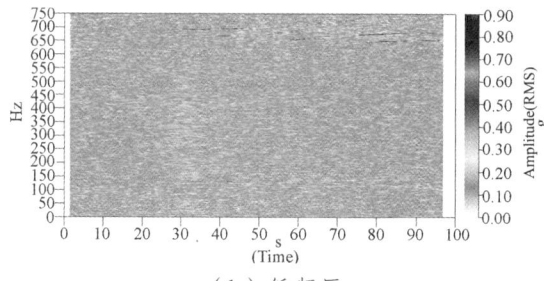

（b）低频区

图 3-18　齿轮箱箱体横向振动时频图

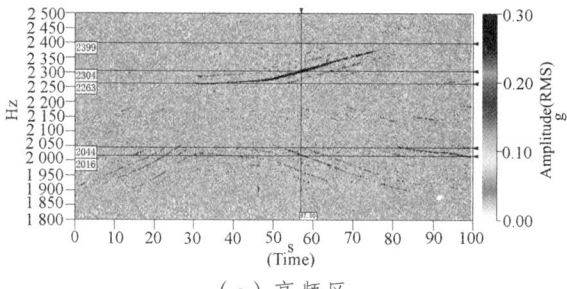

（a）高频区

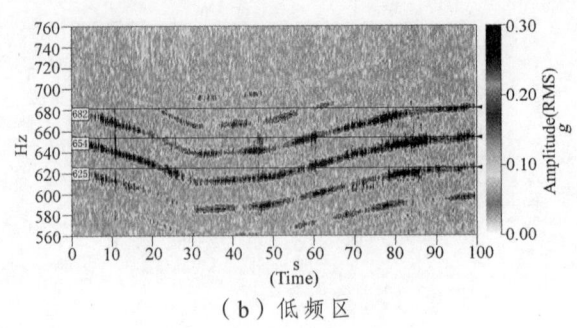

(b）低频区

图 3-19　轴箱横向振动时频图

取列车速度为 295 km/h，车轮滚动圆直径为 915 mm，算得轮轴转频为 28.5 Hz。由图 3-17（b）和图 3-19（b）可知，在轴箱的垂、横向低频区均存在显著的以 654 Hz 主频为轮轴转频的 23 倍，而与 654 Hz 主频相邻 682 Hz 和 626 Hz 频率与其差值为 28 Hz。图 3-16（b）表明在齿轮箱箱体垂向低频区也存在明显的 654 Hz 主频，与其相邻的主频数值也为 682 Hz 和 626 Hz。根据轮轨振动传递到轴箱和齿轮箱箱体上均存在这一相同信号，可推得列车在镟轮后运营里程为 15 万～20 万千米时车轮踏面形成了 23 阶车轮多边形。

齿轮箱箱体垂、横向高频区中 2 305 Hz 为随速度变化的齿轮啮合频率，根据 2.2 节的理论知识可知，齿轮箱箱体高频区图中是以齿轮啮合频率为载波频率，以轮轴转频为间隔形成的多对调制边频带；齿轮箱箱体低频区图中是以 23 阶车轮多边形轮轨激扰频率 654 Hz 为载波频率，以轮轴转频为间隔形成的多对调制边频带，如图 3-18 所示。图 3-17（a）和图 3-19（a）表明在轴箱高频区的 1 850～2 500 Hz 频段出现了由于采样频率不足导致高频向低频的混叠效应，具体原因为：由于轴箱的采样频率为 5 000 Hz，在轴箱的时频图中只显示出信号中[0 Hz，2 500 Hz]频带，而信号中[2 500 Hz，5 000 Hz]频带成分信息并没有消失，而是对称地映射到[0 Hz，2 500 Hz]的频带中，并且和[0 Hz，2 500 Hz]的原有频率成分叠加起来，使得信号重建时出现高频信号被低频信号代替，导致两种波形完全重叠在一起，形成信号失真。后续出现的轴箱频率混叠现象原因与此相同，不再赘述。

3.3.2　列车上坡与下坡运动工况

由于轨道线路存在海拔高度差，线路中有众多的上坡和下坡线路,而线路的海拔高度差有几十米,在这种线路工况中列车的运行速度会发生明显变化,而速度变化一定会影响到齿轮箱箱体的振动特性,为掌握列车在上坡与下坡运行工况下的振动特性,本节对此内容进行分析。

3.3.2.1 新镟踏面工况下齿轮箱箱体振动特性

选择齿轮箱振动数据:列车上坡运行时间为 25 s,海拔高度由 47.2 m 上升到 85.4 m;下坡运行时间为 35 s,海拔高度由 85.4 m 下降到 55.4 m;期间列车的速度由 272 km/h 上升到 298 km/h,具体如图 3-20 所示。

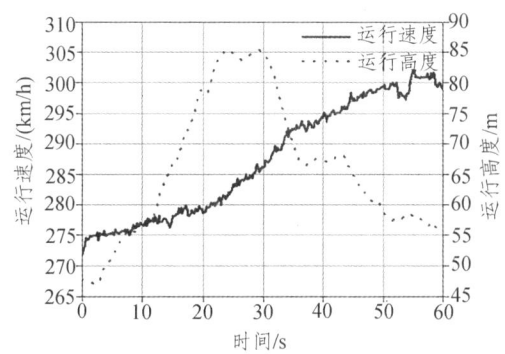

图 3-20　上坡与下坡的速度-高度-时间关系

结合图 3-20 和图 3-21 分析可知:上坡过程的 30 s 为列车加速运行阶段,但齿轮箱箱体垂向加速度数值由 ±20g 逐渐下降到 ±10g,降低了 50%;下坡过程中由于列车仍在加速运行,垂向加速度数值增加到约 ±15g。对于横向振动加度,列车速度在前 40 s 持续上升,但齿轮箱箱体横向加速度一直维持在 ±20g 范围内,波动较小;当列车速度达到 295 km/h 时,齿轮箱箱体的横向加速度开始迅速上升;当速度达到 303 km/h 时,加速度达到 ±50g,增幅超过 200%,这种现象与齿轮箱箱体的振动加速和速度相关性存在很大差异,这说明齿轮箱箱体横向振动加速度不但与速度有关,还可能与列车下坡时轮轨间产生的横向冲击有关。

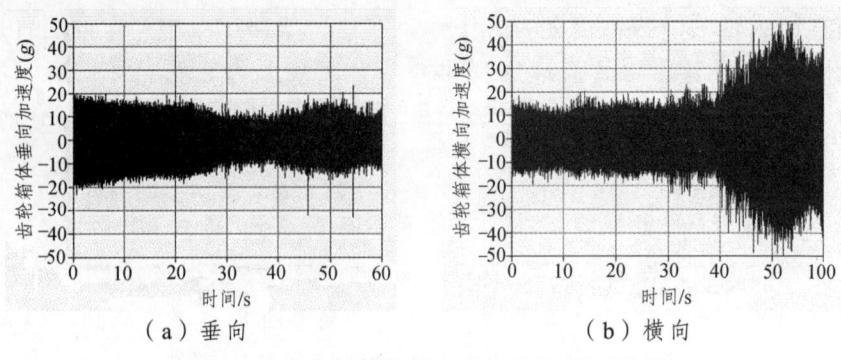

图 3-21　齿轮箱箱体垂、横向加速度时域图

分析图 3-22（b）和图 3-23（b）可知：垂、横向高频区存在的 2 305 Hz 及 2 389 Hz 主频均为随速度变化的齿轮啮合频率，在列车速度接近 300 km/h 时，高频区中存在与速度相关的斜形梳状边频带。根据图中所标数据，相邻边频带差值 29 Hz 为轮轴转频，而图中粗黑的宽频区由两方面组成：① 以齿轮啮合频率为载波频率，以轮轴转频为调制频率的边频带；② 以齿轮啮合频率与齿轮箱箱体局部某阶固有频率接近发生共振形成叠加重合的宽频带区域。因为齿轮箱箱体的横向加速度比垂向高很多，所以其频率的能量响应也比垂向大。

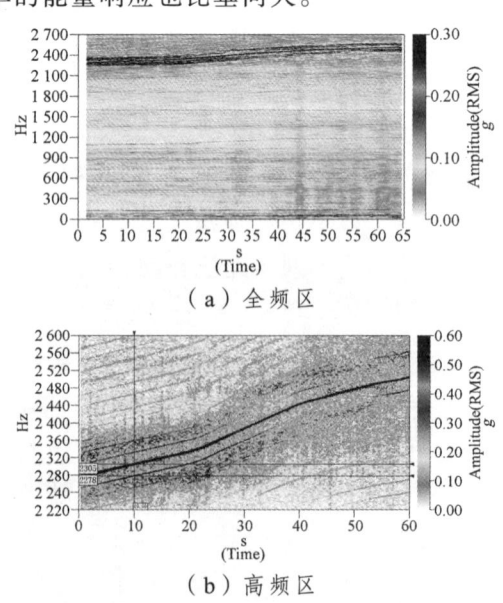

（a）全频区

（b）高频区

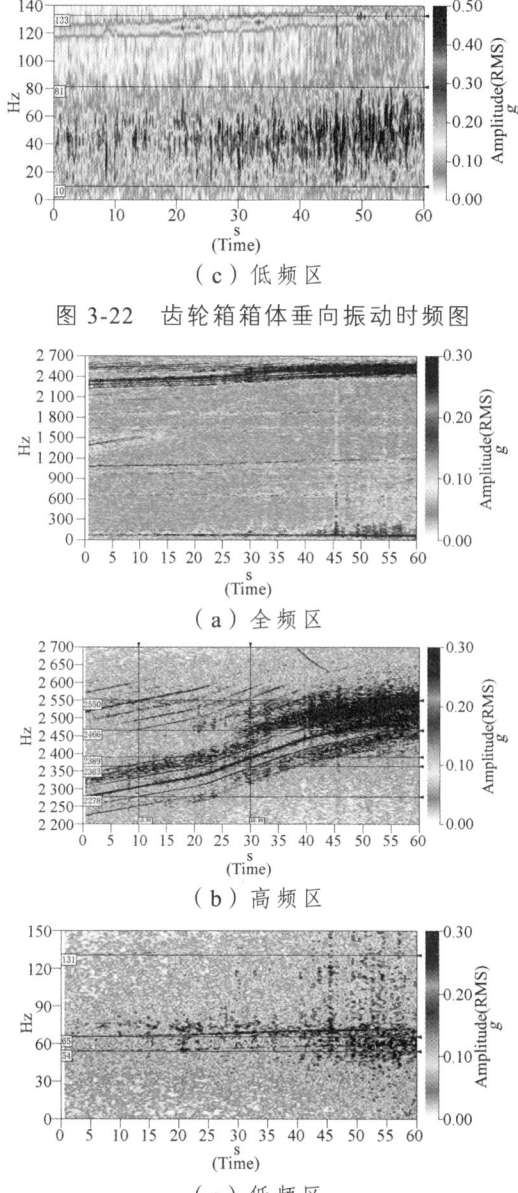

(c)低频区

图 3-22 齿轮箱箱体垂向振动时频图

(a)全频区

(b)高频区

(c)低频区

图 3-23 齿轮箱箱体横向振动时频图

图 3-22(c)中 10~81 Hz 频段区存在较高的能量响应,这可能是轨道表面垂向不平顺引起的轮轨激扰频率传递到齿轮箱箱体上;图 3-23

(c)低频区中,54 Hz 为轮轴转频的二倍频,65 Hz 为电机轴转频,131 Hz 为枕跨冲击频率。图 3-23(a)表明在 46~60 s 齿轮箱箱体存在明显的横向冲击,说明列车加速下坡时存在轮轨横向冲击现象。

3.3.2.2 磨耗踏面工况下齿轮箱箱体与轴箱振动特性

如图 3-24 所示,选取列车上坡和下坡的数据共 70 s,其中列车在运行高度 20 m 处开始上坡,在上升到 49.79 m 时,耗时 32.69 s,然后列车开始下坡到高度约 15 m 时,耗时 37.31 s。列车在 70 s 的上、下坡过程中运行速度基本控制在 295~303 km/h,由于速度波动小,所以齿轮箱箱体和轴箱的加速度也是小幅波动,其中在 20 s 附近有明显的减小和增加波动现象,其余时间加速度比较稳定。分析图 3-25 和图 3-26 可知:齿轮箱箱体垂向加速度约为轴箱的 2 倍,横向为轴箱的 3~4 倍,所以齿轮箱箱体的加速度比轴箱大很多,即从轴箱到齿轮箱的振动传递中存在加速度放大现象。

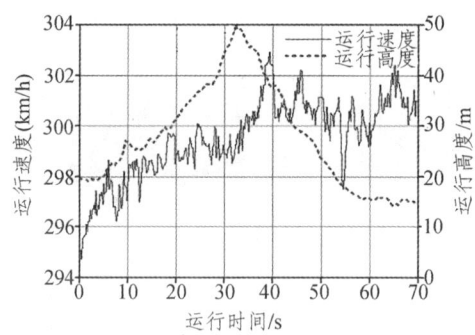

图 3-24 上坡与下坡的速度-高度-时间关系图

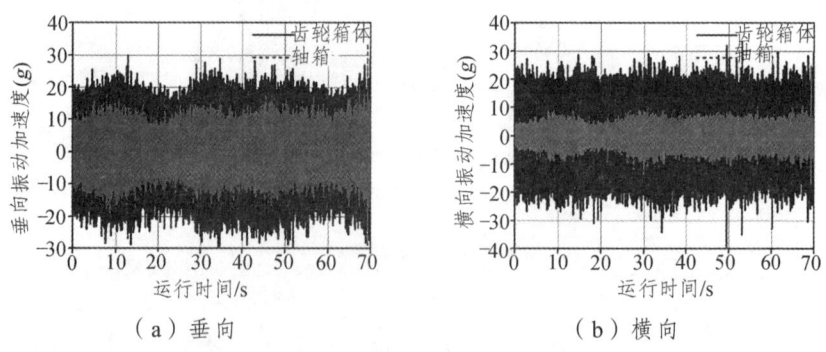

(a)垂向　　　　　　　　　(b)横向

图 3-25 齿轮箱箱体与轴箱加速度时域图

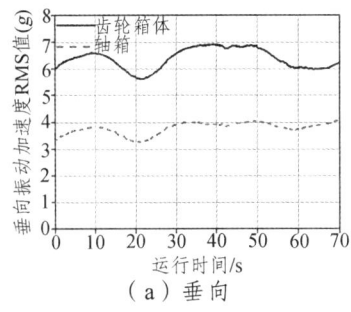
（a）垂向

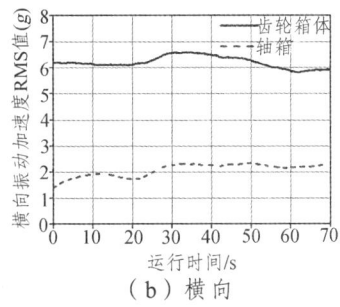
（b）横向

图 3-26　齿轮箱箱体与轴箱加速度 RMS 值

结合图 3-27 和图 3-28 分析可知：2 468 Hz 为齿轮啮合频率，周边存在与速度相关的一系列调制频带，图中所标数据表明相邻边频带的差值为 29 Hz，属于轮轴转频，说明它们是以齿轮啮合频率为载波频率，以轮轴转频为调制频率的边频带。

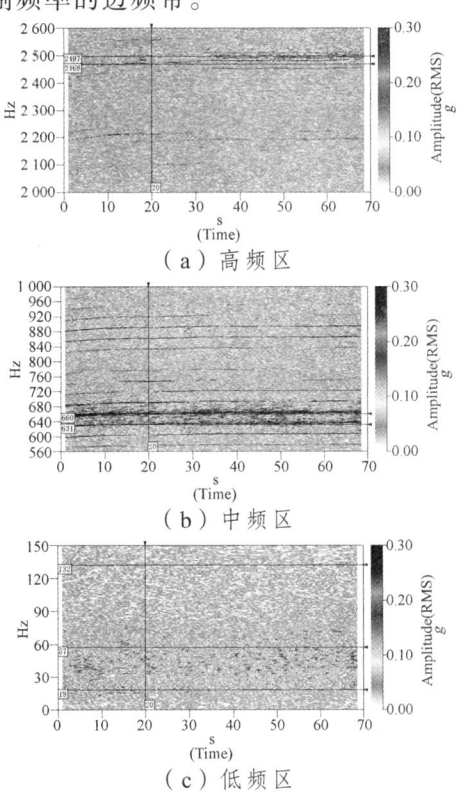

（a）高频区

（b）中频区

（c）低频区

图 3-27　齿轮箱箱体垂向振动时频图

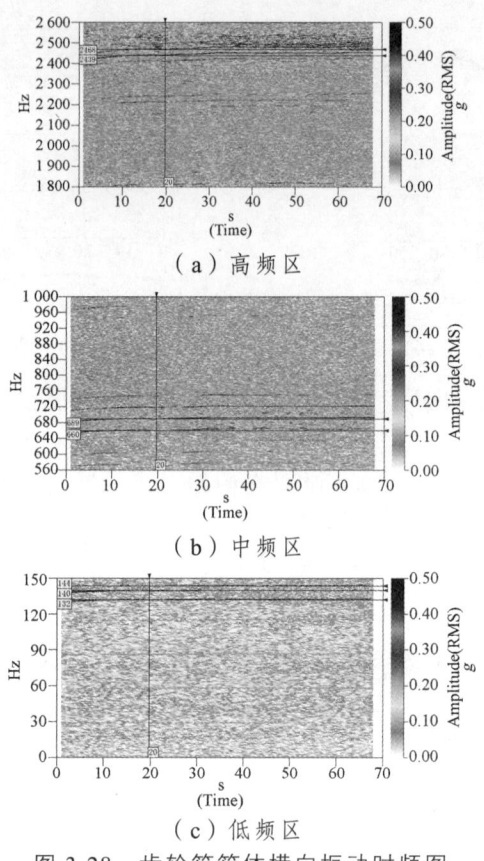

(a)高频区

(b)中频区

(c)低频区

图 3-28 齿轮箱箱体横向振动时频图

齿轮箱箱体和轴箱的垂、横向时频图均存在 660 Hz 主频，说明列车踏面镟轮运行里程数在 15 万～20 万千米时，已经形成 23 阶车轮多边形，且 23 阶车轮多边形的轮轨激扰对轴箱和齿轮箱箱体的振动产生影响。图 3-28 中 144 Hz 为电机转频的 2 倍频，132 Hz 为枕跨冲击频率，18～59 Hz 频段存在的众多高能量响应频段，且轴箱的能量响应高于齿轮箱箱体，经分析可能是钢轨表面存在垂向不平顺波长引起的轮轨激扰频率，其数值的大小与不平顺程度有关。

分析图 3-29 和图 3-30 可知：在相同的均方根幅值下，轴箱垂向中存在的主频在横向时频图中都没有显现，在低频区尤为明显，这说明轴箱垂向振动的能量响应要高于横向，验证了轴箱垂向加速度高于横向的结论；660 Hz 主频在齿轮箱箱体及轴箱的垂、横向时频图中均存在，证实镟轮后运行里程在 15 万～20 万千米形成了 23 阶车轮多边形；86 Hz 为轮轴转频的 3 倍频。轴箱时频图中存在的与齿轮箱箱体相同的主频，其产生的原因也相同，不再赘述。

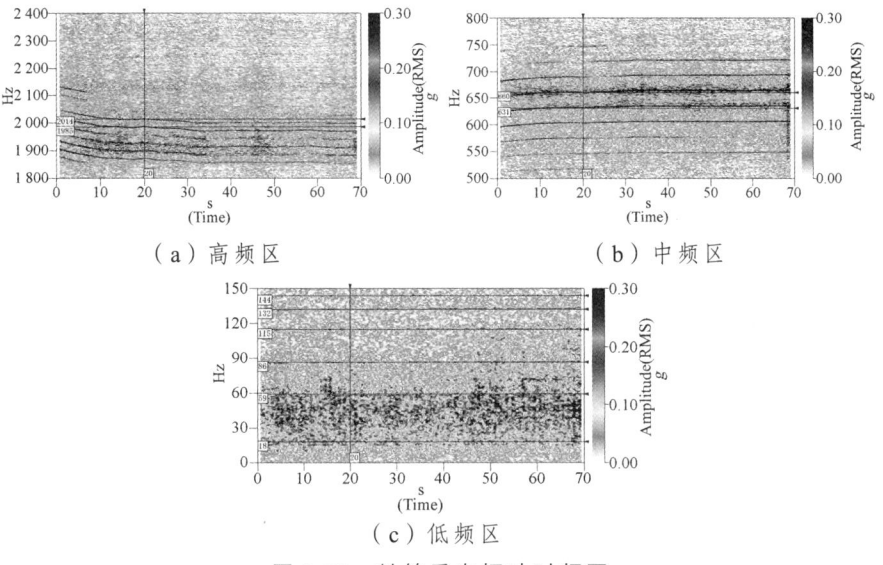

图 3-29　轴箱垂向振动时频图

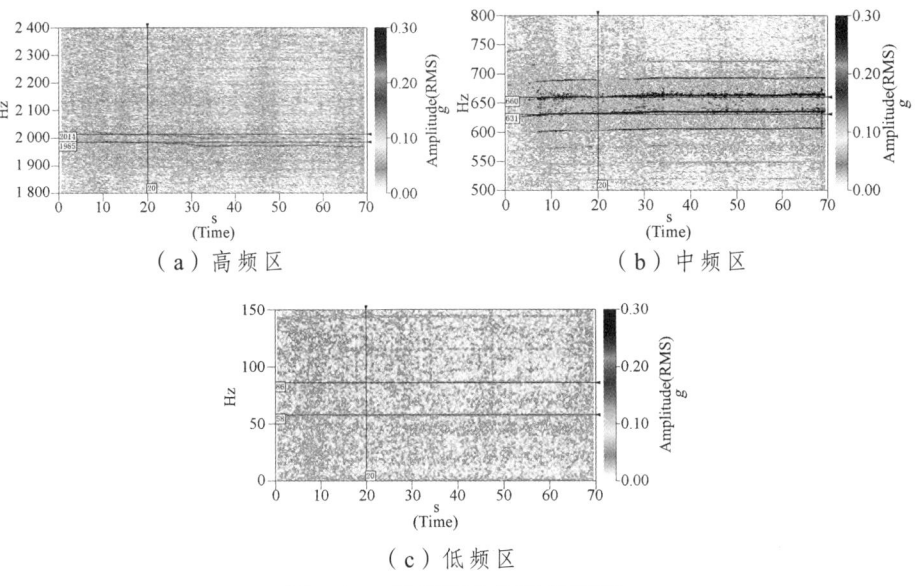

图 3-30　轴箱横向振动时频图

3.3.3 列车过九里庄隧道工况

本节选取动车组经过九里庄隧道时的数据进行分析，该隧道总长4.34 km，是哈大线上全线最长的一条双向隧道，也是中国铁路建设史上技术含量和要求最高的隧道之一，隧道设计速度为 350 km/h。由于高速动车组频繁在隧道中运行，而齿轮箱箱体在隧道中的振动特性目前鲜有详细的研究说明，为了掌握齿轮箱箱体在该隧道中的振动特性，有必要对此开展研究。

3.3.3.1 新镟踏面减速工况下齿轮箱箱体与轴箱振动特性

新镟踏面列车在经过九里庄隧道驶向大连北站时，由于该隧道离大连北站距离不远，所以列车一直处于减速运行状态。下面分析列车驶入隧道前、驶入隧道及驶出隧道后共 300 s 时间内齿轮箱箱体和轴箱的振动特性。

1. 齿轮箱箱体振动特性

分析数据为列车运行在隧道前、中、后的 3 个阶段，图 3-31 表明这 3 个阶段的时间依次为 161.96 s、56.47 s 和 81.57 s，共 300 s。其中后 250 s 列车减速运行，驶入与驶出隧道的速度差为 24.03 km/h，齿轮箱箱体垂、横向加速度均随列车速度变化呈现相同的变化趋势。对比图 3-31 （a）和图 3-31（b）可知：齿轮箱箱体垂、横向加速度在隧道中均存在一个增加和减小的现象，这是因为齿轮箱箱体在隧道中间位置承受的压力增大，导致箱体加速度增大，随着压力减小，箱体的加速度也减小；在隧道中齿轮箱箱体横向加速度整体高于垂向。

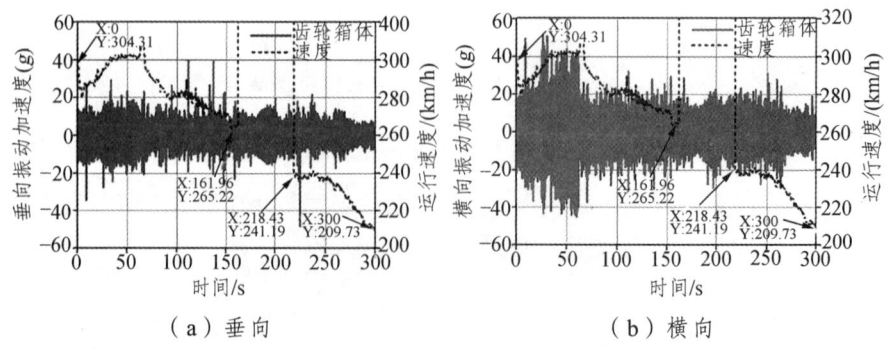

(a) 垂向　　　　　　　　　(b) 横向

图 3-31　齿轮箱箱体垂、横向加速度与速度关系

说明：列车进入隧道后由于 GPS 测速仪信号消失，所以列车速度信号也随之消失，消失的速度信号在图 3-31 中用两条竖虚线区间表示，但加速度传感器仍可测得齿轮箱箱体的振动信号，本书中列车经过隧道时此现象不再另行说明。

结合图 3-32 和图 3-33 的时频图分析可知：在 61～155 s 时间段和 200～265 s 时间段均出现齿轮啮合主频消失现象，这均是由于列车经过分相区和驶出隧道时牵引电机断所致。图中 2 363 Hz 上方附近存在齿轮啮合频率与齿轮箱箱体局部共振现象；1 010 Hz 为小齿轮转频，它在车速约为 285 km/h 时被激发出来，并随着速度的下降而降低。图 3-32（b）中 126 Hz 为枕跨冲击频率，其对应的主频与车速变化趋势一致，而在横向时频图中没有出现这个频率信号，说明枕跨冲击主要体现在垂向。

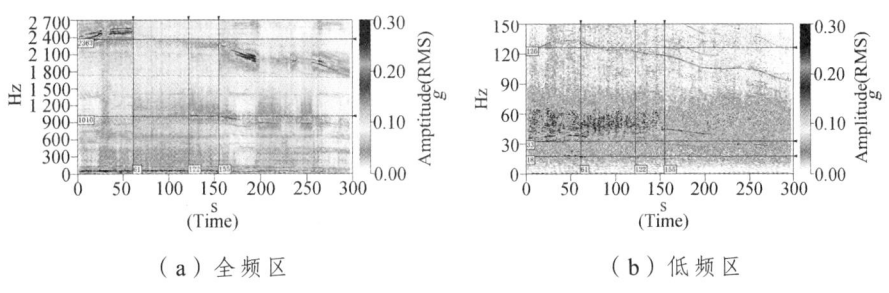

（a）全频区　　　　　　　　　（b）低频区

图 3-32　齿轮箱箱体垂向振动时频图

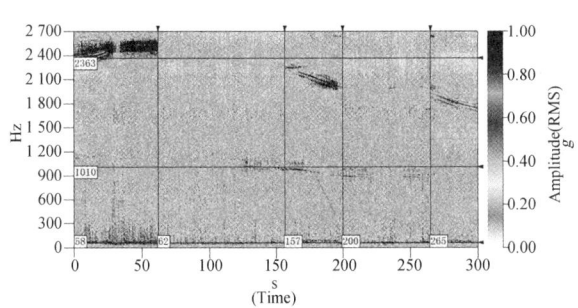

图 3-33　齿轮箱箱体横向振动时频图

2. 轴箱垂、横向振动特性分析

分析图 3-34 可知，轴箱垂、横向加速度与列车速度的变化趋势一致，垂向加速度稍高于横向，其中当列车速度从 300 km/h 降到 210 km/h 时，垂向加速度由 ±80 g 降到 ±20 g，横向加速度由 ±70 g 降到 ±18 g 左右，由此可见运行速度对轴箱加速度的影响很大。

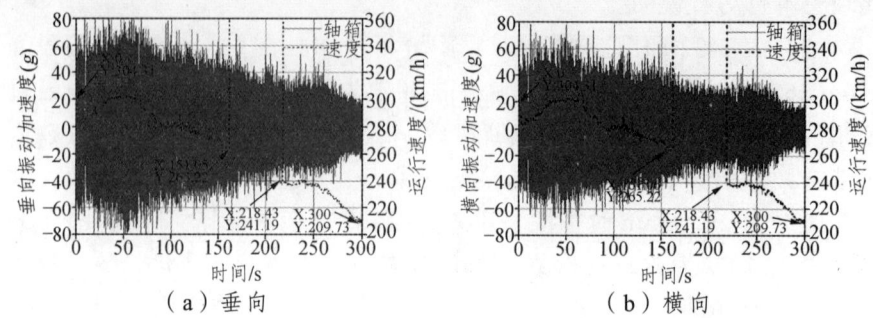

图 3-34　过九里庄隧道时轴箱垂、横向加速度与速度关系图

从图 3-35 可知，图中不存在明显的主频带，在前 150 s，图 3-35（a）和图 3-35（b）中分别在[600 Hz，1 200 Hz]和[0 Hz，900 Hz]频段存在较高的能量响应，而在后 150 s 则明显减弱，表明加速度均方根值幅值能量响应会随着齿轮箱箱体加速度的减小而减小。

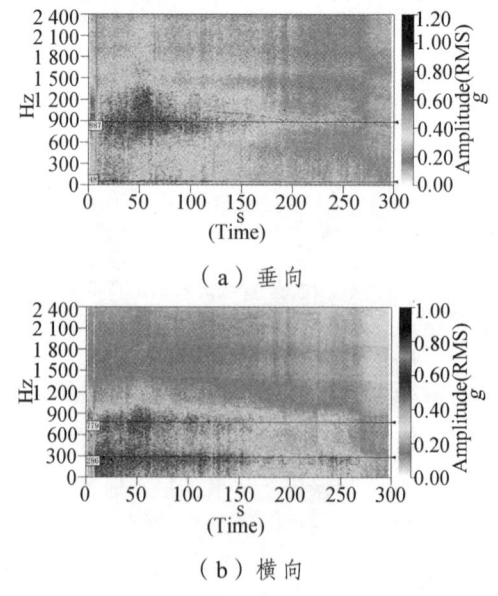

图 3-35　轴箱垂、横向振动时频图

3. 齿轮箱箱体与轴箱垂、横向加速度 RMS 值比较

图 3-36 表明齿轮箱箱体和轴箱体的加速度均方根值与速度的对应关系。从图 3-36（a）可知当列车运行速度高于 280 km/h 时，齿轮箱箱体横向加速度均方根值明显高于垂向，说明在九里庄隧道中，列车速度超过 280 km/h 时，齿轮箱箱体横向加速度明显高于垂向；当运行速度在 210~280 km/h 时，垂、横向加速度的均方根值曲线形状相似且差值较小。在图 3-36（b）中因为轴箱垂、横向加速度相差较小，所以二者的均方根值曲线与速度曲线形状相似。

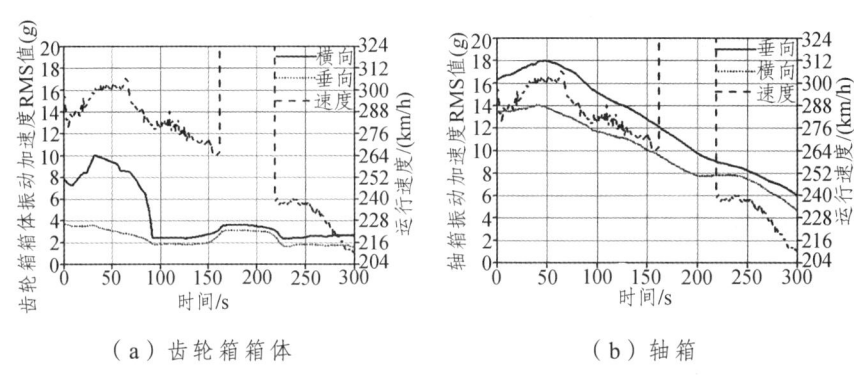

（a）齿轮箱箱体　　　　　　　（b）轴箱

图 3-36　齿轮箱箱体垂、横向加速度 RMS 值与速度关系图

3.3.3.2　磨耗踏面减速工况下齿轮箱箱体与轴箱振动特性

磨耗踏面列车在经过九里庄隧道驶向大连北站时，列车一直处于减速运行状态，列车运行位置与 3.3.3.1 节相同；同样分析列车驶入隧道前、驶入隧道及驶出隧道后共 300 s 时间内齿轮箱箱体和轴箱的振动特性。

1. 齿轮箱箱体垂、横向振动特性分析

图 3-37 表明齿轮箱箱体加速在九里庄隧道也受列车速度变化影响，但其波动幅度主要体现在一些相邻时间点的加速度上，其中横向波动比垂向要明显且横向加速度高于垂向。当列车速度降到[210 km/h，230 km/h]区间时，齿轮箱箱体的加速度显著下降。

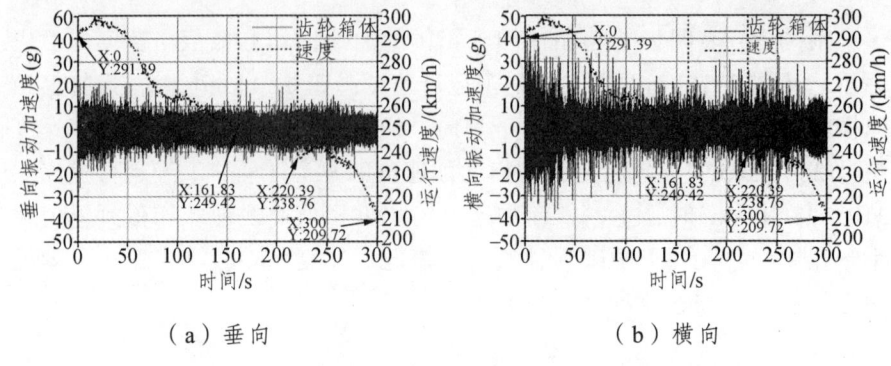

图 3-37 齿轮箱箱体垂、横向加速度与速度关系图

结合图 3-38（a）和图 3-39（a）分析可知：在[0 s，35 s]和[273 s，300 s]两个时段均存在齿轮啮合主频，其他时段齿轮啮合主频基本消失是由于牵引电机断电。分析图 3-38（b）和图 3-39（b）可知：655 Hz 为 23 阶车轮多边形的轮轨激励频率；132 Hz 为枕跨冲击频率；57 Hz 为电机转频；在[0 s，35 s]时段存在比较明显的轮轨垂、横向冲击现象。

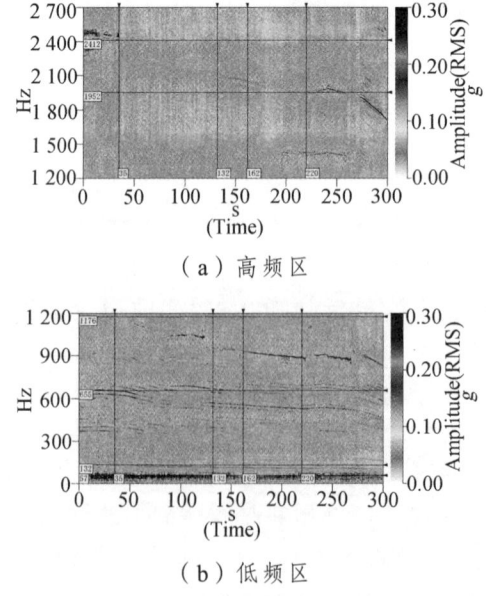

图 3-38 齿轮箱箱体垂向加速度时频图

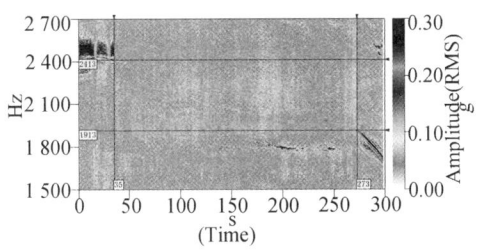

（a）高频区

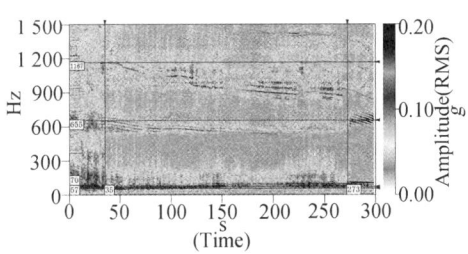

（b）低频区

图 3-39　齿轮箱箱体横向加速度时频图

2. 轴箱垂、横向振动特性分析

图 3-40 表明轴箱加速度与列车速度变化趋势相同，轴箱垂向加速度高于横向。图 3-41（a）和图 3-42（a）的高频区发生频率混叠现象，图 3-41（b）和图 3-42（b）中均存在 655 Hz 的 23 阶车轮多边形轮轨激扰频率，且在低频区并没有发生频率混叠现象。

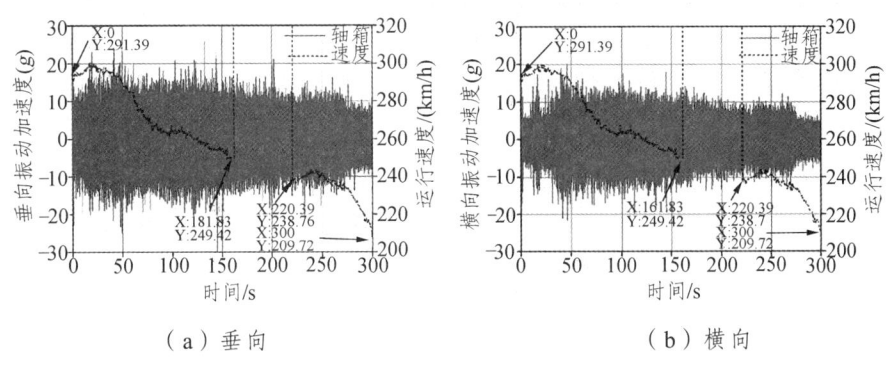

（a）垂向　　　　　　　　　　　　（b）横向

图 3-40　轴箱垂、横向加速度与速度关系图

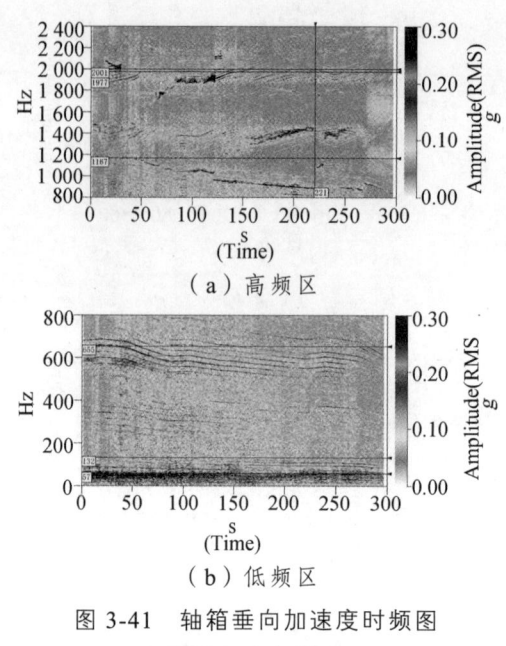

（a）高频区

（b）低频区

图 3-41 轴箱垂向加速度时频图

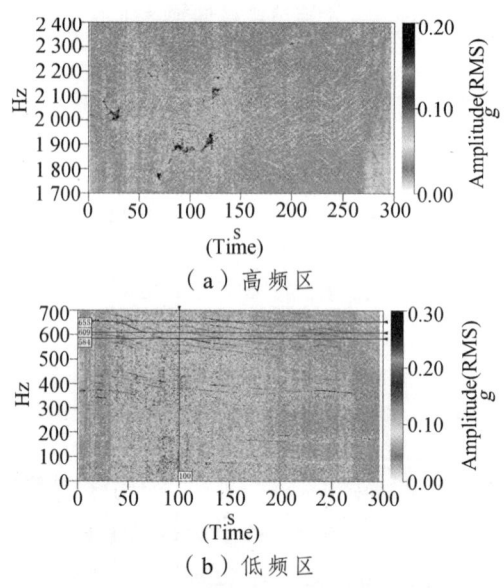

（a）高频区

（b）低频区

图 3-42 轴箱横向加速度时频图

3. 齿轮箱箱体与轴箱垂、横向加速度 RMS 值分析

图 3-43 表明：齿轮箱箱体横向加速度 RMS 值高于垂向，而横向加

速度 RMS 值在最后 50 s 呈现上升趋势，这主要是横向加速度在此期间增加所致，而这与列车速度减小的趋势相反。轴箱垂向加速度 RMS 值高于横向，且二者数值变化趋势与速度变化比较一致。

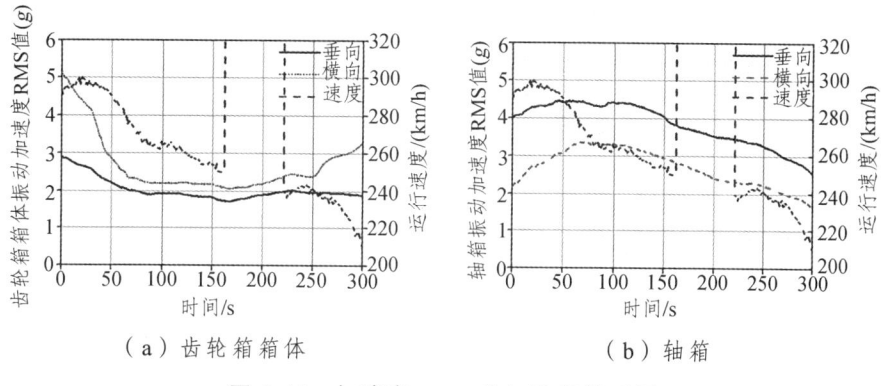

（a）齿轮箱箱体　　　　　　　（b）轴箱

图 3-43　加速度 RMS 值与速度关系图

3.3.3.3　车轮磨耗对齿轮箱箱体振动影响

将新镟踏面与磨耗踏面在减速工况下的振动特性进行比较，分析图 3-44 ~ 3-46 可知：列车在 0 ~ 220 s 时段，新镟踏面列车的速度高于磨耗踏面列车约 15 km/h，即列车速度处于[240 km/h，305 km/h]区间时，新镟踏面列车齿轮箱箱体的垂、横加速度 RMS 值高于磨耗踏面列车；在[210 km/h，240 km/h]区间时，磨耗踏面的速度值略高于新镟踏面，这说明列车在该速度区间运行且速度相差不大的工况下，磨耗踏面列车的齿轮箱箱体加速度 RMS 值与新镟修踏面列车齿轮箱箱体近似相等。

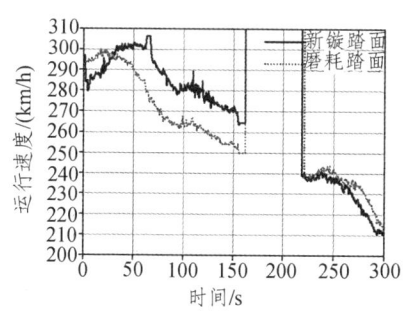

图 3-44　新镟踏面与磨耗踏面列车的速度-时间关系

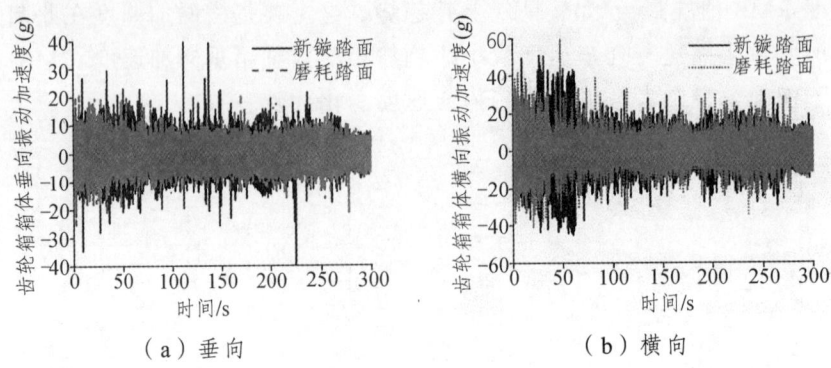

图 3-45 新镟踏面与磨耗踏面列车齿轮箱箱体垂、横向加速度比较

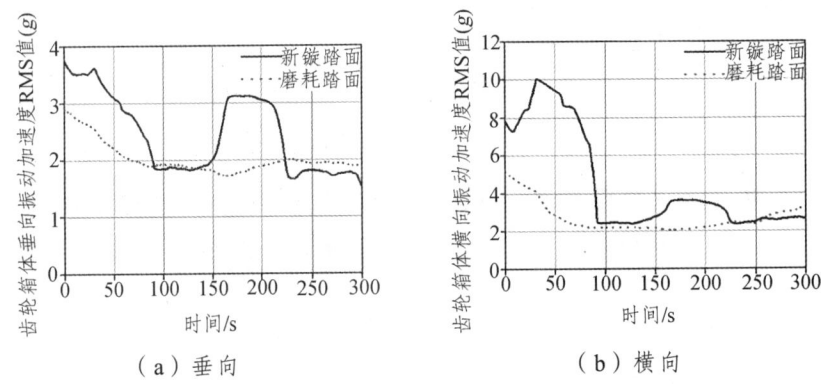

图 3-46 新镟踏面与磨耗踏面列车齿轮箱箱体垂、横向加速度 RMS 值比较

3.3.4 列车过鞍山隧道工况

鞍山隧道是哈大线上第二长隧道，全长 2 440 m，由于高速动车组频繁穿越该隧道，高速动车组齿轮箱箱体在隧道中的振动特性在文献中尚未见过，为了掌握齿轮箱箱在隧道中的振动特性，有必要对列车过隧道工况时齿轮箱箱体的振动特性开展研究。

3.3.4.1 新镟踏面工况下齿轮箱箱体振动特性

数据取自列车由哈尔滨驶向大连北经过鞍山隧道时在运行隧道之前、中、后的一段时间来分析齿轮箱箱体的振动特性。从图 3-47 可知列车在驶入隧道前先经过分相区减速再加速共约125 s，在隧道中运行时间约32 s，最后驶出隧道时间约43 s。图3-47表明齿轮箱箱体垂、横向加速度与列车运行速度存在相关性，即列车减速或加速时，垂、横向加速度随之减小或增大，但横向加速度与速度变化的相关性比垂向加速度更显著。

说明：列车进入隧道后由于GPS测速仪信号消失，所以列车速度信号也随之消失，消失的速度信号在图3-47中用两条竖虚线区间表示，但加速度传感器仍可测得齿轮箱箱体的振动信号，本书中列车经过隧道时此现象不再另行说明。

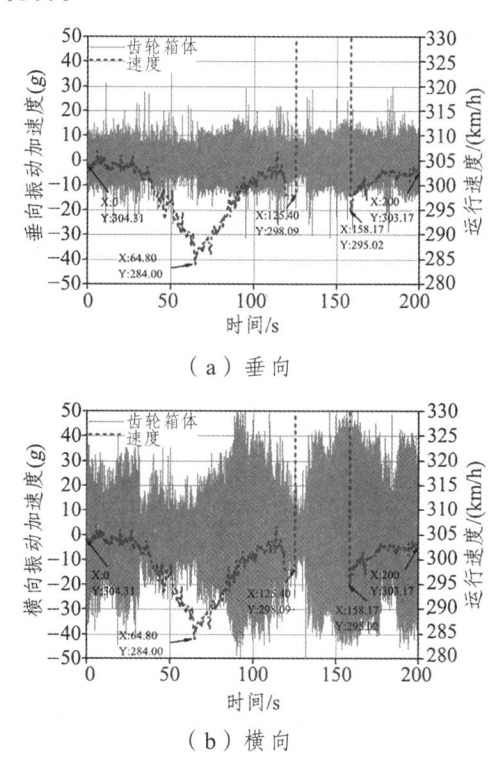

图3-47 齿轮箱箱体垂、横向加速度与速度关系

图3-48（a）在[51 s，66 s]及[120 s，132 s]两个时段和图3-49（a）在[52 s，66 s]及[117 s，133 s]两个时段均存在振动主频和边频带信号消失现象。经分析列车在第一个时段经过分相区，第二个时段由于列车需

要减速而对牵引电机切换断电,即都是由于牵引电机断电导致高频区频率信号消失;垂、横向高频带出现了齿轮啮合主频及其边频带均随列车运行速度变化趋势一致,且垂向振动高频响应比横向要大。而在垂、横向两个时间区段存在 1~3 s 的时差是在时频图中数据标注误差所致。

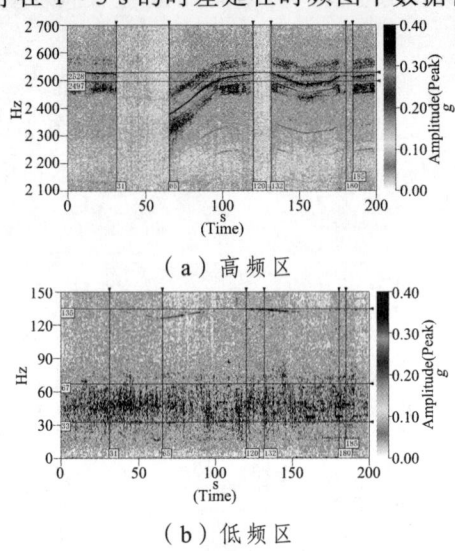

图 3-48　齿轮箱箱体垂向振动时频图

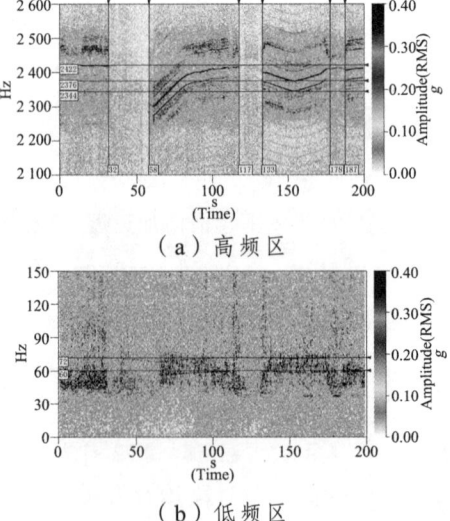

图 3-49　齿轮箱箱体横向振动时频图

结合图 3-48（b）和图 3-49（b）分析可知：135 Hz 为枕跨冲击频率，而在横向时频图中没有出现这个频率信号，说明枕跨冲击主要体现在垂向。垂向低频区中[33 Hz，67 Hz]频段的能量响应信号非常丰富，说明该线路的轨面存在众多的垂向波长不平顺；横向低频区域的主频响应信号比垂向要弱，72 Hz 为电机转频，在横向低频区[40 Hz，75 Hz]频段存在较高能量响应，这可能是轮轨横向轻微撞击及钢轨表面存在横向短波不平顺诱发的轮轨激扰频率的混合效应；在[75 Hz，150 Hz]频段存在较低频率信号可能是轮轨横向撞击所致。

3.3.4.2 磨耗踏面工况下齿轮箱箱体与轴箱振动特性

1. 齿轮箱箱体振动特性

分析数据与 3.3.3.1 节相似，从图 3-50 可看出齿轮箱箱体横向加速度值超出 ±30g，而垂向在 ±20g 范围内，说明齿轮箱箱体的横向振动比垂向剧烈，且齿轮箱箱体的加速度与列车运行速度呈现相关性。

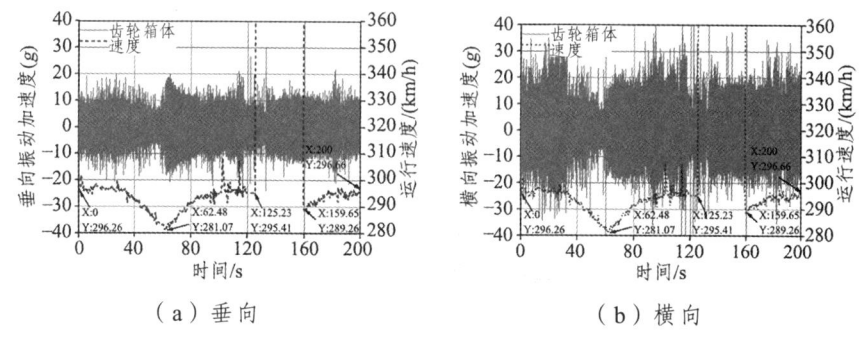

（a）垂向　　　　　　　　　（b）横向

图 3-50　齿轮箱箱体垂、横向加速度与速度关系

分析图 3-51（a）和图 3-52（a）可知：齿轮箱箱体垂、横向时频图中同样存在两个时间区段均出现高频振动频率信号消失现象。垂向和横向高频带都出现齿轮啮合主频与列车运行速度变化趋势一致。在高频区 2 500 Hz 附近存在粗黑的宽频带是以齿轮啮合频率为载波频率，以轮轴转频为调制频率的啮合调制频率，且该调制频率与齿轮箱箱体某阶局部固有模态接近发生共振形成叠加重合的宽频带区域，且横向振动能量响应高于垂向。

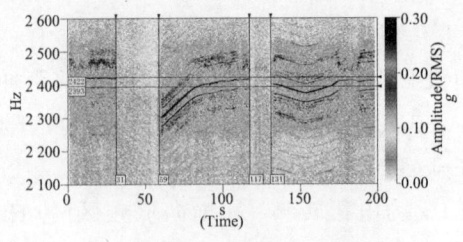

(a)高频区

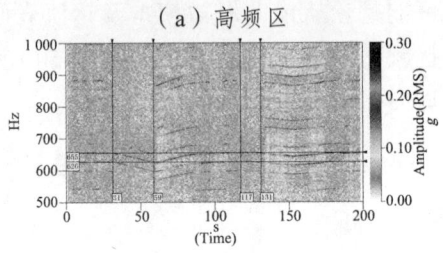

(b)中频区

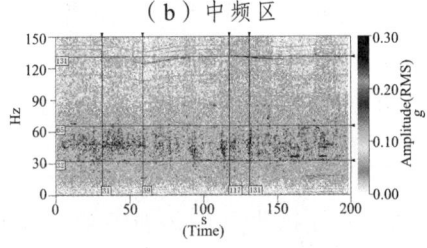

(c)低频区

图 3-51 齿轮箱箱体垂向振动时频图

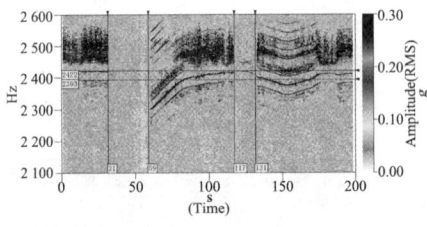

(a)高频区

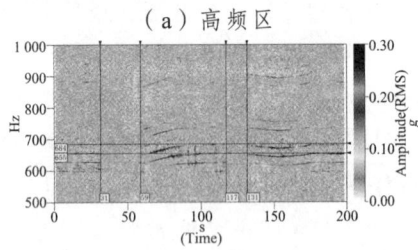

(b)中频区

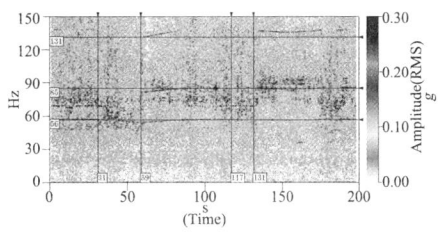

（c）低频区

图 3-52　齿轮箱箱体横向振动时频图

分析图 3-51（b）和图 3-52（b）可知：时频图中均存在 655 Hz 主频，该主频初步猜测可能是车轮 23 阶多边形的轮轨冲击频率，为了验证该猜测，下文将会对轴箱的振动特性给予分析，验证猜想的正确性。

分析图 3-51（c）和图 3-52（c）可知：时频图中 131 Hz 为枕跨冲击频率；垂向时频图存在[32 Hz,65 Hz]频段振动信号可能是由轨面存在垂向不平顺轮轨激扰所致；横向时频图中[45 Hz，90 Hz]频段的振动信号可能是轮轨横向轻微撞击及钢轨表面存在横向短波不平顺诱发的轮轨激扰频率的混合效应；横向低频区 56 Hz 为电机转频。

2. 轴箱振动特性

分析图 3-53 可知：轴箱垂向加速度整体高于横向，列车在驶入、驶出隧道的速度分别为 295.41 km/h 和 289.26 km/h，在隧道中历时 34.42 s 速度下降 6.15 km/h，但在图中轴箱加速度并没有明显的变化，说明在速度降幅不大的情况下，轴箱加速度在隧道中影响甚微。

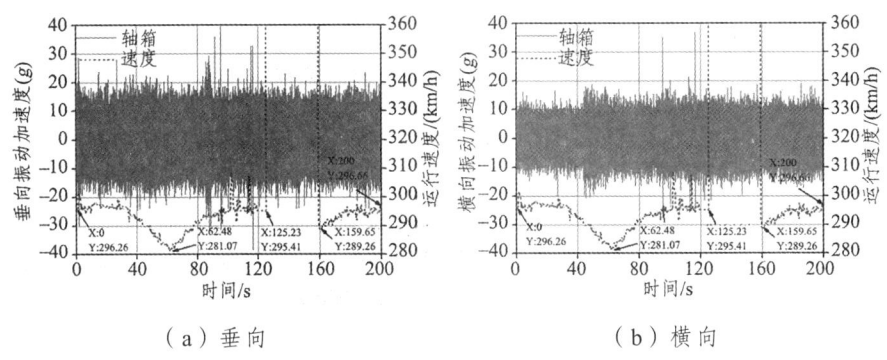

（a）垂向　　　　　　　　　　（b）横向

图 3-53　轴箱垂、横向加速度与速度关系

在图 3-54（b）的低频区和图 3-55 中均存在 655 Hz 主频，由于踏面多边形的轮轨激扰频率首先会传递到轴箱上，列车速度取 295 km/h，滚动圆直径取 915 mm，算得轮轴转频约为 28.5 Hz，二者为 23 倍关系，即说明列车新镟轮后的运行里程在 15~20 万千米形成了 23 阶车轮多边形。图 3-54（a）中在 1 800~2200 Hz 频段出现了明显的频带混叠现象。

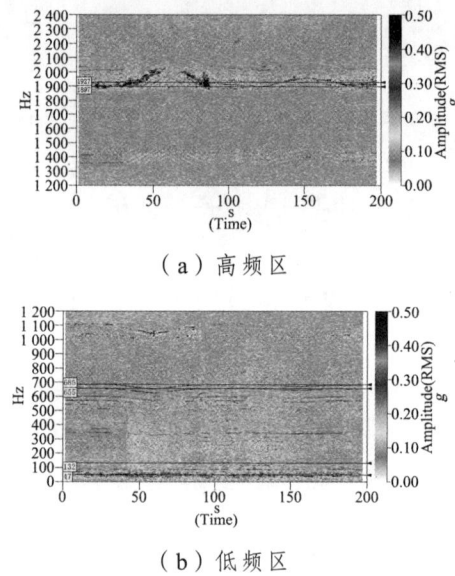

图 3-54　轴箱垂向振动时频图

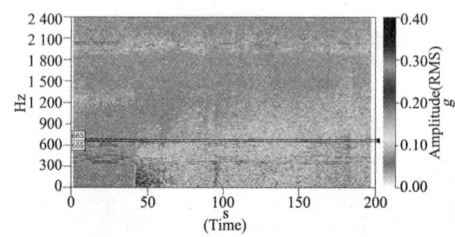

图 3-55　过鞍山隧道时轴箱横向振动时频图

3. 齿轮箱箱体与轴箱加速度 RMS 值

从图 3-56 可知：齿轮箱箱体垂向加速度 RMS 值要低于横向，其数值随列车速度变化比较明显；轴箱的垂向加速度 RMS 值高于横向，其数值随列车速度变化比齿轮箱箱体要缓慢。

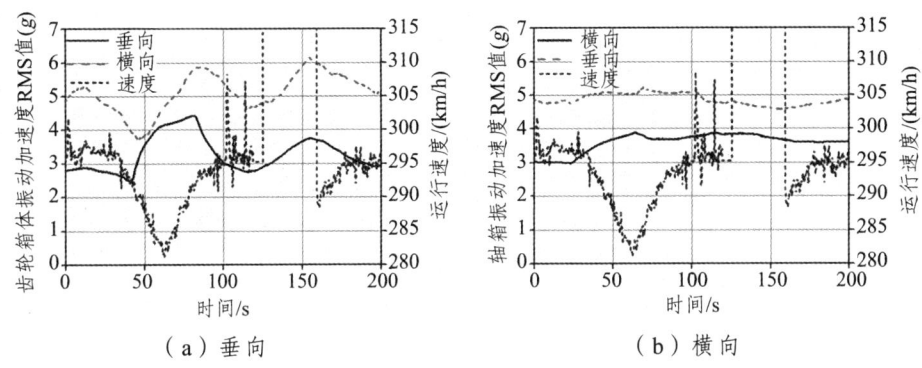

（a）垂向　　　　　　　　　　（b）横向

图 3-56　齿轮箱箱体垂、横向加速度 RMS 与速度关系图

3.3.4.3　新镟与磨耗踏面齿轮箱箱体加速度比较

从图 3-57 可知新镟踏面列车运行速度比磨耗踏面列车高 5 km/h 左右，图 3-58（a）显示在前 80 s 左右，新镟踏面列车齿轮箱箱体垂向加速度略高于磨耗踏面，在后 120 s 结果则相反，但整体上数值相差不大，这在图 3-59（a）中得到验证。图 3-58（b）表明新镟踏面列车齿轮箱箱体横向加速度显著高于磨耗踏面，说明列车速度变化会对齿轮箱箱体横向加速度产生较大影响，且其影响比垂向更显著，将图 3-58（b）转化为图 3-59（b）中的 RMS 值能给予充分说明。由此可得一个基本结论：齿轮箱箱体在磨耗踏面状态下的加速度幅值要低于新镟踏面，说明一定程度踏面的磨耗可改善齿轮箱箱体的振动特性，这在齿轮箱箱体横向振动加速幅值方面尤为明显。

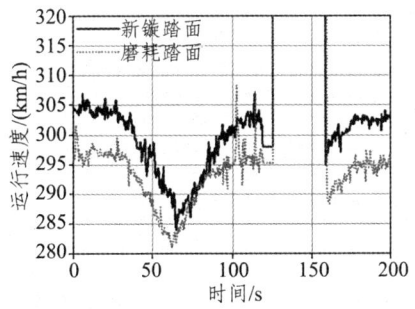

图 3-57　列车时间与速度关系比较

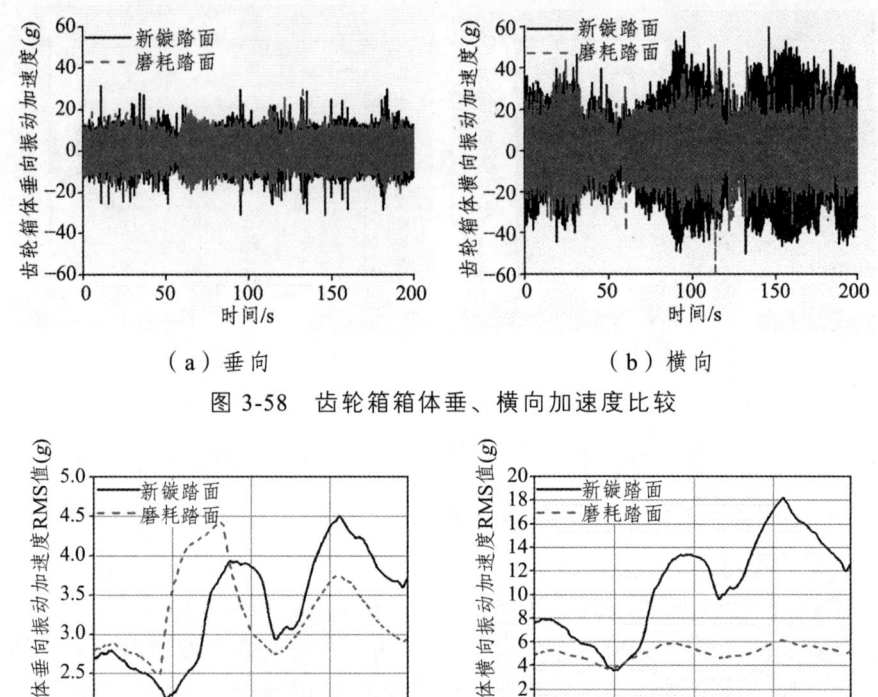

（a）垂向　　　　　　　　　　（b）横向

图 3-58　齿轮箱箱体垂、横向加速度比较

（a）垂向　　　　　　　　　　（b）横向

图 3-59　齿轮箱箱体垂、横向加速度 RMS 值比较

3.3.5　列车起动加速并减速至停车工况

在线路会出现相邻两站距离较短的情况，即列车从起动加速至 300 km/h 左右并保持小段时间后就开始减速至停车状态，共历时约 15 min。这种短时间内速度大幅波动工况对齿轮箱箱体的振动特性影响意义重大，所以有必要对其开展研究，探明齿轮箱箱体在该工况下的振动特性。

3.3.5.1　新镟踏面齿轮箱箱体振动特性

高速动车组从起动开始加速至 284 km/h，经过分相区减速至 266 km/h，然后又开始加速至 300 km/h，在列车运行时间至 400 s 时开始制动减速到停车状态又耗时 400 s，整个过程共 800 s。图 3-60 表明：齿轮箱箱体垂、横向加速度随列车速度变化的相关性非常显著。在加速阶段，列车速度在[0 km/h，220 km/h]区间时，齿轮箱箱体横向加速度高于垂向；速度在[220 km/h，280 km/h]区间时，结果则相反；速度在[280 km/h，300 km/h]区间时，齿轮箱箱体横向动加速达到±50g，垂向±25g左右，两者约2倍关系。在减速阶段，列车速度从300 km/h减速至0 km/h时，齿轮箱箱体的横向加速度一直高于垂向。

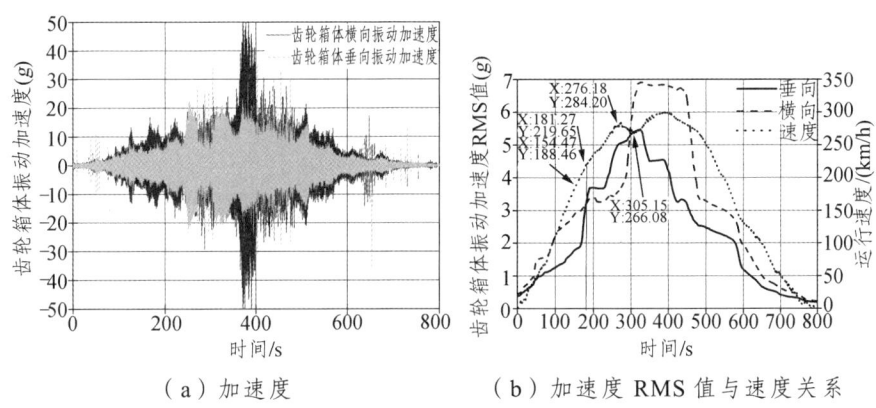

（a）加速度　　　　　　（b）加速度RMS值与速度关系

图 3-60　齿轮箱箱体垂、横向加速度及 RMS 值与速度关系

分析图 3-61 和图 3-62 可知：齿轮箱箱体一些主频成分与列车运行速度相关，该相关性表现为主频曲线与列车速度曲线存在相似性。具体分析如下：当列车运行到 270 s 时速度为 280 km/h，取车轮滚动圆半径为 915 mm，可算得轮轴转频为 27 Hz，时频图中 55 Hz 为轮轴转频的二倍频，66 Hz 为轮对冲击轨道板的激扰频率，133 Hz 主频是枕跨冲击频率，1 368 Hz 是列车低速运行下齿轮啮合频率。在列车速度达到 300 km/h 时，齿轮啮合频率达到 2 500 Hz，图中标注 2 505 Hz 主频为齿轮箱箱体某阶局部固有频率，它与齿轮啮合频率接近，产生共振被激发出来。随速度变化的频率在列车运行到 134 s 时出现的 473 Hz 应该是以齿轮啮合频率为载波频率，以轮轴转频为调制频率的调制频带，它随车轮速度的变化而变化。不随速度变化的 674 Hz 主频应该是齿轮箱箱体的局部固有频率，它在列车速度达到 300 km/h 时会被激发出来，当列车速度低于 70 km/h 时，该主频消失。

全频图中 270 ~ 305 s 时间段出现主频及边频带消失是因为列车在该时段过分相区时牵引电机断电后电机轴输出扭矩减小，齿轮啮合频率没有被激发到齿轮箱箱体上；垂向在[400 s，473 s]时段、横向在[398 s，473 s]时段均出现主频及边频带消失是由于列车降速需要，牵引电机供电模式被切断，并在该时段存在比较明显的轮轨垂向和横向冲击。

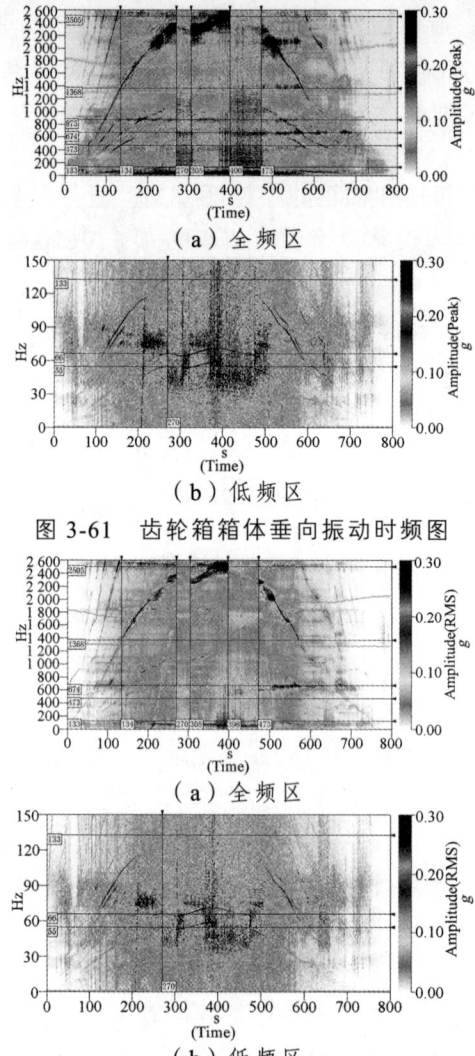

(a) 全频区

(b) 低频区

图 3-61　齿轮箱箱体垂向振动时频图

(a) 全频区

(b) 低频区

图 3-62　齿轮箱箱体横向振动时频图

3.3.5.2　磨耗踏面齿轮箱箱体与轴箱振动特性

本节分析磨耗踏面列车从起动加速至 300 km/h 运行一段时间后，再减速运行到停车状态共历时 800 s 的数据。列车启动加速时间约 350 s，保持 300 km/h 左右运行时间为 70 s，减速运行到停车历时约 380 s。列车运行到 268 s 时车速为 283 km/h，此时开始经过分相区，其间牵引电机断电列车速度降至 272 km/h。下面对这段时间内的速度变化对齿轮箱箱体及轴箱的振动特性进行分析。

齿轮箱箱体与轴箱垂、横向振动特性分析：

图 3-63（a）表明齿轮箱箱体横向加速度明显高于垂向，从图 3-63（b）可知：齿轮箱箱体和轴箱的加速度 RMS 值与列车运行速度变化趋势比较相似。图 3-64 表明轴箱横向加速度为 ±10g 范围，垂向为 ±5g 范围，从图形的数值分布可看出轴箱横向加速度为垂向的 2 倍左右，这种结果跟本章前面分析轴箱垂向加速度均大于横向的结论相反，说明运行工况对轴箱的垂、横向加速度会产生很大的影响。

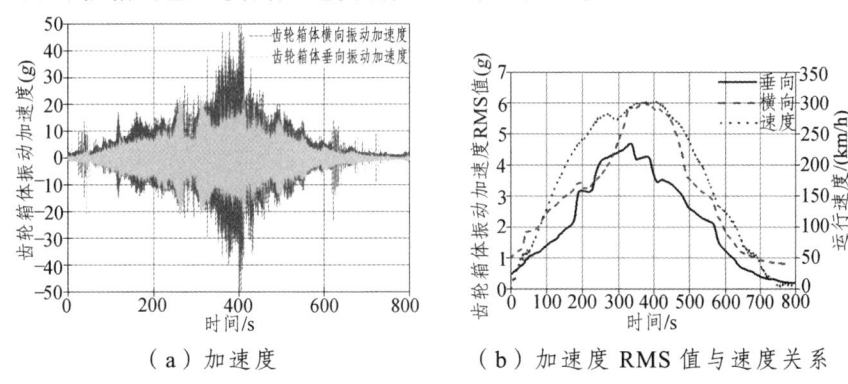

图 3-63 齿轮箱箱体垂、横向加速度及其 RMS 值与速度关系

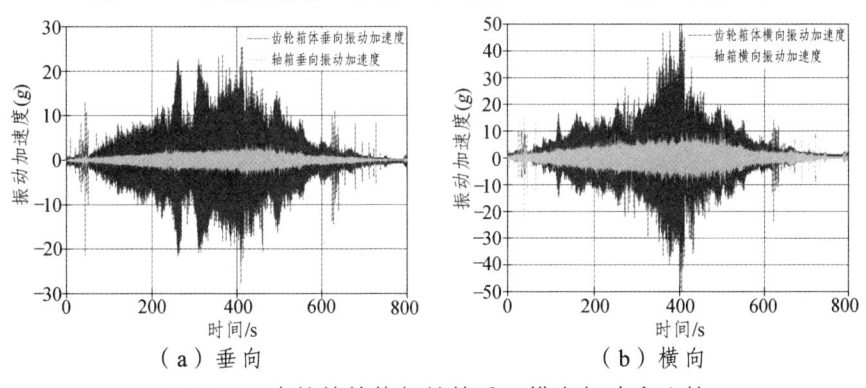

图 3-64 齿轮箱箱体与轴箱垂、横向加速度比较

图 3-65 表明：齿轮箱箱体和轴箱的加速度 RMS 值与列车运行速度变化趋势比较接近，而且列车在运行过程中明显存在一个过分相时的速度变化过程，这个过程在图 3-66（a）和图 3-67（a）的频域图中得到明显的体现。在[269 s，300 s]和[264 s，295 s]两个时段存在齿轮啮合主频及边频带消失现象，这两个时段有 5 s 的差值可能是时间标注误差及垂、横向传感器的时间延滞引起的。在列车运行到 128 s 时，图 3-66（a）中出现的 1 342 Hz 为齿轮啮合频率；668 Hz 为 23 阶车轮多边形激扰频率；列车运行在[100 s，550 s]时段时，被激发出来齿轮箱箱体固有频率为 2 509 Hz，并在[300 s，400 s]时段与 2 500 Hz 左右的齿轮啮合频率接近，产生共振现象并形成一条粗黑宽频带，说明在该时段齿轮箱箱体的振动非常剧烈。此外，列车在运行到[350 s，500 s]时段齿轮箱箱体产生的横向冲击振动高于垂向。

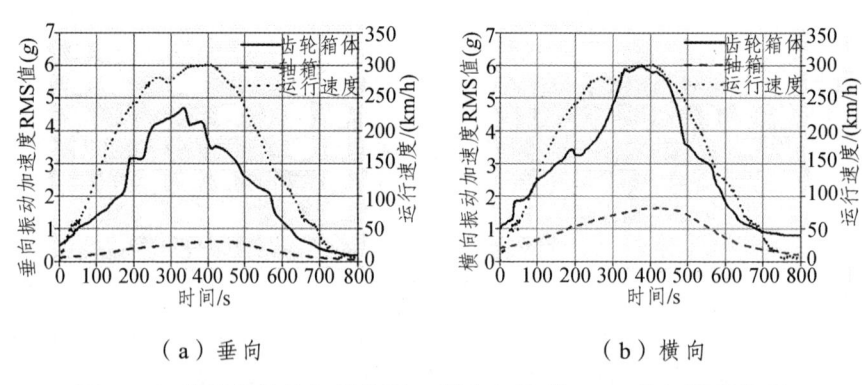

（a）垂向　　　　　　　　　　（b）横向

图 3-65　齿轮箱箱体与轴箱垂、横向加速度 RMS 值与速度关系

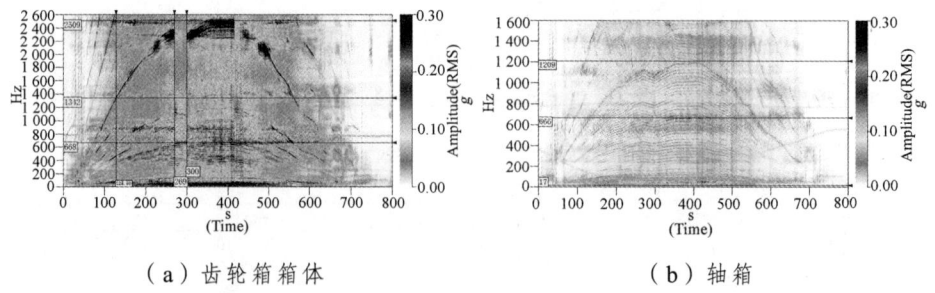

（a）齿轮箱箱体　　　　　　　　（b）轴箱

图 3-66　齿轮箱箱体与轴箱垂向加速度时频图

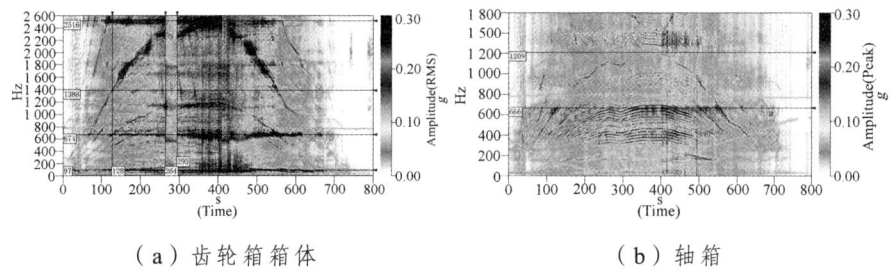

(a)齿轮箱箱体　　　　　　　　(b)轴箱

图 3-67　齿轮箱箱体与轴箱横向加速度时频图

图 3-67（a）存在的 674 Hz 是齿轮箱箱体的局部固有频率,与 23 阶车轮多边形激扰频率接近而产生共振,这会恶化齿轮箱箱体的振动,加速其损伤;97 Hz 为枕跨冲击形成的激扰频率。此外,列车从 410 s 左右开始减速到停车状态,因为需要降速列车动力转向架上的牵引电机从供电切换成断电模式,所以在 410 s 左右会出现约 10 s 的主频及边频带消失区域,此处的频段为 2 300～2 500 Hz,恰好为齿轮箱齿轮的啮合频带。

从图 3-66（b）和图 3-67（b）可以看出,轴箱横向振动主频能量响应高于垂向,这是由于轴箱横向加速度高于横向,666 Hz 主频为 23 阶车轮多边形激扰频率。从图中还可以看到由于轴箱试验数据采样频率过低,对数据进行 STFT 变换时在 1 400～2 500 Hz 频段发生了高频混叠现象。

3.3.6　列车过曲线轨道工况

曲线轨道一般由缓和曲线和圆曲线组成,它是轨道的重要组成部分。列车在曲线轨道上运行时通常要考虑曲率半径、轨道超高和限速等问题,它比直线轨道的工况要复杂,掌握高速动车组齿轮箱箱体在曲线轨道上的振动特性显得尤为重要,所以有必要对其进行分析。

3.3.6.1　新镟踏面齿轮箱箱体振动特性

过曲线数据说明:本节截取的线路试验数据中存在较多的"曲线→直线→曲线"线路,即典型的"S"形曲线轨道。基于车体准静态横向加速度，提取齿轮箱箱体曲线试验工况数据，后续提到的过曲线轨道分析轴箱数据的截取方法也是如此。

本次截取的数据共 80 s，结合图 3-68 和图 3-69 分析可知：在前 58 s 列车运行速度基本在 288～294 km/h，但齿轮箱箱体的横向加速度存在频繁间隔性增加和减小的波动现象，其数值变化大体表现为：30g 减小为 20g 再增加到 30g，随后又减小为 10g 再增加到 30g 又减小到 10g，再增加到 20g 又减小为 10g 再增加到 20g，最后 22 s 由于列车速度下降，横向加速度又逐渐减小。齿轮箱箱体垂向加速度在过曲线轨道时也存在类似于横向加速度的波动现象，但没有横向显著，这主要是由于齿轮箱箱体在受力发生弹性变化后的耦合效应。

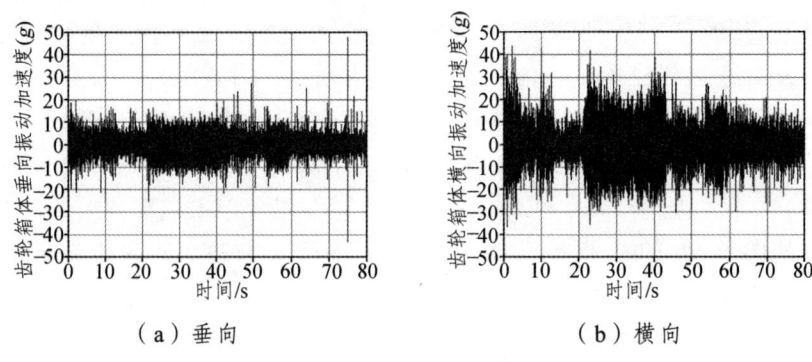

（a）垂向　　　　　　　　　　（b）横向

图 3-68　齿轮箱箱体加速度时域图

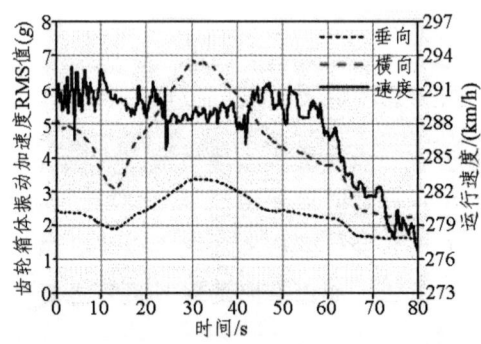

图 3-69　齿轮箱箱体加速度 RMS 与速度关系

图 3-70（a）显示了齿轮箱箱体垂向主频主要分布的高频区和低频区，具体如图 3-70（b）和图 3-70（c）所示。在高频区中 2 392 Hz 为齿

轮啮合主频,它随列车速度变化而变化,在该主频的周围存在高频能量响应的主频带是齿轮箱箱体局部固有频率被激发出来与轮轴转频带频率及齿轮啮合频率均发生共振现象所致。与线路运行工况对比,图3-70的时频图中存在[13 s,20 s]和[43 s,53 s]两个时段的主频及边频带消失现象,经分析是列车在这两个时段牵引电机断电导致其输出扭矩减小所致;而在[58 s,80 s]时段主频及边频带消失是由于列车经过分相区时牵引电机被断电,导致主频没有被激发出来。低频区中128 Hz为轮轨冲击轨枕时造成的枕跨冲击激扰频率;16 Hz为轮轮冲击轨道板时产生的激扰频率;而在47 Hz周围存在的众多高能量响应频段,经分析可能是钢轨表面存在垂向不平顺波长引起的轮轨激扰频率,其数值的大小与不平顺程度有关。此外,在高频区时段消失的主频现象在低频区没有出现,说明低频区的垂向加速度主频受曲线轨道的影响较小。

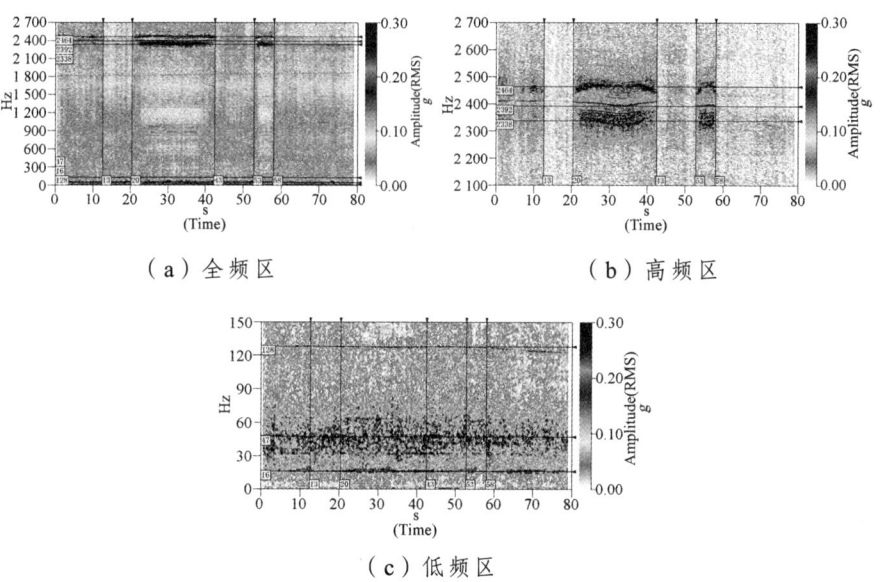

图3-70 齿轮箱箱体垂向加速度时频图

图3-71(b)与图3-70(b)主频相同,在此不做分析,但它存在[13 s,20 s]、[42 s,45 s]及[50 s,52 s]3个时段主频及边频带消失现象,说明列车在曲线轨道上运行时,齿轮箱箱体的横向加速度能量响应要高于垂向。图3-71(a)表明列车在曲线上运行时,[0 Hz,900 Hz]频段存在明

显的轮轨横向冲击现象。图 3-71（c）中不存在图 3-70（c）中的主频，但存在主频在能量响应较大的[39 Hz，77 Hz]频段，经过分析这可能是钢轨表面存在横向不平顺波长及钢轨波磨引起的轮轨冲击频段。

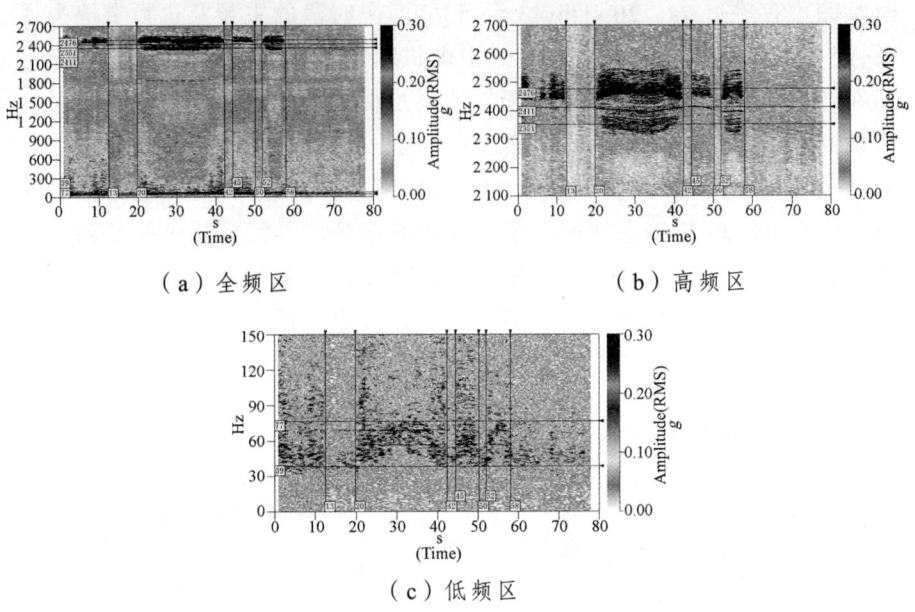

（a）全频区　　　　　　　　（b）高频区

（c）低频区

图 3-71　齿轮箱箱体横向加速度时频图

3.3.6.2　磨耗踏面齿轮箱箱体与轴箱振动特性

磨耗踏面列车过"S"形曲线轨道的分析数据也取 80 s，结合图 3-72 和图 3-74 分析可知：在前 60 s 列车运行速度控制在 291～297 km/h，齿轮箱箱体的横向加速度也存在间隔性增加和减小的现象，与 3.3.6.1 节新镟踏面列车经过曲线轨道时的变化规律非常类似。由此得出：列车经过曲线轨道时，齿轮箱箱体横向加速度在某瞬间会有突变性增加现象，这在图 3-72（b）中再次得到验证。而齿轮箱箱体垂向加速度在过曲线轨道时也会有类似于横向振动加速增加的现象，但没有横向增加的显著，其增幅在一倍之内。经分析导致齿轮箱箱体横向加速度显著增加的原因是：① 牵引电机由断电状态切换至受电工作状态，使得齿轮啮合振动加剧；② 列车在过曲线时，齿轮箱箱体受到轮轨横向冲击作用，或受到较大的离心力或向心力作用使得横向加速度迅速增加；③ 曲线钢轨表面存在波磨。

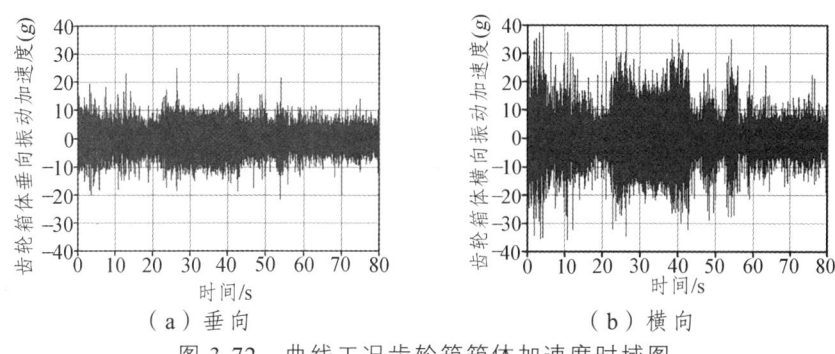

图 3-72　曲线工况齿轮箱箱体加速度时域图

通常情况下轴箱的垂向加速度高于横向，但图 3-73 和图 3-74（b）表明列车在过曲线及减速工况下，轴箱垂向加速度要略高于横向，这可能是因为列车过曲线轨道时，轴箱受到向心力或离心力等载荷使其横向加速度得到增加。此外，轴箱的垂、横向加速度相比于齿轮箱箱体要更加稳定，说明列车过曲线轨道和减速时对轴箱的加速度影响相对较小。

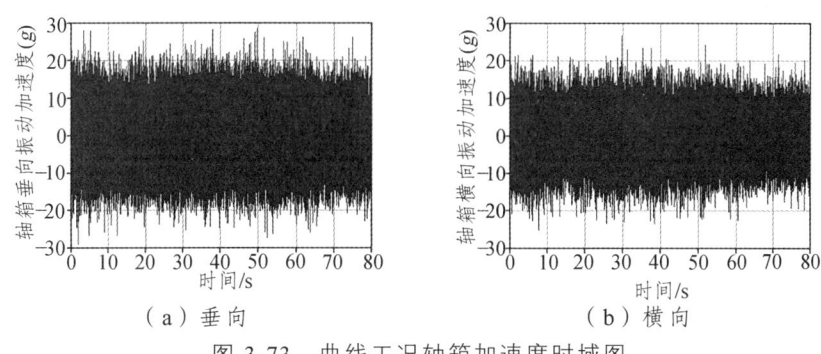

图 3-73　曲线工况轴箱加速度时域图

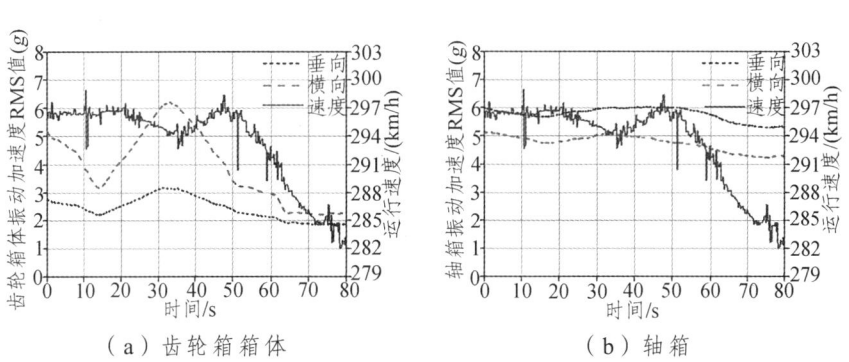

图 3-74　齿轮箱箱体与轴箱加速度 RMS 与速度关系

图 3-75（a）中 2 404 Hz 为齿轮啮合频率，在 2 464 Hz 主频附近存在齿轮啮合频率与齿轮箱箱体局部固有频率发生共振现象，在 2 345 Hz 主频附近存在齿轮啮合频率与轮轴转频调制频带发生共振现象；在[16 s，21 s]、[42 s，52 s]和[52 s，80 s] 3 个时段存在齿轮啮合主频消失是由于牵引电机断电。在图 3-75（b）存在很多以车轮多边形特性激扰频率为载波频率，以轮轴转频为调制频率的调制频带，其中 655 Hz 对应的轮轴转频为 28.5 Hz 左右，是 23 阶车轮多边形在轮轨激扰下形成的频率。图 3-75(c)中存在 17 Hz、130 Hz 的主频及 30～68 Hz 的低频高能量响应频带等现象，其产生原因在前面已有分析，在此不作分析。

图 3-76 中齿轮箱箱体横向加速度时频图与图 3-75 基本相同，主要区别在于低频区中不存在 17 Hz 和 130 Hz 的主频成分，低频高能量响应频段分布在 30～68 Hz 频段，这可能是钢轨表面存在横向不平顺波长造成轮轨横向激扰频率，该频段存在比较清晰的 69 Hz 为牵引电机转频。

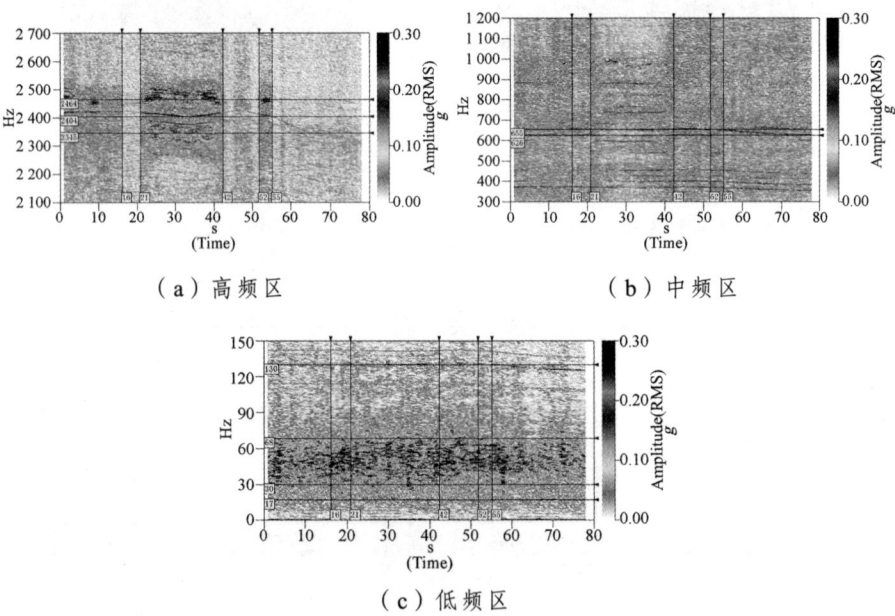

(a) 高频区　　　　　　　　(b) 中频区

(c) 低频区

图 3-75　齿轮箱箱体垂向加速度时频图

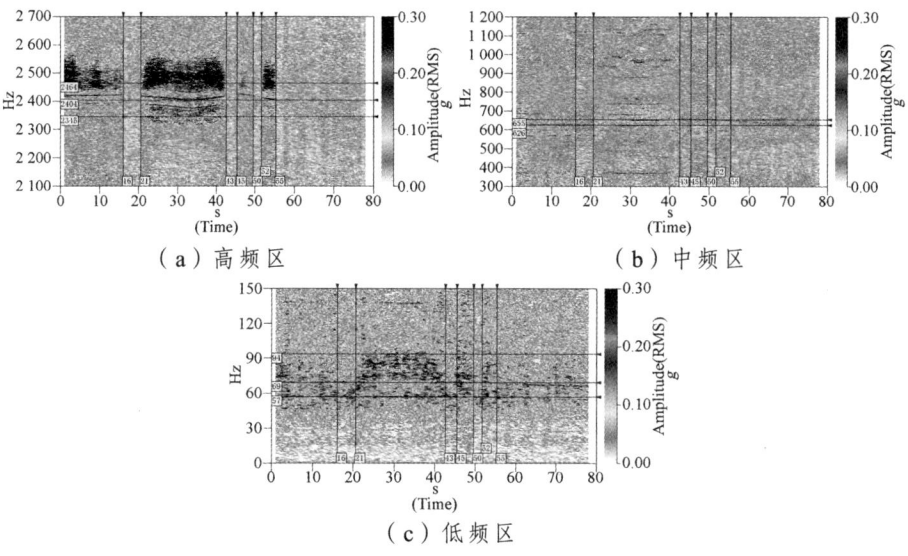

图 3-76 齿轮箱箱体横向加速度时频图

比较图 3-77 和图 3-78 可知：轴箱垂、横向的中、高频区存在几乎相同的主频成分，其中 655 Hz 主频是 23 阶车轮多边形的轮轨激扰频率；684 Hz 是以 655 Hz 为载波频率，轮轴转频为调制频率的边频带；1 923 Hz 经分析是 655 Hz 的三倍频的超谐波；1 894 Hz 经分析是以 655 Hz 为载波频率，以轮轴转频为调制频率的边频带 626 Hz 的三倍频，大概在 [1 800 Hz，2 100 Hz] 频段的 [50 s，80 s] 时段存在高频混叠现象。在低频区都存在 86 Hz 为轮轴转频的三倍频，[31 Hz，61 Hz] 和 [31 Hz，66 Hz] 两个频段分别在轨面存在垂、横向不平顺波长引起的轮轨激扰频段，可以清楚看出轴箱横向加速度频段的能量响应要大于垂向，这是由于列车运行于曲线轨道上存在轮轨横向冲击。

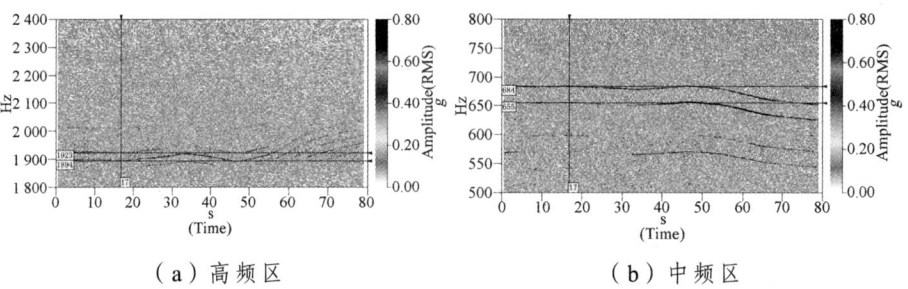

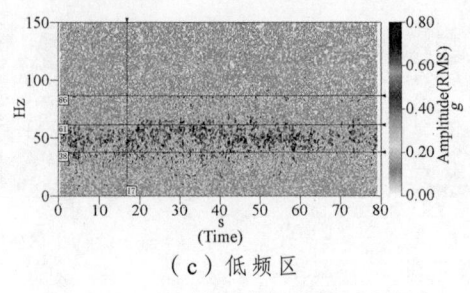

（c）低频区

图 3-77　轴箱垂向加速度时频图

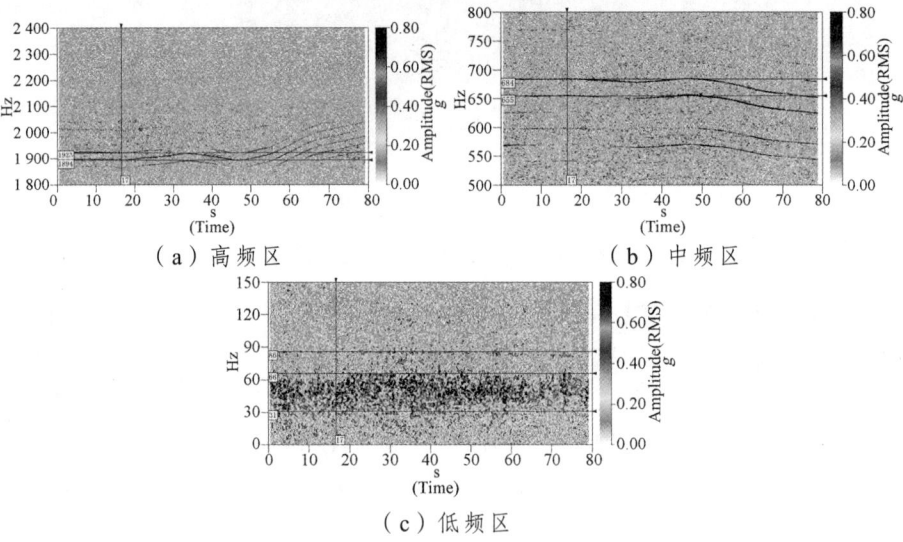

（c）低频区

图 3-78　轴箱横向加速度时频图

3.4　本章小结

本章提出高速动车组在"新镟踏面"和"磨耗踏面"运行条件下，精确选择小段工况试验数据，基于列车运行于过分相区、上坡与下坡、过隧道、起动加速并减速停车及过曲线轨道工况下，对齿轮箱箱体振动特性开展相关测试试验，具体结论如下：

1. 齿轮箱箱体振动特性

齿轮箱箱体加速度变化与列车运行速度变化趋势基本一致，所分析的工况中均存在齿轮箱箱体的横向加速度基本都高于垂向加速度,且横向加速度受列车运行速度变化的影响比垂向更明显;在磨耗踏面运行条件下,从轴箱到齿轮箱的振动传递中存在振动加速度放大现象。

2. 轴箱振动特性

轴箱加速度变化同样受到列车运行速度影响,但其加速度相对比较稳定且受影响程度小于齿轮箱箱体。分析的所有工况中,轴箱的垂向加速度普遍要高于横向加速度,且轴箱的横向加速度受工况影响的波动幅度要稍高于垂向。

3. 齿轮箱箱体及轴箱振动时频特性

(1)列车过分相区时或由于列车减速出现牵引电机断电时,会使得牵引电机转轴输出扭矩减小,导致高频区的主频段信号在时频图消失,但低频段主频信号不受此影响。

(2)齿轮箱箱体在高频区会出现与速度线性相关的齿轮啮合频率,齿轮箱箱体在中频区和低频区出现与速度相关的主频主要有轮轴转频、牵引电机转频、枕跨冲击频率、轨道板冲击频率,以及他们的超谐波和次谐波频率,还有以轮轴转频为调制频率的边频带信号和轨道表面波磨和轨道不平顺产生的轮轨冲击低频信号,这些信号所分析的工况中基本都存在。

(3)齿轮箱箱体的局部固有频率只在特定的线路及速度工况下才会被激发出来,在所有的工况分析中都没有发现齿轮箱箱体存在 580 Hz 左右的局部固有频率,说明结构改进的齿轮箱箱体已成功避开老箱体结构存在的 580 Hz 左右的局部固有频率。

(4)新镟踏面在列车运行 5 万千米之内没有发现车轮多边形,磨耗踏面列车在运行 15 万~20 万千米会形成 23 阶车轮多边形,并产生随速度变化的轮轨冲击主频信号,然后会传递到轴箱和齿轮箱箱体。

(5)磨耗踏面的轴箱垂、横向振动时频信号与齿轮箱箱体垂、横向主频基本相同,但轴箱在 1 200~2 500 Hz 频段区间均存在频率混叠现象,这是由于试验数据采样频率过低。

第4章　高速动车组齿轮箱箱体台架试验研究

线路试验用来分析列车在各种线路工况中齿轮箱箱体的振动特性，而要分析某些特定工况下齿轮箱箱体的振动特性则很难实现。由于轮轨磨耗导致车轮踏面失圆，会出现车轮扁疤、车轮多边形等缺陷，这些缺陷会对齿轮箱箱体的振动产生很大影响。所以，研究齿轮箱箱体在踏面缺陷工况下的振动特性显得非常有必要，但从线路服役试验中特意去寻找某种踏面缺陷的高速动车组去做该类试验特别困难，而且在线路上测试齿轮箱箱体的振动特性存在传感器安装困难，数据采集审批流程复杂且耗费较大人力、财力等问题，同时线路环境工况复杂，存在齿轮箱箱体测试传感器脱落及损坏等现象，使得该类试验在线路上的测试非常不便。为了解决这个问题，西南交通大学牵引动力国家重点实验室设计了小滚轮高频激励试验台，其主要功能之一就是模拟各种踏面缺陷下齿轮箱箱体的振动特性和动应力。

本章基于小滚轮高频激励台架试验，在动力转向架上B型齿轮箱箱体的4个位置布置加速度传感器和应变片，重点研究20阶车轮多边形的轮轨激扰下，齿轮箱箱体在100 kN、180 kN和230 kN垂向载荷及不同速度工况下的振动特性。结合试验所测应变计算出动应力，通过雨流计数法及线性Miner法则，计算齿轮箱箱体各测点的累计损伤，在不同垂向载荷及速度等级工况下分析动应力对齿轮箱箱体累计损伤的演化。

4.1　齿轮箱箱体振动特性台架试验方法

4.1.1　试验台结构及工作原理

为了模拟仿真高速动车组齿轮箱箱体在实际运营工况下的服役环境，西南交通大学牵引动力国家重点实验室创新性地设计了高速旋转的滚轮试验台,试验台采用 200 kW 的三相异步驱动电机,驱动传动齿轮箱转运,再由传动齿轮箱驱动滚动轮进行高速旋转,最后由滚动轮带动转向架的被驱动轮对实现转向架轮对高速旋转,以此模拟高速动车组在轨道上的高速运行。为了保证试验安全性,对转向架施加纵向方向的约束力,防止转向架在"轮-轮"接触蠕滑力作用下发生纵向位移。此外,在试验时要模拟实际车体及车下悬挂件的重量,在转向架的垂向施加两个液压作动器,垂向作动器施加的位置为转向架空簧支撑枕梁中心处,垂向作动器载荷可根据试验工况设定,滚轮试验台结构原理如图 4-1(a)所示。该试验台的电机驱动方式采用如图 4-2(a)所示的 110 kW 变频控制柜,用来控制三相异步驱动电机的转速,从而最终实现对转向架轮对转速的调控。图 4-2(b)和图 4-2(c)分别为滚动轮对和滚轮,其中滚动轮对用来带动转向架轮对高速旋转,滚轮可以用来在其表面加工成 N 阶多边形及各种径跳量幅值;滚轮直径为 600 mm,最高转速为 4 200 r/min。

  转向架轮轴最大垂向静载荷为 250 kN,转向架轮对的最高速度为 350 km/h,试验最高速度持续时间为 20 min,转向架的适用轨距为 1 435 mm。滚动轮试验台轴承要确保连续运行条件下,轴承温度要在可控范围内,并要求设置必要的轴承温度显示装置和高温报警装置,实验室建成的齿轮箱振动特性滚轮试验台的结构如图 4-1(b)所示。

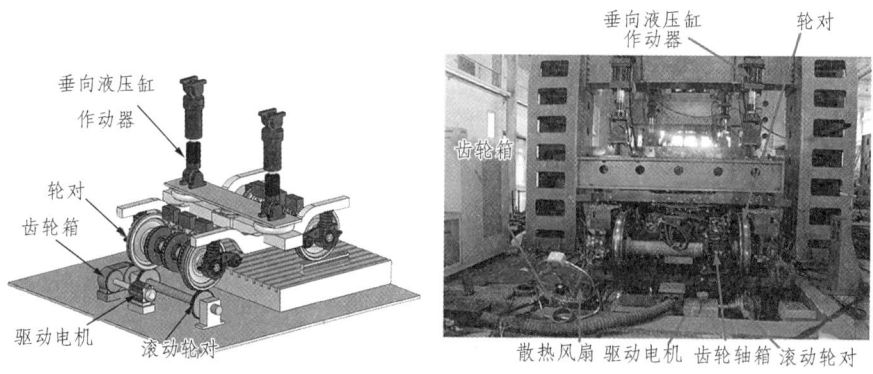

(a)结构原理图　　　　(b)滚轮试验台现场

图 4-1　齿轮箱箱体振动特性滚轮试验台

（a）变频控制柜　　　　（b）滚动轮对　　　　（c）滚轮

图 4-2　试验台辅助设备

4.1.2　试验方案

滚轮试验数据采集系统设备与线路服役试验基本类似，在此不再阐述。

本次试验测试的对象是 B 型齿轮箱箱体，为了测试齿轮箱箱体的振动特性和疲劳损伤，滚动轮台架测试试验采用加速度传感器和应变片，试验测试内容主要包括两部分内容：一是测试齿轮箱箱体的垂向和横向加速度；二是测试齿轮箱箱体的动应力来研究箱体的疲劳损伤。图 4-3 所示为试验数据采集设备，根据齿轮箱在实际运营过程中出现的缺陷位置，在齿轮箱箱体 4 个位置的横向和垂向上共布置了 8 个加速度传感器和 4 个纵向方向的应变片，具体的位置如图 4-4 所示，加速度传感器和应变片传感器的测量位置和主要技术参数如表 4-1 所示，滚轮试验工况如表 4-2 所示。

（a）数据采集　　　　　　（b）SoMate DAQ 数据采集器

图 4-3　试验数据采集设备

（a）大齿轮箱箱体轴承正上方

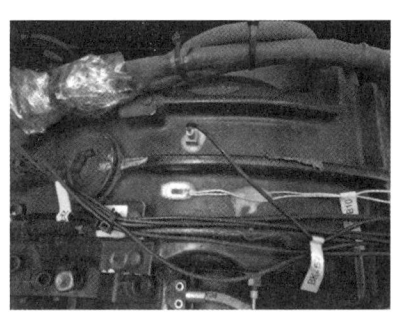
（b）大齿轮箱齿面观察孔

（c）小齿轮箱箱体轴承正上方

（d）大齿轮箱油位观察孔

图 4-4 齿轮箱箱体传感器测点位置

表 4-1 传感器测量主要技术参数

传感器类型	量 程	采样频率/kHz	测试方向	测试位置
BK 传感器	0～700（g）	5	垂、横向	齿轮箱箱体
应变片	应变极限 2%	5	纵向	齿轮箱箱体

表 4-2 滚轮试验工况

试验工况	滚轮阶数	径跳量幅值/mm	作动器垂向载荷/kN	轮对速度/(km/h)
1	13	0.05	100/180/230	0～300

本次的试验对象是某型动力转向架上的齿轮箱箱体。通过对滚轮表面加工成径跳量幅值为 0.05 mm 的 13 阶多边形，取轮对滚动圆直径为 920 mm，滚轮的直径为 600 mm，即转化到轮对车轮踏面上为 20 阶的多

边形。液压缸作动器施加的垂向载荷分别为 100 kN、180 kN 和 230 kN。试验的运行速度从 0 km/h 起动逐渐加速到转向架车轮的最高速度 300 km/h，为尽可能保证试验数据稳定性，在试验速度分别达到 100 km/h、200 km/h、250 km/h 和 300 km/h 时，都会在该速度下稳定运行 90 s 左右，然后在这个时间段采集该速度工况下的数据，完成一次试验的时间约为 20 min。某试验工况转向架轮对速度与试验时间的算例：若取轮对滚动圆直径为 900 mm，轮对转频为 10 Hz，则可以算得滚轮在该转频的速度为 104 km/h，如图 4-5 所示。

轮对转速计算公式：

$$v = 3.6\pi D f \qquad (4-1)$$

式中，v 为轮对转速，km/h；D 为轮对直径，m；f 为轮对转频，Hz。

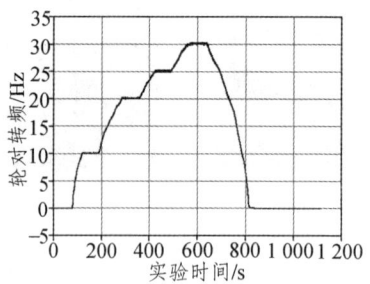

图 4-5 轮对转频与试验时间关系

4.2 齿轮箱箱体振动特性试验分析

4.2.1 13 阶滚轮激励工况振动均方根值演化

下面分析滚轮为 13 阶，径跳量幅值为 0.05 mm，试验作动器的垂向载荷为 100 kN、180 kN 及 230 kN 时，转向架轮对转速在 100 km/h、200 km/h、250 km/h、300 km/h 工况下，测得小滚轮高频激励试验台中齿轮箱箱体 4 个测点位置在横向和垂向的加速度均方根值。

分析图 4-6 可得：在 100 kN 载荷作用下，速度由 100 km/h 增加到

200 km/h 时 4 个测点的垂、横向加速度均方根值均呈减小趋势，当速度由 200 km/h 增加到 300 km/h 时则呈增加趋势。小齿轮箱轴承正上方和大齿轮箱齿面观察孔分别为垂向加速度均方根的最小值和最大值，在大齿轮箱油位观察孔和大齿轮箱齿面观察孔分别为横向加速度均方根的最小值和最大值。由此可以发现，在该工况下，大齿轮箱齿面观察孔在垂、横向的加速度均是最大的。

分析图 4-7 和图 4-8 可得：在 180 kN 和 230 kN 载荷作用下，轮对速度由 100 km/h 增加到 200 km/h、再由 250 km/h 增加到 300 km/h 的两个阶段，4 个测点的加速度均方根值几乎都呈减小趋势；当轮对速度由 200 km/h 增加到 250 km/h 时，4 个测点的加速度均方根值均随速度的增加而增加。在横向方向，小齿轮箱轴承正上方和大齿轮箱油位观察孔存在随速度变化而交替更换大小的现象，但两者的值相差较小；在垂向方向，大齿轮箱油位观察孔的加速度均方根值大于大齿轮箱轴承正上方，这种现象在横向方向则相反。大齿轮箱齿面观察孔在垂、横向中都属于最大值，小齿轮箱轴承正上方的垂向加速度均方根值最小。

结合图 4-6、图 4-7 和图 4-8 可知，当速度在 200 km/h 时，4 个测点的垂、横向加速度均方根都为最小值，所以列车以该速度运行时齿轮箱箱体振动最小。

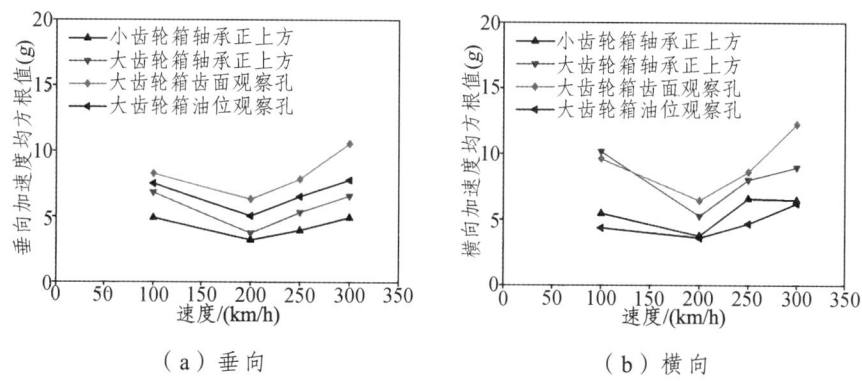

(a) 垂向　　　　　　　　　(b) 横向

图 4-6　100 kN 载荷作用下齿轮箱箱体测点在不同速度工况下加速度均方根值

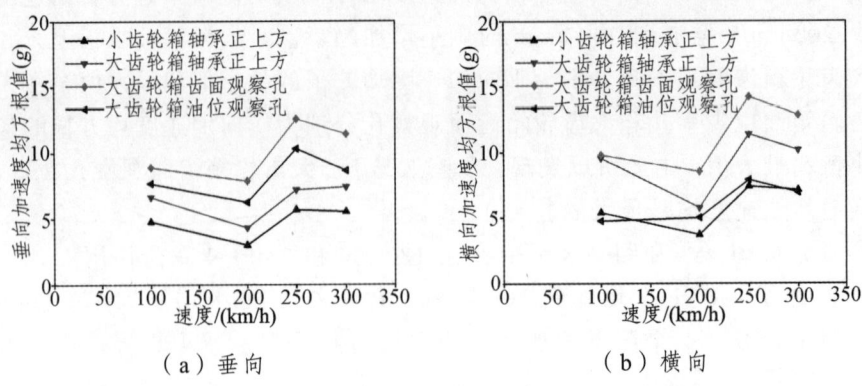

(a) 垂向　　　　　　　　(b) 横向

图 4-7　180 kN 载荷作用下齿轮箱箱体测点在不同速度工况下加速度均方根值

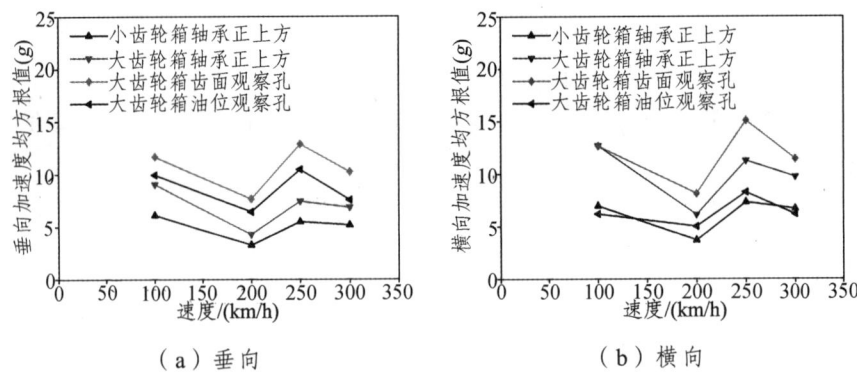

(a) 垂向　　　　　　　　(b) 横向

图 4-8　230 kN 载荷作用下齿轮箱箱体测点在不同速度工况下加速度均方根值

4.2.2　不同速度垂向载荷工况下的振动特性分析

本节分析工况与 4.2.1 节相同,主要分析不同垂向载荷下对应不同速度时,齿轮箱箱体的小齿轮箱体轴承正上方、大齿轮箱体轴承正上方、大齿轮箱齿面观察孔及大齿轮箱油位观察孔 4 个测点位置在垂、横向的加速度均方根值的演化。

分析图 4-9 可以发现,考虑轮对 4 种运行速度工况下,当试验的垂向载荷依次从 100 kN 增加到 180 kN 和 230 kN 时,小齿轮箱箱体轴承正上方垂、横向加速度均方根值的变化趋势是先减小后增加;但速度为

250 km/h 和 300 km/h 时，该测点的垂向加速度均方根值先增加后减小。

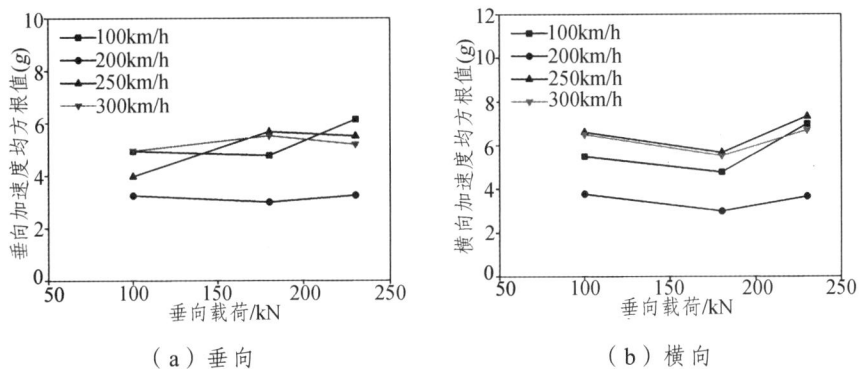

（a）垂向　　　　　　　　　　（b）横向

图 4-9　不同垂向载荷工况下小齿轮箱箱体轴承正上方加速度均方根值

分析图 4-10 可知，在考虑轮对 4 种运行速度工况下，当试验垂向载荷分别从 100 kN 增加到 180 kN 和 230 kN 时，大齿轮箱箱体轴承正上方加速度均方根值的变化趋势为：在垂向，速度为 100 km/h 时先减小后增大，速度为 200 km/h 和 250 km/h 时持续增大，速度为 300 km/h 时先增大后减小；在横向，4 种速度工况下都是先减小后增大。

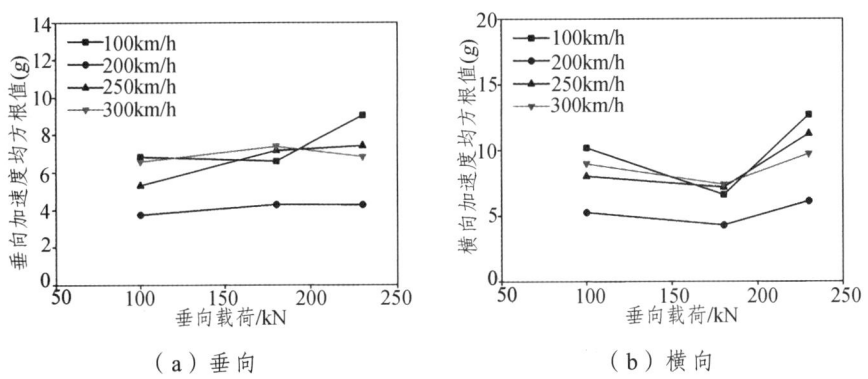

（a）垂向　　　　　　　　　　（b）横向

图 4-10　不同垂向载荷工况下大齿轮箱箱体轴承正上方加速度均方根值

分析图 4-11 可以发现，在考虑轮对 4 种运行速度工况下，当试验的垂向载荷分别从 100 kN 增加到 180 kN 和 230 kN 时，大齿轮箱齿面观察孔加速度均方根值的变化趋势为：在垂向，速度为 100 km/h 和 250 km/h

时持续增大,速度为 200 km/h 时先增加后保持不变,速度为 300 km/h 时先增加后减小;在横向,速度为 100 km/h 时先减小后增加,速度为 200 km/h 和 250 km/h 时持续增大,速度为 300 km/h 时持续减小。

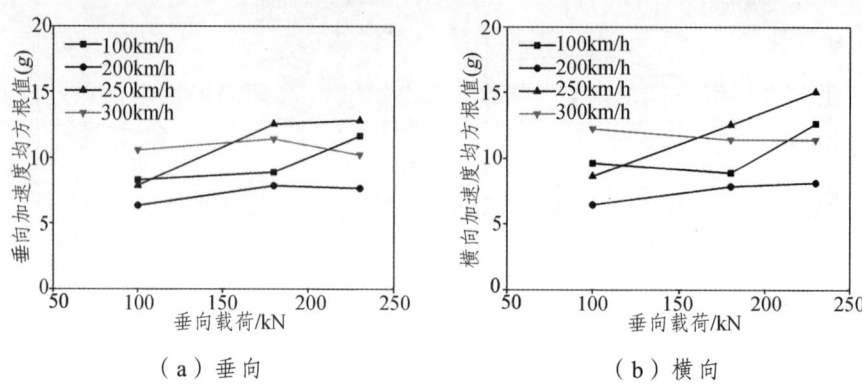

图 4-11 不同垂向载荷工况下大齿轮箱齿面观察孔加速度均方根值

分析图 4-12 可以发现,在考虑轮对 4 种运行速度工况下,当试验的垂向载荷分别从 100 kN 增加到 180 kN 和 230 kN 时,大齿轮箱油位观察孔加速度均方根值的变化趋势为:在垂向,速度为 100 km/h 时先保持不变再增大,速度为 200 km/h 时持续增大,速度为 250 km/h 时先增加后保持不变,速度为 300 km/h 时先增大后减小;在横向,4 种速度工况下都是先增大后减小。

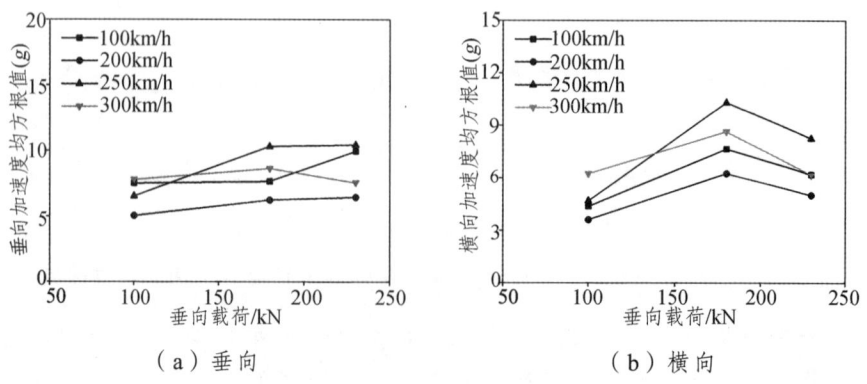

图 4-12 不同垂向载荷工况下大齿轮箱油位观察孔加速度均方根值

综上分析，在垂向方向：当载荷增加时，各测点在垂向的加速度均方根值总体呈上升趋势，当载荷分别为 100 kN 和 230 kN 时，各测点的垂向加速度分别为最小值和最大值，说明垂向载荷对齿轮箱箱体垂向加速度影响显著。在横向方向：当载荷为 180 kN 时，大、小齿轮箱箱体轴承正上方两测点的加速度均方根值达到最小，大齿轮箱油位观察孔的加速度均方根值达到最大；当载荷为 230 kN 时，各测点的横向加速度均方根值达到最大值。所以当垂向载荷为 230 kN 时，各测点的垂、横向加速度达到最大值。

4.2.3 时频谱特性

基于 4.2.1 节分析工况，为了分析 B 型齿轮箱箱体在台架试验上的时频谱特性，选取台架试验在大齿轮箱油位观察孔和大齿轮箱齿面观察孔两个测点位置获得的振动加速度进行短时傅里叶变换后，得到这两个测点位置在垂向载荷分别为 100 kN、180 kN 及 230 kN 时的垂、横向振动加速度的时频谱特性图。

分析图 4-13（a）~图 4-18（a）可知：小滚轮高频激励试验台在试验速度为 100 km/h 阶段时，均存在非常明显的共振现象；并且在做试验时，试验速度为 100 km/h 时产生的振动噪声明显高于试验速度为 200 km/h 产生的噪声，这种共振现象在垂向振动加速度的时频图中表现得更明显。

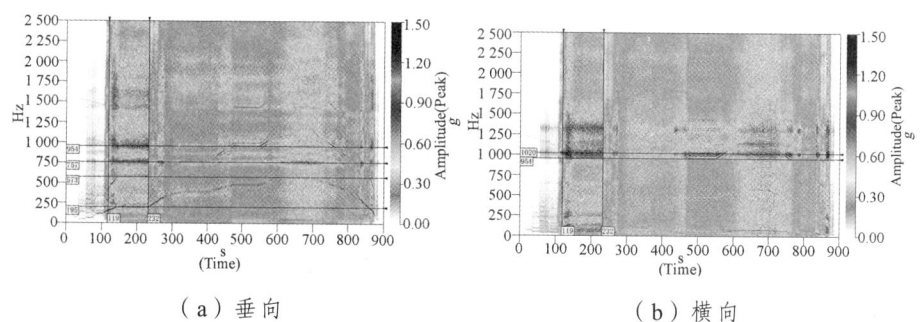

（a）垂向　　　　　　　　　（b）横向

图 4-13　100 kN 载荷工况大齿轮箱油位观察孔振动加速度时频图

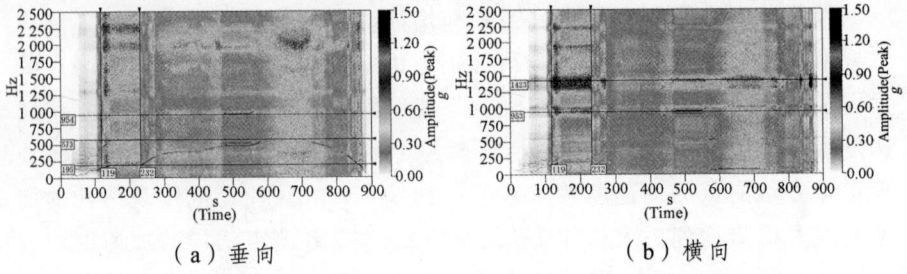

图 4-14 100 kN 载荷工况大齿轮箱齿面观察孔振动加速度时频图

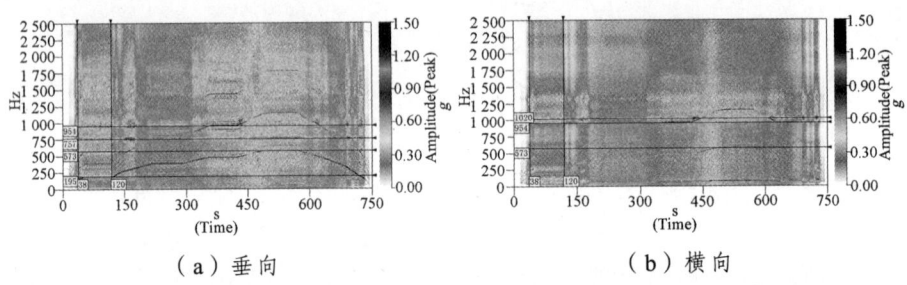

图 4-15 180 kN 载荷工况大齿轮箱油位观察孔振动加速度时频图

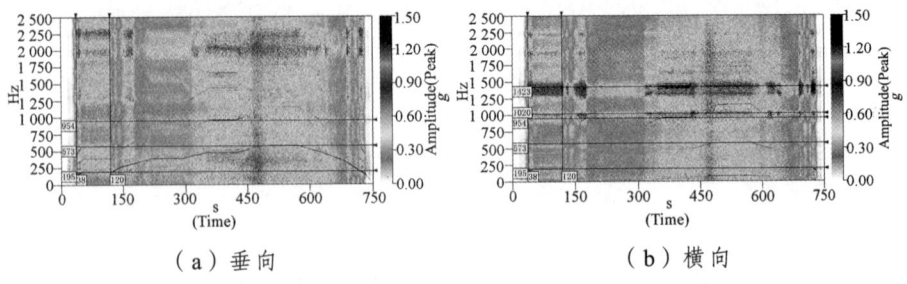

图 4-16 180 kN 载荷工况大齿轮箱齿面观察孔振动加速度时频图

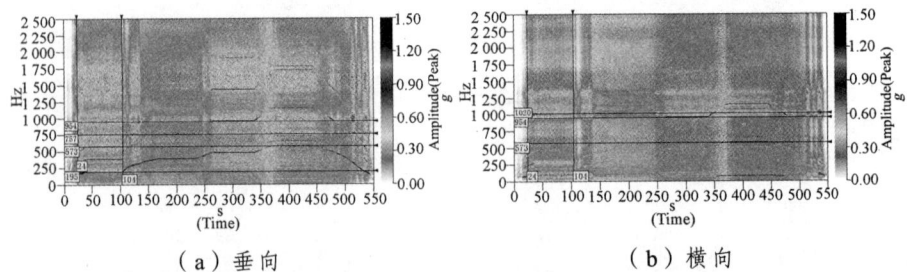

图 4-17 230 kN 载荷工况大齿轮箱油位观察孔振动加速度时频图

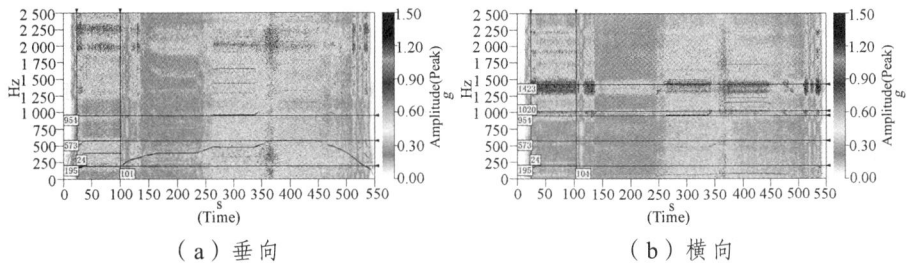

(a)垂向　　　　　　　　　(b)横向

图 4-18　230 kN 载荷工况大齿轮箱齿面观察孔振动加速度时频图

基于上述的共振现象，分析图 4-13 可知：齿轮箱箱体油位观察孔垂向发生比较明显共振的局部频率有 195 Hz、573 Hz、757 Hz 和 954 Hz，横向局部共振频率有 954 Hz 和 1 020 Hz。由此可以发现齿轮箱箱体在同一位置的垂、横向时频图存在差异，即同一位置的不同方向会激发出齿轮箱箱体局部不同的固有频率，进而发生共振现象。图 4-14 中齿轮箱箱体垂向存在比较明显的局部频率有 195 Hz、573 Hz 和 954 Hz，横向局部共振频率有 954 Hz 和 1 423 Hz。比较图 4-13 和图 4-14 发现：同一工况不同测点位置的齿轮箱箱体被激发出来的局部固有频率共振也存在差异，而且横向局部固有共振频率高于垂向。此外，齿轮箱齿面观察孔的时频谱图的能量响应比油位观察孔要高一些。

由于在试验过程中转向架牵引电机一直处于断电状态，所以不存在随速度变化的齿轮啮合频率激励齿轮箱箱体局部固有频率发生共振现象。

比较图 4-15～图 4-18 可知：180 kN 和 230 kN 垂向载荷工况下齿轮箱箱体各测点的时频谱图与 100 kN 垂向载荷工况下的时频谱图基本相同，所以存在的现象与 100 kN 垂向载荷工况下的时频图也基本一致。

综上分析，B 型齿轮箱箱体存在 573 Hz 的局部固有频率，这与 3.2.2 节第 2 条分析的 B 型齿轮箱箱体存在 580 Hz 左右固有频率的结论是一致的，即得出一个重要结论：小滚轮高频激励试验台再现了线路试验结果。

B 型齿轮箱箱体存在 580 Hz 左右局部固有频率进而被激发共振现象的原因：一是小滚轮高频激励试验台在试验速度为 100 km/h 阶段时发现共振，该共振激励出齿轮箱箱体的 573 Hz 固有频率共振现象；二是由于试验速度为 300 km/h 阶段时，受到滚轮激扰的车轮形成轮径差幅值为 0.05 mm 的 20 阶多边形，车轮在该多边形转频约 580 Hz 的激扰下使齿轮箱箱体 573 Hz 的局部固有频率被激发出来出现共振现象。

4.3 齿轮箱箱体动应力特性试验分析

焊接结构疲劳失效主要受结构的构造和焊接接头细节特性影响，由于接头类型不同且结构的局部应力影响，焊接结构疲劳失效主要分析方法包括名义应力法、热点应力法和缺口应力法。本节基于齿轮箱箱体滚动轮台架振动测试点位置得到的动应变转化为动应力，应用名义应力法以齿轮箱箱体开展疲劳损伤评估。

4.3.1 结构疲劳失效名义应力法

在分析齿轮箱箱体疲劳失效之前，先简介齿轮箱箱体的材料力学属性；轮箱箱体为高强度性能的铸铝材料，轴承座等的材料为球铁，材料的基本力学性能见表 4-3。

表 4-3 材料基本力学性能

材料名称	屈服强度 /MPa	拉伸强度 /MPa	弹性模量 /MPa	泊松比	密度/(kg/m^3)
铸铝	190	230	6.9×10^4	0.3	2 700
球铁	320	500	2.1×10^5	0.3	7 930

本书在进行齿轮箱箱体结构疲劳损伤评估时，使用国际上普遍采用的许用疲劳极限作为判据。但是，铸铝的疲劳极限参数比较复杂，跟尺寸系数有很大关联，如果结构中存在原始缺陷，如夹杂物和气孔等缺陷，将会导致疲劳强度极限大大降低。

根据 BS_EN-1999-1-3[122]标准中的附录 1 可知：不同铸造等级铸铝件各循环次数下的疲劳应力许用范围见表 4-4，铸件铸造等级的定义见表 4-5。本书考虑齿轮箱箱体的铸造质量可保证最大气孔/砂眼尺寸为 0.5 mm，其 200 万次疲劳极限取为 25 MPa（=50 MPa/2）。

表4-4 不同铸造等级铸铝件各循环次数下的疲劳许用应力范围　单位：MPa

Detail Category ($N_C=2\times10^6$)		$N=10^5$	$N_D=2\times10^6$	$N_L=10^8$
$\Delta\sigma_C$	$m_1=m_2$	$\Delta\sigma$	$\Delta\sigma_D$	$\Delta\sigma_L$
71	7	108.90	71	40.60
50	7	76.70	50	28.60
40	7	61.40	40	22.90
32	7	49.10	32	18.30
25	7	38.40	25	14.30

表4-5 铸件的铸造质量（最大气孔/砂眼尺寸）与铸造等级的对应关系

Detail Category ($N_C=2\times10^6$)	71	50	40	32	25
Maximum pore diameter	0.20	0.50	0.90	1.50	2.00（normal）

注：小于0.60 mm的铸件气孔/砂眼尺寸需要特殊技能、经验以及铸造工艺、技术，且小于0.60 mm的铸件气孔/砂眼尺寸需要专门的设备检验，特别是当检测小于0.20 mm气孔/砂眼的缺陷时，还需取决于铸件的厚度。因此，结构设计时铸件性能的取值需与铸件供应商确认。

随机振动疲劳时，需要输入材料的 S-N 曲线，由于齿轮箱箱体结构主要考察结构母材处材料疲劳情况，无论是钢结构还是铝结构母材都可视为特殊的焊缝型式，各焊缝的疲劳特性参考国际焊接学会（IIW）[123]进行评定，该标准是国际焊接学会关于焊接结构的疲劳推荐标准，适用于结构获得适度和中等腐蚀保护情况。

名义应力法的基本原理是要先得到受载截面的名义应力，再结合相关材料的 S-N 曲线来评估焊接结构疲劳强度[124]，其计算表达式（4-2）描述如下：

$$\sigma_n = \frac{P}{A} \pm \frac{My}{I} \tag{4-2}$$

式中，P 和 M 是结构截面上的轴向力与弯矩；A 和 I 是截面面积和惯性矩；y 是距中性轴的距离。该方法的焊接结构疲劳失效评估步骤主要是：首先通过一定的方法获得名义应力谱，再确定焊接接头的 S-N 曲线，最后根据 Miner 线性叠加理论，结合名义应力谱和 S-N 曲线，来预测焊接结构的疲劳损伤。

由于 IIW 曲线支撑疲劳试验数据量大、考虑疲劳影响因素全面，因此，在铁道车辆行业优先推荐使用 IIW 规范对焊接结构进行疲劳强度评估[125]。IIW 标准适用于材料屈服强度低于 700 MPa 的各种焊接结构高周疲劳寿命设计。基于名义应力法评估焊接结构的疲劳强度或疲劳寿命，标准给出了 14 条代表各种焊接接头形式的 S-N 曲线[126]，如图 4-19（a）所示，图中以循环次数 2×10^6 次对应的应力范围规定疲劳等级 FAT。焊接结构疲劳评估可分为两种[127]。

（1）无限寿命设计：按照疲劳极限法来比较结构的名义应力范围和 S-N 曲线给定应力循环下的许用名义应力范围。

（2）有限寿命设计法：基于 Miner 疲劳累积损伤理论，通过雨流计数法来得到焊接结构的疲劳损伤值。

铝结构母材和钢结构母材的 S-N 曲线如图 4-19 所示，它们的置信度均为 75%，存活率均为 95%，疲劳强度特性如表 4-6 所示[123]。

表 4-6 95% 存活率下铝和钢焊缝的疲劳强度（2×10^6 循环）

焊缝类型	标准中的示意图	接头型式	疲劳强度/MPa	引用标准
铝母材		122	50	XIII-2460-13/XV-1440-13
钢母材		121	160	XIII-2460-13/XV-1440-13

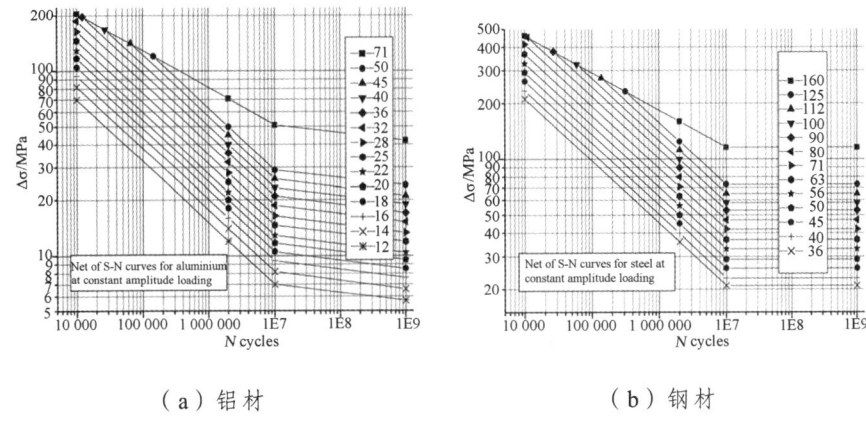

（a）铝材　　　　　　　　　　（b）钢材

图 4-19　抗疲劳 S-N 曲线

4.3.2　动应力累计损伤特性

齿轮箱箱体动应力测试方法：在箱体的 4 个位置粘贴纵向应变片，用以测量齿轮箱箱体在不同垂向载荷和不同运行速度工况下的应变，然后根据材料力学中应力-应变关系，算出各对应位置的动应力，对得到的动应力利用 Ncode 软件中自带的去均值模块完成去漂移处理、手动处理突变和毛刺信号及通过设置带阻滤波器过滤干扰频率 3 种操作，以获得比较准确的数据。

计算工况包括垂向载荷作动器工况及转向架轮对运行速度，具体如下：

（1）垂向载荷分别为 100 kN、180 kN 及 230 kN；

（2）9 个速度等级：0~100 km/h、100 km/h、100-200 km/h、200 km/h、200~250 km/h、250 km/h、250~300 km/h、300 km/h 及 300~0 km/h。

表 4-7 所示为齿轮箱箱体 4 个测点位置及其应变片的相关信息。

表 4-7　齿轮箱箱体测点位置应变片信息

位　置	材料	方向	采样频率	编号	通道号	应变片系数
大齿轮箱齿面观察孔	铝合金	纵向	5k	ZFB10	Smstr6448	0.138

续表

位 置	材料	方向	采样频率	编号	通道号	应变片系数
大齿轮箱轴承正上方	铸钢	纵向	5k	ZFB20	Smstr6334	0.412
小齿轮箱轴承正上方	铝合金	纵向	5k	ZFB12	Smstr6263	0.138
大齿轮箱油位观察孔	铝合金	纵向	5k	ZFB09	Smstr6467	0.138

其中齿轮箱箱体上的应变片采用 BS_EN-1999-1-3[122]铸铝件母材的 S-N 曲线进行疲劳评估,根据该标准中附录 1：Castings（铸造），可知不同铸造等级铸铝件各循环次数下的疲劳应力许用范围（见表 4-4）及铸件铸造等级的定义（见表 4-5）。考虑齿轮箱箱体的铸造质量可保证最大气孔/砂眼尺寸为 0.5 mm，即其 200 万次疲劳极限取为 25 MPa。

大齿轮箱轴承正上方应变片的疲劳评估参考国际焊接学会 IIW XIII-1965-03/XV-1127-03[128]的钢结构母材 S-N 曲线进行评定，钢结构母材 S-N 曲线的置信度为 75%，存活率为 95%，其疲劳特性如表 4-6 和图 4-19（b）所示。

接下来以垂向载荷工况为 230 kN 的齿轮箱箱体 4 个测点位置所测的应变时域信号，利用 N-code 软件中的 Glyphworks 模块对其进行雨流计数和累计损伤计算。

表 4-8 所示为 230 kN 载荷工况下各测点的速度等级与测试时间关系。根据应力-应变转换原理，结合表 4-7 中应变片系数，将各测点应变片中的应变时域信号转化成图 4-20 ~ 图 4-23 各测点动应力时域信号，从图可知动应力在 110 ~ 230 s 动应力显著增大，这是由于台架试验在轮对运行速度达到 100 km/h 时发生共振，但各测点动应力都较小，最大值出现在大齿轮箱轴承正上方，不超过 15 MPa，该处动应力大是因为轴承端盖的应力转换系数为 0.412，是其他 3 个位置的 3 倍。

表 4-8 230 kN 载荷工况下各测点速度等级与测试时间关系

序　号	速度等级/（km/h）	测试时间/s	
1	0～100	0	133
2	100	133	200
3	100～200	200	263
4	200	263	328
5	200～250	328	361
6	250	361	436
7	250～300	436	468
8	300	468	541
9	300～0	541	700

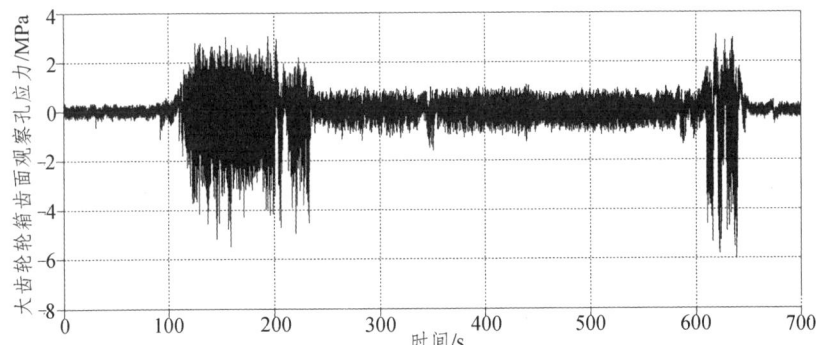

图 4-20　大齿轮箱齿面观察孔应力时域图

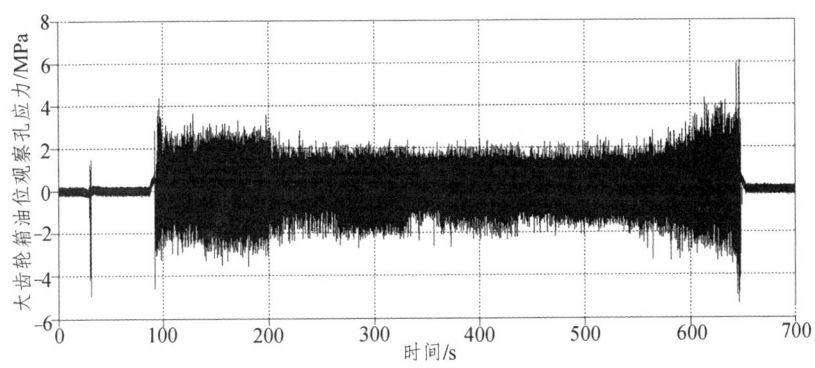

图 4-21　大齿轮箱油位观察孔应力时域图

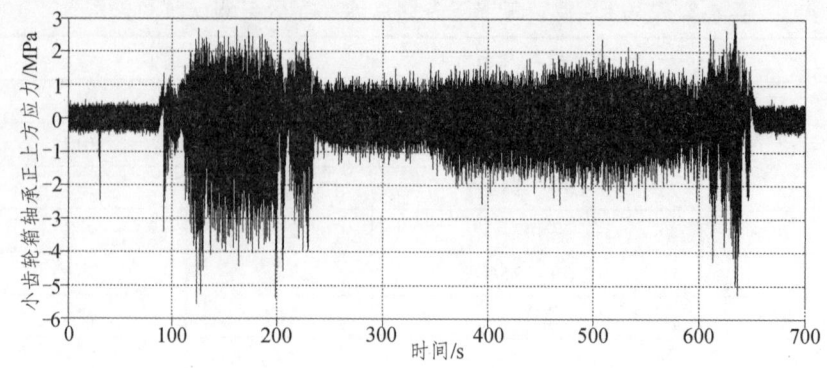

图 4-22　小齿轮箱轴承正上方应力时域图

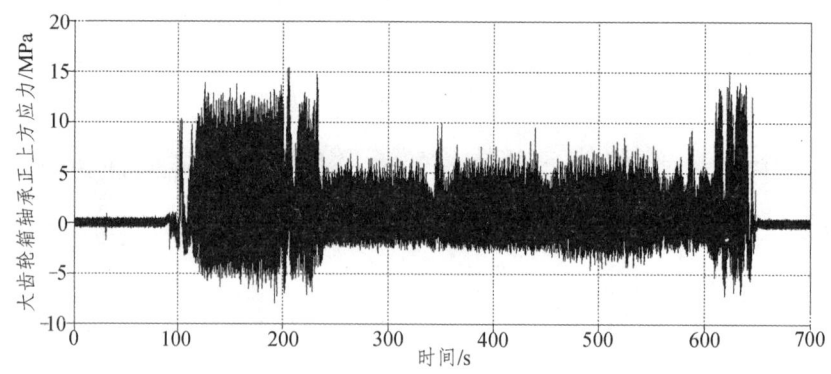

图 4-23　大齿轮箱轴承正上方应力时域图

将动应力时域信号导入 N-code 软件对其进行雨流计数处理，计算应变片时域信号的应力范围和应力循环次数，根据以往线路测试经验，采用载荷（应力）谱常用描述方法将应力分为 8 级，再根据 Miner 损伤公式分级计算每一级应力所产生的损伤。通过统计各级应力的损伤及每个测点的累计损伤，齿轮箱箱体 4 个测点（大齿轮箱轴承正上方、小齿轮箱轴承正上方、大齿轮箱齿面观察孔和大齿轮箱油位观察孔）在 9 种速度等级下的具体的计算结果在表 4-9 ~ 表 4-26 给予详细说明。从表中可以看出各测点在每个应力等级所对应的应力范围、循环次数及损伤，同时算出每个测点在各个速度等级及试验时间下的累计损伤。

表4-9 230 kN垂向载荷速度为0~100 km/h工况下的应力累计损伤　应力单位：MPa

应力等级	大齿轮箱轴承正上方			小齿轮箱轴承正上方		
	应力范围	循环次数	损伤	应力范围	循环次数	损伤
1	0~1.24	159 000	2.24×10^{-12}	0~0.52	173 000	9.92×10^{-17}
2	0~3.73	1 942	6.66×10^{-12}	0~1.56	4 213	5.29×10^{-15}
3	0~6.21	841	3.71×10^{-11}	0~2.61	931	4.17×10^{-14}
4	0~8.70	634	1.50×10^{-10}	0~3.65	177	8.36×10^{-14}
5	0~11.18	328	2.73×10^{-10}	0~4.69	47	1.29×10^{-13}
6	0~13.66	133	3.02×10^{-10}	0~5.73	13	1.45×10^{-13}
7	0~16.15	30	1.57×10^{-10}	0~6.77	3	1.08×10^{-13}
8	0~18.63	4	4.28×10^{-11}	0~7.82	2	1.96×10^{-13}
累计损伤	$9.716\ 24\times10^{-10}$			$7.090\ 71\times10^{-13}$		

表4-10 230 kN垂向载荷速度为0~100 km/h工况下的应力累计损伤　应力单位：MPa

应力等级	大齿轮箱齿面观察孔			大齿轮箱油位观察孔		
	应力范围	循环次数	损伤	应力范围	循环次数	损伤
1	0~0.44	161 200	2.47×10^{-9}	0~0.59	177 500	2.33×10^{-16}
2	0~1.31	2 422	1.00×10^{-9}	0~1.76	7 290	2.09×10^{-14}
3	0~2.19	795	1.52×10^{-9}	0~2.93	1 880	1.93×10^{-13}
4	0~3.07	248	1.30×10^{-9}	0~4.11	388	4.19×10^{-13}
5	0~3.94	75	8.37×10^{-10}	0~5.28	70	4.39×10^{-13}
6	0~4.82	19	3.87×10^{-10}	0~6.45	10	2.56×10^{-13}
7	0~5.69	4	1.35×10^{-10}	0~7.62	0	0.00×10^{0}
8	0~6.57	3	1.55×10^{-10}	0~8.80	1	2.24×10^{-13}
累计损伤	$7.805\ 81\times10^{-9}$			$1.552\ 67\times10^{-12}$		

表4-11 230 kN垂直载荷速度为100 km/h工况下的应力累计损伤　应力单位：MPa

应力等级	大齿轮箱轴承正上方			小齿轮箱轴承正上方		
	应力范围	循环次数	损伤	应力范围	循环次数	损伤
1	0~1.37	50 980	1.19×10^{-12}	0~0.51	61 980	3.21×10^{-17}
2	0~4.12	3 187	1.81×10^{-11}	0~1.54	13 910	1.58×10^{-14}
3	0~6.87	3 114	2.27×10^{-10}	0~2.57	1 870	7.57×10^{-14}
4	0~9.61	2 933	1.15×10^{-9}	0~3.60	445	1.90×10^{-13}
5	0~12.36	1 227	1.69×10^{-9}	0~4.62	153	3.79×10^{-13}
6	0~15.11	315	1.18×10^{-9}	0~5.65	43	4.34×10^{-13}
7	0~17.86	53	4.59×10^{-10}	0~6.68	7	2.28×10^{-13}
8	0~20.60	5	8.85×10^{-11}	0~7.70	1	8.85×10^{-14}
累计损伤	$4.814\ 22 \times 10^{-9}$			$1.410\ 76 \times 10^{-12}$		

表4-12 230 kN垂直载荷速度为100 km/h工况下的应力累计损伤　应力单位：MPa

应力等级	大齿轮箱齿面观察孔			大齿轮箱油位观察孔		
	应力范围	循环次数	损伤	应力范围	循环次数	损伤
1	0~0.54	42 270	1.20×10^{-9}	0~0.45	78 120	1.55×10^{-17}
2	0~1.62	8 244	6.33×10^{-9}	0~1.34	16 390	7.12×10^{-15}
3	0~2.69	2 155	7.67×10^{-9}	0~2.24	4 610	7.15×10^{-14}
4	0~3.77	553	5.40×10^{-9}	0~3.13	1 770	2.90×10^{-13}
5	0~4.85	135	2.80×10^{-9}	0~4.03	638	6.06×10^{-13}
6	0~5.92	22	8.33×10^{-10}	0~4.93	219	8.48×10^{-13}
7	0~7.00	8	5.00×10^{-10}	0~5.82	37	4.61×10^{-13}
8	0~8.08	2	1.92×10^{-10}	0~6.72	4	1.36×10^{-13}
累计损伤	$2.492\ 93 \times 10^{-8}$			$2.419\ 19 \times 10^{-12}$		

表4-13 230 kN垂向载荷速度为100～200 km/h工况下的应力累计损伤　应力单位：MPa

应力等级	大齿轮箱轴承正上方			小齿轮箱轴承正上方		
	应力范围	循环次数	损伤	应力范围	循环次数	损伤
1	0～1.42	48 000	1.34×10^{-12}	0～0.45	73 710	1.58×10^{-17}
2	0～4.27	7 192	4.88×10^{-11}	0～1.36	9 179	4.29×10^{-15}
3	0～7.12	2 528	2.21×10^{-10}	0～2.26	1 022	1.71×10^{-14}
4	0～9.97	731	3.43×10^{-10}	0～3.17	142	2.50×10^{-14}
5	0～12.82	233	3.84×10^{-10}	0～4.07	48	4.91×10^{-14}
6	0～15.66	48	2.16×10^{-10}	0～4.98	14	5.83×10^{-14}
7	0～18.51	9	9.33×10^{-11}	0～5.88	7	9.39×10^{-14}
8	0～21.36	2	4.24×10^{-11}	0～6.79	2	7.31×10^{-14}
累计损伤	$1.349\ 02 \times 10^{-9}$			$3.207\ 62 \times 10^{-13}$		

表4-14 230 kN垂向载荷速度为100～200 km/h工况下的应力累计损伤　应力单位：MPa

应力等级	大齿轮箱齿面观察孔			大齿轮箱油位观察孔		
	应力范围	循环次数	损伤	应力范围	循环次数	损伤
1	0～0.50	58 280	1.31×10^{-9}	0～0.35	81 670	2.95×10^{-18}
2	0～1.49	3 156	1.92×10^{-9}	0～1.05	13 040	1.03×10^{-15}
3	0～2.49	415	1.17×10^{-9}	0～1.76	3 844	1.08×10^{-14}
4	0～3.49	94	7.25×10^{-10}	0～2.46	1 324	3.94×10^{-14}
5	0～4.48	23	3.77×10^{-10}	0～3.16	293	5.06×10^{-14}
6	0～5.48	6	1.80×10^{-10}	0～3.86	96	6.76×10^{-14}
7	0～6.47	2	9.88×10^{-11}	0～4.56	19	4.30×10^{-14}
8	0～7.47	1	7.59×10^{-11}	0～5.27	4	2.47×10^{-14}
累计损伤	$5.851\ 77 \times 10^{-9}$			$2.371\ 31 \times 10^{-13}$		

表4-15 230 kN垂向载荷速度为200 km/h工况下的应力累计损伤 应力单位：MPa

应力等级	大齿轮箱轴承正上方			小齿轮箱轴承正上方		
	应力范围	循环次数	损伤	应力范围	循环次数	损伤
1	0~0.62	45 250	1.99×10^{-14}	0~0.18	56 110	1.89×10^{-20}
2	0~1.86	7 403	7.90×10^{-13}	0~0.54	28 140	2.07×10^{-17}
3	0~3.10	5 991	8.22×10^{-12}	0~0.9	7 642	2.01×10^{-16}
4	0~4.34	3 329	2.46×10^{-11}	0~1.26	2 520	6.98×10^{-16}
5	0~5.59	1 226	3.18×10^{-11}	0~1.62	557	8.97×10^{-16}
6	0~6.83	267	1.89×10^{-11}	0~1.98	109	7.15×10^{-16}
7	0~8.07	39	6.36×10^{-12}	0~2.34	18	3.80×10^{-16}
8	0~9.31	8	2.67×10^{-12}	0~2.70	5	2.88×10^{-16}
累计损伤		$9.327\,54\times10^{-11}$			$3.199\,35\times10^{-15}$	

表4-16 230 kN垂向载荷速度为200 km/h工况下的应力累计损伤 应力单位：MPa

应力等级	大齿轮箱齿面观察孔			大齿轮箱油位观察孔		
	应力范围	循环次数	损伤	应力范围	循环次数	损伤
1	0~0.14	52 030	2.50×10^{-11}	0~0.32	84 460	1.72×10^{-18}
2	0~0.41	16 890	2.19×10^{-10}	0~0.97	15 630	6.95×10^{-16}
3	0~0.69	4 726	2.84×10^{-10}	0~1.62	4 481	7.12×10^{-15}
4	0~0.97	526	8.66×10^{-11}	0~2.26	1 658	2.78×10^{-14}
5	0~1.24	82	2.87×10^{-11}	0~2.91	672	6.53×10^{-14}
6	0~1.52	20	1.28×10^{-11}	0~3.56	232	9.19×10^{-14}
7	0~1.8	11	1.16×10^{-11}	0~4.2	49	6.25×10^{-14}
8	0~2.07	4	6.48×10^{-12}	0~4.85	5	1.74×10^{-14}
累计损伤		$6.734\,94\times10^{-10}$			$2.726\,44\times10^{-13}$	

表4-17 230 kN垂向载荷速度为200~250 km/h工况下的应力累计损伤 应力单位：MPa

应力等级	大齿轮箱轴承正上方			小齿轮箱轴承正上方		
	应力范围	循环次数	损伤	应力范围	循环次数	损伤
1	0~0.8	24 890	3.94×10^{-14}	0~0.21	33 440	3.71×10^{-20}
2	0~2.41	5 849	2.25×10^{-12}	0~0.64	12 320	2.99×10^{-17}
3	0~4.01	2 752	1.36×10^{-11}	0~1.07	3 013	2.61×10^{-16}
4	0~5.61	594	1.58×10^{-11}	0~1.49	703	6.42×10^{-16}
5	0~7.22	88	8.22×10^{-12}	0~1.92	109	5.78×10^{-16}
6	0~8.82	15	3.82×10^{-12}	0~2.35	26	5.62×10^{-16}
7	0~10.43	1	5.88×10^{-13}	0~2.77	2	1.39×10^{-16}
8	0~12.03	2	2.40×10^{-12}	0~3.2	2	3.79×10^{-16}
累计损伤	$4.673\,64 \times 10^{-11}$			$2.590\,46 \times 10^{-15}$		

表4-18 230 kN垂向载荷速度为200~250 km/h工况下的应力累计损伤 应力单位：MPa

应力等级	大齿轮箱齿面观察孔			大齿轮箱油位观察孔		
	应力范围	循环次数	损伤	应力范围	循环次数	损伤
1	0~0.16	30 660	2.39×10^{-11}	0~0.31	44 170	7.34×10^{-19}
2	0~0.49	7 887	1.66×10^{-10}	0~0.94	7 881	2.87×10^{-16}
3	0~0.81	1115	1.09×10^{-10}	0~1.57	2 238	2.91×10^{-15}
4	0~1.14	72	1.93×10^{-11}	0~2.20	780	1.07×10^{-14}
5	0~1.46	11	6.26×10^{-12}	0~2.83	152	1.21×10^{-14}
6	0~1.79	2	2.08×10^{-12}	0~3.46	28	9.07×10^{-15}
7	0~2.11	1	1.71×10^{-12}	0~4.08	4	4.17×10^{-15}
8	0~2.44	2	5.27×10^{-12}	0~4.71	2	5.68×10^{-15}
累计损伤	$3.333\,86 \times 10^{-10}$			$4.488\,67 \times 10^{-14}$		

表4-19 230 kN垂向载荷速度为250 km/h工况下的应力累计损伤 应力单位：MPa

应力等级	大齿轮箱轴承正上方			小齿轮箱轴承正上方		
	应力范围	循环次数	损伤	应力范围	循环次数	损伤
1	0~0.71	45 200	3.91×10^{-14}	0~0.27	73 890	3.90×10^{-19}
2	0~2.13	12 890	2.71×10^{-12}	0~0.80	27 090	3.13×10^{-16}
3	0~3.55	8 739	2.36×10^{-11}	0~1.33	5 893	2.43×10^{-15}
4	0~4.97	4 944	7.18×10^{-11}	0~1.87	1 340	5.83×10^{-15}
5	0~6.40	1 560	7.96×10^{-11}	0~2.40	303	7.66×10^{-15}
6	0~7.82	275	3.83×10^{-11}	0~2.93	64	6.59×10^{-15}
7	0~9.24	33	1.06×10^{-11}	0~3.47	13	4.31×10^{-15}
8	0~10.66	5	3.28×10^{-12}	0~4.00	2	1.81×10^{-15}
累计损伤	$2.298\ 94 \times 10^{-10}$			$2.893\ 29 \times 10^{-14}$		

表4-20 230 kN垂向载荷速度为250 km/h工况下的应力累计损伤 应力单位：MPa

应力等级	大齿轮箱齿面观察孔			大齿轮箱油位观察孔		
	应力范围	循环次数	损伤	应力范围	循环次数	损伤
1	0~0.13	43 090	1.73×10^{-11}	0~0.32	95 660	1.79×10^{-18}
2	0~0.39	17 820	1.94×10^{-10}	0~0.96	22 460	9.22×10^{-16}
3	0~0.65	14 090	7.09×10^{-10}	0~1.60	5 584	8.19×10^{-15}
4	0~0.91	3 704	5.11×10^{-10}	0~2.24	2 348	3.63×10^{-14}
5	0~1.17	512	1.50×10^{-10}	0~2.88	495	4.44×10^{-14}
6	0~1.43	79	4.23×10^{-11}	0~3.52	127	4.64×10^{-14}
7	0~1.69	27	2.39×10^{-11}	0~4.16	29	3.41×10^{-14}
8	0~1.95	9	1.22×10^{-11}	0~4.80	4	1.28×10^{-14}
累计损伤	$1.659\ 61 \times 10^{-9}$			$1.832\ 21 \times 10^{-13}$		

表4-21 230 kN垂向载荷速度为250~300 km/h工况下的应力累计损伤　应力单位:MPa

应力等级	大齿轮箱轴承正上方			小齿轮箱轴承正上方		
	应力范围	循环次数	损伤	应力范围	循环次数	损伤
1	0~0.83	29 930	5.58×10^{-14}	0~0.27	33 230	1.88×10^{-19}
2	0~2.49	4 680	2.12×10^{-12}	0~0.81	11 120	1.37×10^{-16}
3	0~4.14	2 355	1.37×10^{-11}	0~1.35	2 568	1.13×10^{-15}
4	0~5.80	838	2.63×10^{-11}	0~1.89	614	2.86×10^{-15}
5	0~7.46	133	1.46×10^{-11}	0~2.42	148	4.00×10^{-15}
6	0~9.12	15	4.51×10^{-12}	0~2.96	35	3.86×10^{-15}
7	0~10.77	1	6.93×10^{-13}	0~3.50	8	2.84×10^{-15}
8	0~12.43	1	1.42×10^{-12}	0~4.04	2	1.93×10^{-15}
累计损伤	$6.343\,81\times10^{-11}$			$1.675\,7\times10^{-14}$		

表4-22 230 kN垂向载荷速度为250~300 km/h工况下的应力累计损伤　应力单位:MPa

应力等级	大齿轮箱齿面观察孔			大齿轮箱油位观察孔		
	应力范围	循环次数	损伤	应力范围	循环次数	损伤
1	0~0.15	21 450	1.23×10^{-11}	0~0.27	35 650	2.16×10^{-19}
2	0~0.44	8 533	1.32×10^{-10}	0~0.82	13 940	1.85×10^{-16}
3	0~0.73	3 892	2.80×10^{-10}	0~1.36	3 091	1.46×10^{-15}
4	0~1.03	932	1.84×10^{-10}	0~1.90	1 276	6.37×10^{-15}
5	0~1.32	139	5.83×10^{-11}	0~2.45	399	1.16×10^{-14}
6	0~1.61	14	1.07×10^{-11}	0~2.99	74	8.74×10^{-15}
7	0~1.91	3	3.79×10^{-12}	0~3.54	8	3.04×10^{-15}
8	0~2.20	1	1.94×10^{-12}	0~4.08	5	5.18×10^{-15}
累计损伤	$6.830\,25\times10^{-10}$			$3.656\,03\times10^{-14}$		

表4-23 230 kN垂向载荷速度为300 km/h工况下的应力累计损伤　应力单位：MPa

应力等级	大齿轮箱轴承正上方			小齿轮箱轴承正上方		
	应力范围	循环次数	损伤	应力范围	循环次数	损伤
1	0~0.83	57 930	1.09×10^{-13}	0~0.31	54 320	8.46×10^{-19}
2	0~2.49	16 640	7.64×10^{-12}	0~0.93	32 030	1.09×10^{-15}
3	0~4.16	5 856	3.46×10^{-11}	0~1.56	8 945	1.09×10^{-14}
4	0~5.82	2 989	9.49×10^{-11}	0~2.18	2 049	2.63×10^{-14}
5	0~7.48	808	9.02×10^{-11}	0~2.80	341	2.54×10^{-14}
6	0~9.14	118	3.59×10^{-11}	0~3.42	74	2.25×10^{-14}
7	0~10.80	24	1.68×10^{-11}	0~4.05	12	1.17×10^{-14}
8	0~12.47	4	5.74×10^{-12}	0~4.67	2	5.32×10^{-15}
累计损伤	$2.859\ 50\times10^{-10}$			$1.031\ 93\times10^{-13}$		

表4-24 230 kN垂向载荷速度为300 km/h工况下的应力累计损伤　应力单位：MPa

应力等级	大齿轮箱齿面观察孔			大齿轮箱油位观察孔		
	应力范围	循环次数	损伤	应力范围	循环次数	损伤
1	0~0.12	42 560	1.33×10^{-11}	0~0.30	66 290	7.73×10^{-19}
2	0~0.36	21 130	1.79×10^{-10}	0~0.90	36 770	9.38×10^{-16}
3	0~0.60	13 340	5.22×10^{-10}	0~1.49	10 170	9.27×10^{-15}
4	0~0.84	5 190	5.58×10^{-10}	0~2.09	3 741	3.59×10^{-14}
5	0~1.08	1 265	2.89×10^{-10}	0~2.69	858	4.79×10^{-14}
6	0~1.32	224	9.34×10^{-11}	0~3.29	123	2.80×10^{-14}
7	0~1.56	32	2.20×10^{-11}	0~3.88	25	1.83×10^{-14}
8	0~1.80	6	6.34×10^{-12}	0~4.48	4	7.97×10^{-15}
累计损伤	$1.682\ 55\times10^{-9}$			$1.482\ 73\times10^{-13}$		

表4-25 230 kN垂向载荷速度为300～0 km/h工况下的应力累计损伤　应力单位：MPa

应力等级	大齿轮箱轴承正上方			小齿轮箱轴承正上方		
	应力范围	循环次数	损伤	应力范围	循环次数	损伤
1	0～1.41	106 100	2.81×10^{-12}	0～0.52	146 400	8.29×10^{-17}
2	0～4.23	11 510	7.42×10^{-11}	0～1.56	13 850	1.72×10^{-14}
3	0～7.05	2 582	2.14×10^{-10}	0～2.60	1 297	5.74×10^{-14}
4	0～9.87	908	4.05×10^{-10}	0～3.64	211	9.84×10^{-14}
5	0～12.68	311	4.87×10^{-10}	0～4.68	49	1.33×10^{-13}
6	0～15.50	88	3.76×10^{-10}	0～5.72	16	1.77×10^{-13}
7	0～18.32	22	2.17×10^{-10}	0～6.76	5	1.78×10^{-13}
8	0～21.14	3	6.04×10^{-11}	0～7.80	2	1.94×10^{-13}
累计损伤	$1.835\ 76\times10^{-9}$			$8.534\ 44\times10^{-13}$		

表4-26 230 kN垂向载荷速度为300～0 km/h工况下的应力累计损伤　应力单位：MPa

应力等级	大齿轮箱齿面观察孔			大齿轮箱油位观察孔		
	应力范围	循环次数	损伤	应力范围	循环次数	损伤
1	0～0.58	125 700	4.36×10^{-9}	0～0.72	168 300	9.39×10^{-16}
2	0～1.73	2 651	2.48×10^{-9}	0～2.16	13 380	1.63×10^{-13}
3	0～2.88	577	2.50×10^{-9}	0～3.61	2 670	1.16×10^{-12}
4	0～4.03	173	2.06×10^{-9}	0～5.05	622	2.86×10^{-12}
5	0～5.18	48	1.21×10^{-9}	0～6.49	116	3.09×10^{-12}
6	0～6.33	9	4.16×10^{-10}	0～7.93	19	2.07×10^{-12}
7	0～7.48	4	3.05×10^{-10}	0～9.38	7	2.45×10^{-12}
8	0～8.63	2	2.34×10^{-10}	0～10.82	4	3.81×10^{-12}
累计损伤	$1.357\ 42\times10^{-8}$			$1.560\ 59\times10^{-11}$		

根据表 4-9～表 4-26 计算得到 9 个速度等级下 4 个测点的动应力累计损伤，具体结果如表 4-27 所示。同理根据上述的分析方法，可以得到垂向载荷工况为 180 kN 和 100 kN 时 9 个速度等级下 4 个测点应力累计损伤结果，具体如表 4-28 和表 4-29 所示。

表 4-27 垂向载荷 230 kN 各个测点不同速度工况下的应力累计损伤 应力单位：MPa

速度等级	速度/(km/h)	大齿轮箱轴承正上方	大齿轮箱齿面观察孔	小齿轮箱体轴承正上方	大齿轮箱油位观察孔
1	0～100	9.71624×10^{-10}	7.80581×10^{-9}	7.09071×10^{-13}	1.55267×10^{-12}
2	100	4.81422×10^{-9}	2.49293×10^{-8}	1.41076×10^{-12}	2.41919×10^{-12}
3	100～200	1.34902×10^{-9}	5.85177×10^{-9}	3.20762×10^{-13}	2.37131×10^{-13}
4	200	9.32754×10^{-11}	6.73494×10^{-10}	3.19935×10^{-15}	2.72644×10^{-13}
5	200～250	4.67364×10^{-11}	3.33386×10^{-10}	2.59046×10^{-15}	4.48867×10^{-14}
6	250	2.29894×10^{-10}	1.65961×10^{-9}	2.89329×10^{-14}	1.83221×10^{-13}
7	250～300	6.34381×10^{-11}	6.83025×10^{-10}	1.6757×10^{-14}	3.65603×10^{-14}
8	300	2.85950×10^{-10}	1.68255×10^{-9}	1.03193×10^{-13}	1.48273×10^{-13}
9	300～0	1.83576×10^{-9}	1.35742×10^{-8}	8.53444×10^{-13}	1.56059×10^{-11}

表 4-28 垂向载荷 180 kN 各个测点不同速度工况下的应力累计损伤 应力单位：MPa

速度等级	速度/(km/h)	大齿轮箱轴承正上方	大齿轮箱齿面观察孔	小齿轮箱体轴承正上方	大齿轮箱油位观察孔
1	0～100	5.18485×10^{-9}	1.28936×10^{-8}	2.0171×10^{-12}	4.9145×10^{-13}
2	100	1.50860×10^{-10}	5.39233×10^{-10}	1.68649×10^{-15}	9.04192×10^{-15}
3	100～200	4.78914×10^{-10}	1.26415×10^{-9}	1.04198×10^{-14}	1.24607×10^{-14}
4	200	3.70964×10^{-10}	1.27007×10^{-9}	1.33494×10^{-14}	9.48374×10^{-15}
5	200～250	2.25237×10^{-10}	9.21696×10^{-10}	4.81598×10^{-14}	9.65208×10^{-15}
6	250	2.42306×10^{-10}	1.03436×10^{-9}	3.03722×10^{-14}	1.21452×10^{-14}
7	250～300	1.39849×10^{-10}	5.51672×10^{-10}	3.71492×10^{-15}	8.33224×10^{-15}
8	300	1.43425×10^{-9}	4.58473×10^{-9}	1.21609×10^{-12}	4.41467×10^{-14}
9	300～0	1.74373×10^{-9}	6.38461×10^{-9}	1.23963×10^{-12}	6.39215×10^{-14}

表 4-29　垂向载荷 100 kN 各个测点不同速度工况下的应力累计损伤　　应力单位：MPa

速度等级	速度 /（km/h）	大齿轮箱轴承正上方	大齿轮箱齿面观察孔	小齿轮箱体轴承正上方	大齿轮箱油位观察孔
1	0~100	$9.297\,93 \times 10^{-10}$	$9.478\,68 \times 10^{-9}$	$1.536\,13 \times 10^{-12}$	$2.909\,33 \times 10^{-11}$
2	100	$1.580\,17 \times 10^{-9}$	$1.245\,26 \times 10^{-8}$	$6.249\,86 \times 10^{-13}$	$3.913\,14 \times 10^{-14}$
3	100~200	$3.431\,32 \times 10^{-10}$	$3.703\,09 \times 10^{-9}$	$6.186\,46 \times 10^{-14}$	$1.407\,46 \times 10^{-14}$
4	200	$3.961\,67 \times 10^{-11}$	$2.393\,83 \times 10^{-10}$	$6.213\,87 \times 10^{-16}$	$7.516\,97 \times 10^{-15}$
5	200~250	$6.980\,80 \times 10^{-10}$	$2.768\,53 \times 10^{-10}$	$1.304\,46 \times 10^{-15}$	$6.660\,72 \times 10^{-15}$
6	250	$1.076\,71 \times 10^{-10}$	$6.441\,76 \times 10^{-10}$	$4.687\,00 \times 10^{-15}$	$9.243\,74 \times 10^{-15}$
7	250~300	$7.290\,01 \times 10^{-11}$	$4.729\,51 \times 10^{-10}$	$1.299\,09 \times 10^{-14}$	$6.092\,97 \times 10^{-15}$
8	300	$9.411\,54 \times 10^{-11}$	$5.832\,05 \times 10^{-10}$	$5.214\,32 \times 10^{-14}$	$1.109\,50 \times 10^{-14}$
9	300~0	$7.499\,32 \times 10^{-10}$	$9.372\,44 \times 10^{-9}$	$9.883\,66 \times 10^{-13}$	$8.981\,15 \times 10^{-14}$

根据表 4-27、表 4-28 和表 4-29 中的数据生成如图 4-24 所示的齿轮箱箱体 4 个测点在不同垂向载荷工况下的动应力累计损伤演化规律：在 1 至 2、2 至 3 及 8 至 9 这三个速度等级段之间，各测点的动应力累计损伤波较大，这是由于试验台在 1 至 2、2 至 3 的速度等级下存在共振现象。在 8 至 9 的速度等级是快速降速阶段，箱体振动剧烈；在 3 至 8 的速度等级中各测点的动应力累计损伤波动很小，有的甚至几乎没有变化，即在相同的速度工况下，垂向载荷对动应力的累计损伤影响甚微。

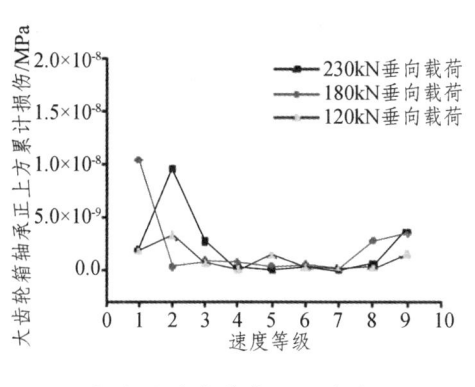

（a）大齿轮箱轴承正上方

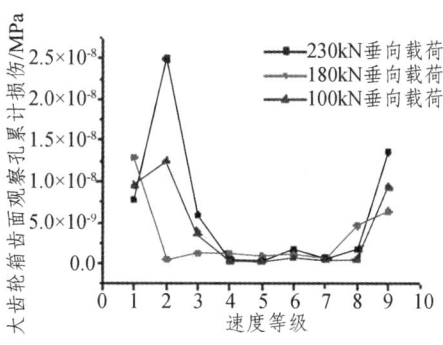

（b）大齿轮箱齿面观察孔

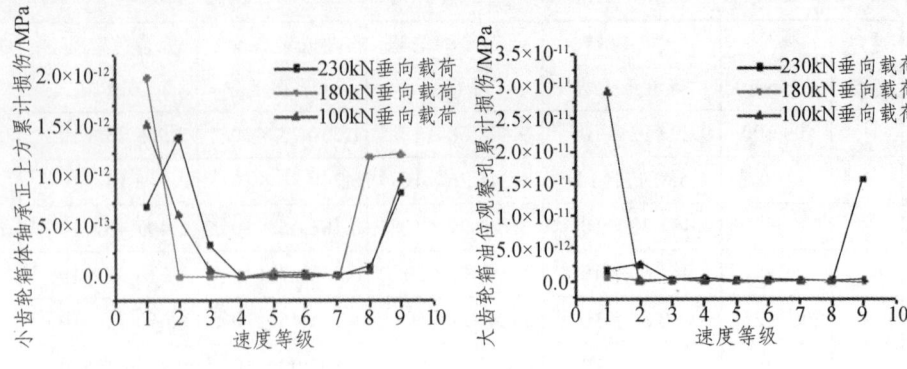

（c）小齿轮箱轴承正上方　　　　　（d）大齿轮箱油位观察孔

图 4-24　齿轮箱箱体在不同垂向载荷工况下的动应力累计损伤演化

尽管大齿轮箱轴承正上方应变片的应变系数为其他 3 个位置的 3 倍，但由于其测量位置为钢材，其疲劳极限值远高于铝合金材料，所以齿轮箱轴承端盖正上方的损伤并没有大齿轮箱齿面观察孔严重。动应力损伤最大值出现在大齿轮箱齿面观察孔，最大值为 2.49293×10^{-8} MPa，这可能是 B 型齿轮箱箱体出现裂纹的原因之一，而损伤最小的是小齿轮箱体轴承正上方，最大值仅为 2.0171×10^{-12} MPa。

4.4　本章小结

本章主要通过小滚轮高频激励试验台对齿轮箱箱体的振动加速度及疲劳损伤进行研究，较详细地介绍了试验台的结构及其工作原理，对试验方案中的齿轮箱箱体测试位置、传感器和应变片类型、采样频率、试验速度等级及载荷工况等做了详细的说明。

基于滚轮阶数为 13 阶，径跳量幅值为 0.05 mm，在不同的垂向载荷及转向架轮对速度等级工况下，分析齿轮箱箱体 4 个测点位置在垂、横向的加速度均方根值的演化规律：发现在 100 kN 载荷工况下，当速度在 200 km/h 时，4 个测点的垂、横向加速度均方根都比较小；当速度为 300 km/h 时，4 个测点的垂、横向加速度均方根均达到最大值；在 180 kN

和 230 kN 载荷作用下，当轮对运行速度为 250 km/h 时，各测点的垂、横向振动加速度均方根值达到最大值。所以，垂向载荷和速度等级对齿轮箱箱体的加速度影响比较大。

通过对齿轮箱箱体试验振动加速度时域数据作时频谱特性分析，发现 B 型齿轮箱箱体存在 573 Hz 的主频共振现象，这与线路试验中 B 型齿轮箱箱体存在 580 Hz 左右局部共振的结论是非常接近的，即在小滚轮高频激励试验台中再现了线路试验结果。

本章最后基于小滚轮高频激励试验台，对动力转向架上的齿轮箱箱体的 4 个位置布置纵向应变片，重点研究在 20 阶车轮多边形轮轨激扰下，齿轮箱箱体在 100 kN、180 kN 和 230 kN 垂向载荷及不同速度等级工况下的应变时域特性，将该特性转化为动应力时域特性，通过雨流计数法及线性 Miner 法则，计算齿轮箱箱体各测点的累计损伤，分析了在试验工况下动应力对齿轮箱箱体的累计损伤。

第5章 高速动车组齿轮箱箱体振动特性仿真分析

服役线路和台架试验都能较真实地反映高速动车组齿轮箱箱体的振动特性，但却要为此付出高额的人力、物力及试验费用。而对于考虑不同车轮多边形阶次、多边形幅值、车轮轮径差等特殊工况，开展齿轮箱箱体的振动特性研究就显得比较困难。本章基于有限元 ANSYS 软件结合多体动力学 SIMPACK 软件，依据刚柔耦合动力学建模基本理论，建立以齿轮箱箱体和轮对为柔性体、轨下基础为弹性体、其他部件为刚性体的动车组刚柔耦合动力学模型，研究某型高速动车组运行于直线轨道、曲线轨道上时齿轮箱箱体的振动特性。

5.1 高速动车组动力学模型建立

5.1.1 刚柔耦合动力学建模基本理论

刚柔耦合动力学模型可以描述车辆系统的动态特征，通过有限元 ANSYS 软件可分析齿轮箱箱体和轮对的模态特性信息，结合多体动力学 SIMPACK 软件建立较为完整的以齿轮箱箱体和轮对为柔性体、轨下基础为弹性体、其他部件为刚性体的动车组刚柔耦合动力学模型。

多体系统的建模常基于绝对坐标系和相对坐标系来分析。多体动力学 SIMPACK 软件采用相对坐标系的递归算法，相对于绝对坐标系有一定的优势。弹性体任意一点的运动位移可以描述为弹性体的微小变形与物体整体运动的叠加，如图 5-1 所示，O 点表示运动绝对坐标系，Q 点表示弹性体变形的相对坐标系，P 点表示相对参考坐标系，t 为时间变量，$R_Q(t)$ 表示刚体在绝对坐标系的位移，$R_p(c,t)$ 表示 P 点在绝对坐标系的位移，$U(c,t)$ 表示 P 点相对体参考坐标系的位移，$d(t)$ 表示 P 点在体参考坐标系下的位移，$A(t)$ 表示转换矩阵，c 为弹性体参考坐标系到弹性体未变形时的节点位置矢量[129]。

$$R_p(c,t) = A(t)[R_Q(t) + c + U(c,t)] \quad (5\text{-}1)$$

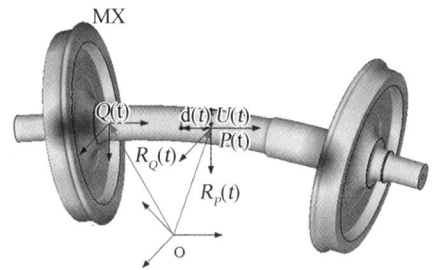

图 5-1 弹性体动力学示意图

在 SIMPACK 中，弹性体的变形由 Rayleigh-Ritz 法获得，弹性变形位移矢量 $U(c,t)$ 由模态振型函数 $U_j(c)$ 与时间函数 $q_j(t)$ 的模态坐标线性组合近似代替弹性变形位移来描述[130]：

$$U(c,t) = \sum_{j=1}^{n_q} U_j(c) q_j(t) \quad (5\text{-}2)$$

利用 Rayleigh-Ritz 法对弹性体位移进行处理，将弹性体无限个自由度转换为有限个自由度，应变表达式为：

$$\varepsilon(c,t) = D_{\varepsilon u} U(c,t) \quad (5\text{-}3)$$

根据胡克定律可以得到弹性体内的任意一点的应力：

$$\sigma(c,t) = H\varepsilon(c,t) \quad (5\text{-}4)$$

式中，$D_{\varepsilon u}$ 表示偏微分算子所形成的矩阵；H 表示胡克矩阵。

将式（5-1）至式（5-4）和式（5-1）关于时间的一阶导数和二阶导数代入基于虚功原理的多体系统中弹性体运动方程中，可得：

$$\int_V \delta r^\mathrm{T} \rho \ddot{r} \mathrm{d}V + \int_V \delta \varepsilon^\mathrm{T} \sigma \mathrm{d}V = \int_S \delta r^\mathrm{T} p \mathrm{d}S \quad (5\text{-}5)$$

式中，左边第一项表示质量点惯性力的虚功，第二项表示约束力的虚功。

把从方程（5-5）中得到的与时间相关的变量代入式（5-6）：

$$\begin{pmatrix} mI & \tilde{d}_{CM} & C_t \\ \tilde{d}_{CM} & J & C_r \\ C_t & C_r & M_e \end{pmatrix} \begin{Bmatrix} a \\ \dot{\omega} \\ \ddot{q} \end{Bmatrix} + \begin{Bmatrix} m\tilde{\omega}\tilde{\omega}d_{CM} + 2m\tilde{\omega}\dot{d}_{CM} \\ \tilde{\omega}I\tilde{\omega} + G_r\omega \\ O_e\Omega + G_e\omega \end{Bmatrix} + \begin{Bmatrix} 0 \\ 0 \\ K_e q \end{Bmatrix} = \begin{Bmatrix} \sum_k p_k \\ \sum_k \tilde{c}_k p_k \\ \sum_k U^T(c_k) p_k \end{Bmatrix}$$

（5-6）

式（5-6）中各矢量和矩阵所表示的物理意义见表 5-1，表中的矢量可通过线性有限元模型中的刚度矩阵和质量矩阵得到，具体的分析步骤请参照相关参考文献。

表 5-1 方程中物理量的符号及表征

物理量符号	物理量的表征
M_e	模态质量矩阵
K_e	弹性变形的模态刚度矩阵
C_t	移动变形项耦合矩阵
C_r	旋转变形项耦合矩阵
J	转动惯量
G_r	旋转产生的螺旋力矩阵
G_e	变形产生的螺旋力矩阵
O_e	变形产生的离心力矩阵
d_{CM}	相对于重心的变形点的位置
I	单位矩阵
Ω	$\Omega^T = \{\omega_x^2, \omega_y^2, \omega_z^2, \omega_x\omega_y, \omega_y\omega_z, \omega_x\omega_z\}$
$\tilde{\omega}$	$\tilde{\omega}r = r \times \omega$
a	绝对加速度
ω	角加速度
q	模态坐标

由于研究对象为轮轨激扰下齿轮箱箱体的振动特性，所以重点考虑轮轨振动传递到齿轮箱箱体的振动。因此，主要考虑轮对和齿轮箱箱体为柔性体，同时将轨下基础设置为弹性，基于刚柔耦合动力学基本原理，

运用多体动力学 SIMPACK 软件建立某型高速动车组的单车刚柔耦合动力学模型。

在建立某型高速动车组刚柔耦合动力学模型时，主要考虑轮对和齿轮箱箱体为柔性体，轮对模型模态频率范围为 77～1 708 Hz，前 30 阶振动模态（具体如表 5-2 所示），部分振型模态如图 5-2 所示。齿轮箱箱体模型模态在 5.1.3 节的模型验证中详细说明。

表 5-2　轮对模态固有频率　　　　　　单位：Hz

阶次	频率	阶次	频率	阶次	频率
1	76.91	11	388.01	21	1 027.50
2	91.70	12	388.03	22	1 027.50
3	91.70	13	388.03	23	1 229.20
4	151.54	14	609.41	24	1 229.20
5	151.54	15	609.41	25	1 238.20
6	242.65	16	928.33	26	1 580.10
7	292.02	17	928.33	27	1 580.10
8	292.02	18	1 001.40	28	1 657.40
9	360.24	19	1 027.30	29	1 707.50
10	388.01	20	1 027.30	30	1 707.50

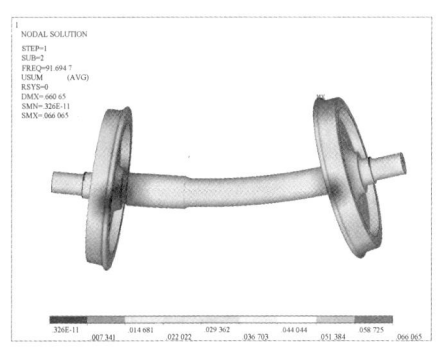 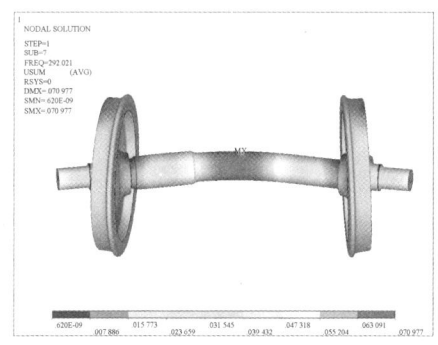

　　　（a）2 阶 92 Hz　　　　　　　　（b）7 阶 292 Hz

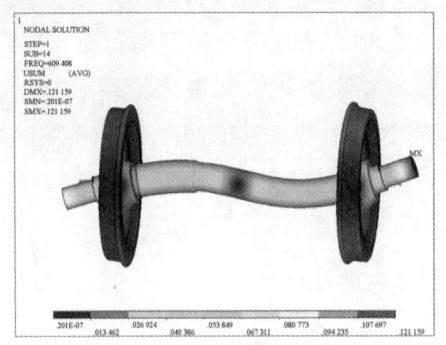
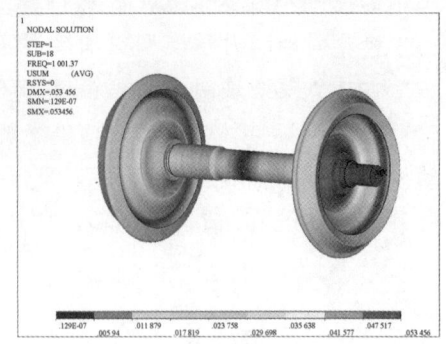

(c) 14 阶 609 Hz   (d) 18 阶 1 001 Hz

图 5-2 轮对体模态振型图

在 ANSYS 程序中，将轮对和齿轮箱箱体模型分别作为一个超单元导入并进行模态分析，求解得到的模态数值只包含缩减自由度后的主自由度解。将轮对和齿轮箱箱体有限元模型中计算出的子结构文件和模态计算结果文件，通过 ANSYS 软件与 SIMPACK 软件的接口程序 FEMBS 生成弹性体输入文件（FBI），再通过选取合适的标志点及特征模态等相关信息，最终生成用于动力学仿真计算的弹性轮对和齿轮箱箱体标准输入文件（SID），整个高速动车组刚柔耦合动力学模型组装过程流程图如图 5-3 所示[131]。

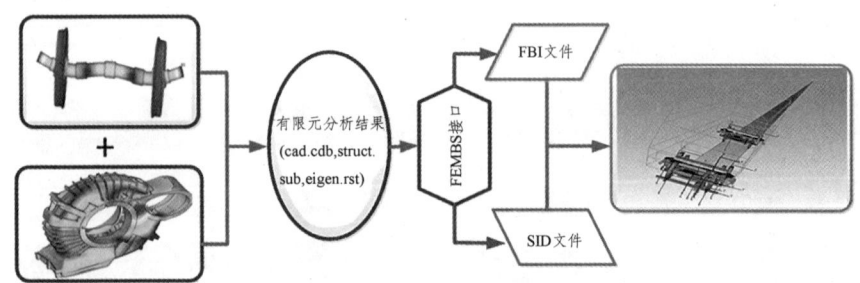

图 5-3 高速动车组刚柔耦合动力学模型组装流程图

由于研究对象是齿轮箱箱体的振动特性，所以重点考虑轮轨振动传递到齿轮箱箱体的振动。为了模拟动车组实际运营工况下的运行环境，在建立某型动车组刚柔耦合动力学模型过程中，将齿轮箱箱体及轮对建成柔性体，同时为了考虑轨下基础的弹性，建立弹性轨枕，使得某型动车组刚柔耦合动力学模型更加接近实际服役工况。整个某型动车组车辆系统动力学模型是由齿轮箱箱体和轮对为柔性体、轨枕为弹性体，1个车体、2个构架、8个转臂等总共11个刚体。其中车体、轮对和构架均取6个自由度，即纵向、横向、垂向、侧滚、摇头、点头；构架取6个自由度，即纵向、横向、垂向、侧滚、摇头、点头（其中轮对垂向和侧滚运动是非独立运动）；轴箱和齿轮箱箱体均为1个自由度，即点头；整个系统包含54个刚性和柔性自由度，如表5-3所示，某型动车组车辆刚柔耦合系统动力学模型如图5-4所示。

表5-3 某型动车组车辆刚柔耦合系统动力学模型自由度

	纵向	横向	垂向	侧滚	点头	摇头
齿轮箱箱体	—	—	—	—	$\Theta_{gb1\text{-}4}$	—
构架	$X_{b1\text{-}2}$	$Y_{b1\text{-}2}$	$Z_{b1\text{-}2}$	$\Phi_{b1\text{-}2}$	$\Theta_{b1\text{-}2}$	$\Psi_{b1\text{-}2}$
轮对	$X_{ws1\text{-}4}$	$Y_{ws1\text{-}4}$	$Z_{ws1\text{-}4}$	$\Phi_{ws1\text{-}4}$	$\Theta_{ws1\text{-}4}$	$\Psi_{ws1\text{-}4}$
轴箱	—	—	—	—	$\Theta_{a1\text{-}8}$	—
车体	X_{cb}	Y_{cb}	Z_{cb}	Φ_{cb}	Θ_{cb}	Ψ_{cb}

注：—表示没有自由度。

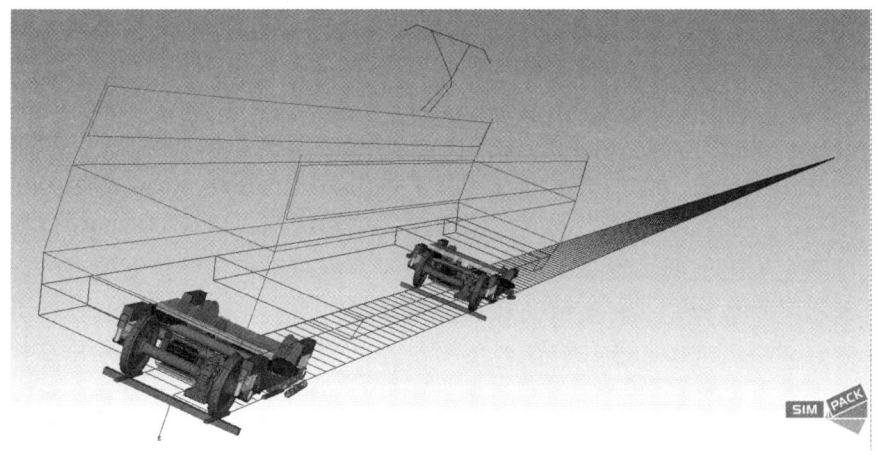

图5-4 某型动车组车辆刚柔耦合系统动力学模型图

5.1.2 齿轮箱箱体振动测点布置

为了通过模拟得到不同工况下高速动车组齿轮箱箱体的振动特性，在建立的高速动车组刚柔耦合动力学模型齿轮箱箱体上布置4个加速度传感器和4个应变传感器，这些传感器测点位置的设置与高频激振滚动轮台架试验的位置一样，共布置了4个测点位置。其中，测点1为小齿轮箱箱体轴承正上方，测点2为大齿轮箱齿面观察孔，测点3为大齿轮箱箱体轴承正上方，测点4为大齿轮箱油位观察孔，具体位置如图5-5标注所示。通过加速度传感器来获得齿轮箱箱体在各种模拟运营工况下的振动特性；通过应变传感器来获得齿轮箱在各种模拟运营工况下的动应力特性。

图5-5 传感器位置布置示意图

5.1.3 动力学模型验证

建立的高速动车组刚柔耦合动力学模型的可靠性需要与试验进行对比来验证。首先应对建立的刚柔耦合动力学模型的各组成部件的物理属性以及它们之间的物理关系进行试验验证。但由于组成该仿真模型的动力学相关参数都是在台架试验和线路试验过程中得到的，并在其他动力学仿真分析模型中得到较好的验证，这在一定程度上保证了其所用悬挂参数以及各部件物理属性参数的准确性和可靠性。因此，本书对此不再给予验证说明。本章的重点研究对象是某型动车组齿轮箱箱体振动特性，建立的仿真模型是以齿轮箱箱体和与其相配的轮对为柔性体，建立刚柔耦合模型，因此所用模型既要满足某型动车组的基本属性要求，又要对齿轮箱箱体的模态进行试验验证，只有这样才能尽最大可能保证仿真模型的可靠性，为此本节的主要验证内容为齿轮箱箱体结构的模态信息。通过模态分析可获得一个结构的固有频率和振型，而固有频率和振型是承载动态载荷结构设计中非常重要的参数。模态分析本质上是结构动力学中求解特征值的问题，特征值和特征向量就是模态分析中的固有频率和模态振型。然而高速动车组是一个异常复杂的组成系统，如果要保证所有组成部件以及它们之间的物理关系都是准确可靠的，那么就需要做大量的基础性分析工作且要浪费大量的资源和时间，而结构的模态特征直接影响到整个结构的动力学特性。基于该点的考虑，如果能保证齿轮箱箱体的模态特征与其试验的模态特征在误差允许范围内的一致性，如低于10%，那么齿轮箱箱体所反映的基本动力学特性就会比较准确可靠。

1. 齿轮箱箱体模态验证

为验证仿真分析模型的准确性，利用齿轮箱箱体自由模态试验与仿真分析进行对比。图 5-6 是齿轮箱箱体自由模态测试试验模型。

图 5-6 齿轮箱箱体自由模态试验模型

试验模态主要是依据 GB/T 11349.3—2006《振动与冲击机械导纳的试验确定 第 3 部分：冲击激励法》[132]进行。被测试对象为某型动车组转向架齿轮箱箱体。试验目的是通过模态试验得到某齿轮箱箱体固有振动特性和固有模态参数，确定齿轮箱箱体在各种激扰频率下的振动状态，用以评价齿轮箱动态设计性能，掌握齿轮结构的动态特性，同时验证齿轮箱箱体模型的准确性，为本书后面的仿真分析计算及研究提供试验依据。齿轮箱箱体模态试验测试采用冲击锤测量齿轮箱箱体的模态参数，试验系统原理框如图 5-7 所示。

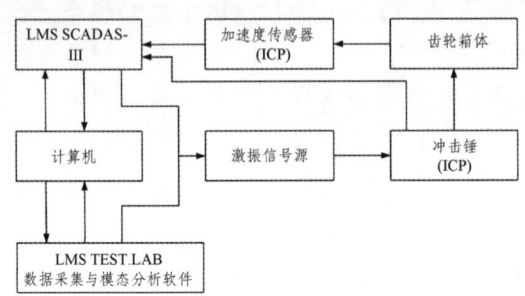

图 5-7　振动模态测试系统构成框图

本次试验模态在齿轮箱箱体上布置 72 个测点，主要布置在齿轮箱箱体的主框架上。模态试验测点具体的布置如图 5-8 所示，测点方向按齿轮箱箱体坐标系进行定义，每个测点均安装纵向（X 向）、横向（Y 向）、垂向（Z 向）3 个方向模态试验加速度传感器。基于该试验模态测试得出齿轮箱箱体的自由模态、振型和阻尼比。

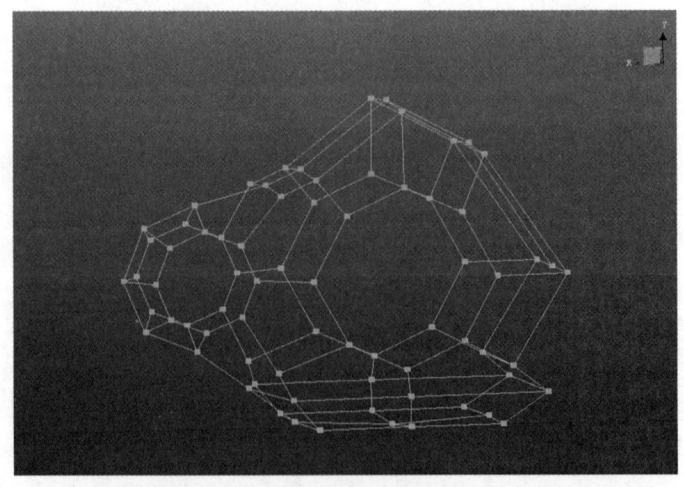

图 5-8　齿轮箱箱体振动模态试验测点布置图

在对齿轮箱箱体有限元模型进行模态分析时，要从整体的角度去研究齿轮箱箱体的动态特性。因此在进行模型的处理时，一些局部的细节必须省掉，否则会产生许多不真实的局部模态。同时在进行网格划分时，单元的边长也不宜太小。否则，一方面增大了模型的规模，影响求解的时间；另一方面，太小的网格不利于从整体的角度去把握结构的刚度，使求解出的模态频率偏低。图 5-9 是齿轮箱箱体自由模态有限元仿真分析模型，本次齿轮箱箱体有限元模型的网格划分采用四面体单元，单元基本尺寸为 8 mm 左右，单元数量为 454 173，节点数为 108 241。设置齿轮箱箱体材料属性如下：密度为 2 700 kg/m^3，弹性模量为 69 000 MPa，泊松比为 0.30。经过 ANSYS 软件计算齿轮箱箱体的自由模态和振型，为保证仿真分析模型与试验模型一致，仿真分析模型不施加任何约束。

图 5-9　齿轮箱箱体有限元模态仿真计算模型

经过试验模态测试和有限元模态仿真计算，得到试验模态固有频率、阻尼比、模态振型，以及有限元自由模态固有频率和模态振型，具体数据如表 5-4 所示。通过对表 5-4 中的仿真分析结果与试验数据进行对比分析表明：仿真计算固有频率与模态试验固有频率的值比较接近，最大误差在 6.2% 以内，这说明理论分析值和试验测试值比较一致，表明齿轮箱箱体的有限元模型可靠性较高，该理论模型能较好地反映齿轮箱箱体的振动固有特性。表中阻尼比在 0.26～0.35，它主要是受齿轮箱箱体结构的影响。

表 5-4 齿轮箱箱体模态频率与阻尼比

阶次	试验固有频率/Hz	仿真固有频率/Hz	数值误差/%	试验阻尼比/%
1	594	601	1.20	0.26
2	643	622	3.30	0.35
3	665	690	3.80	0.29
4	784	801	2.20	0.27
5	835	861	3.10	0.34
6	864	890	3.00	0.35
7	889	902	1.40	0.29
8	946	1 005	6.20	0.33

图 5-10～图 5-17 是自由模态仿真分析计算得到的前 8 阶模态振型与实验得到的前 8 阶模态振型，经过对比发现二者的模态频率和振型都具有较高的吻合性。

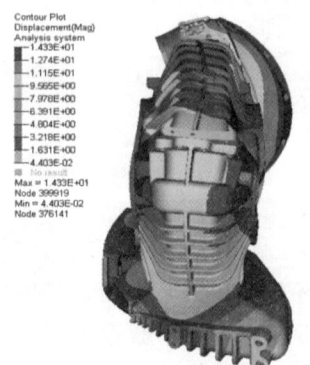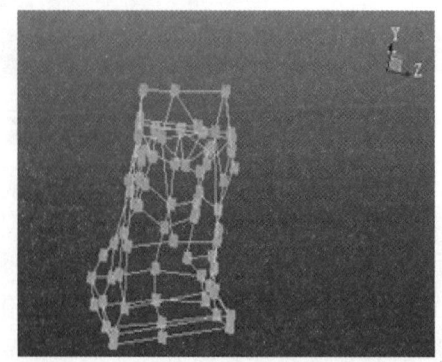

图 5-10 第 1 阶模态仿真与试验振型比较

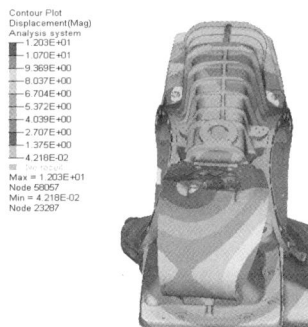 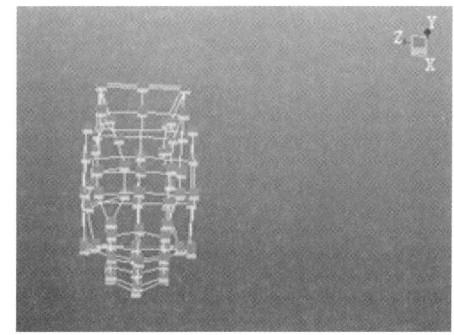

图 5-11　第 2 阶模态仿真与试验振型比较

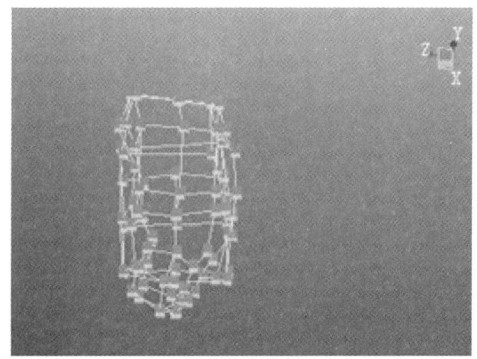

图 5-12　第 3 阶模态仿真与试验振型比较

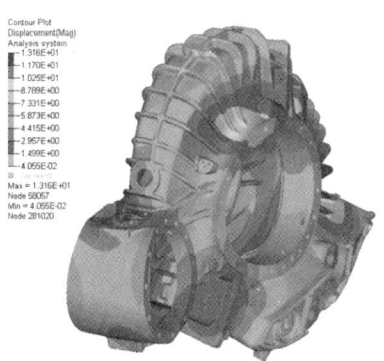 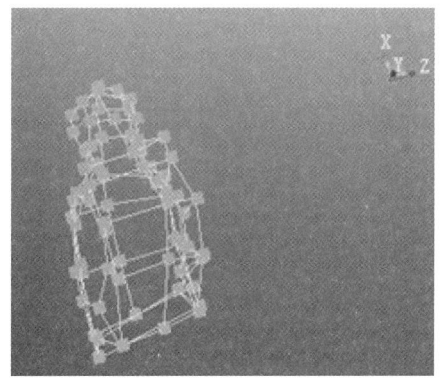

图 5-13　第 4 阶模态仿真与试验振型比较

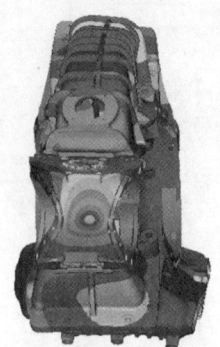 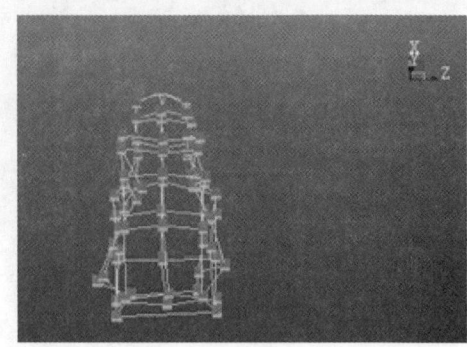

图 5-14　第 5 阶模态仿真与试验振型比较

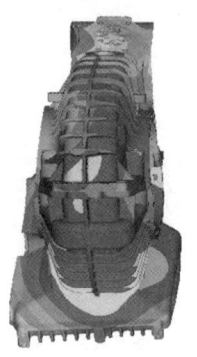 

图 5-15　第 6 阶模态仿真与试验振型比较

 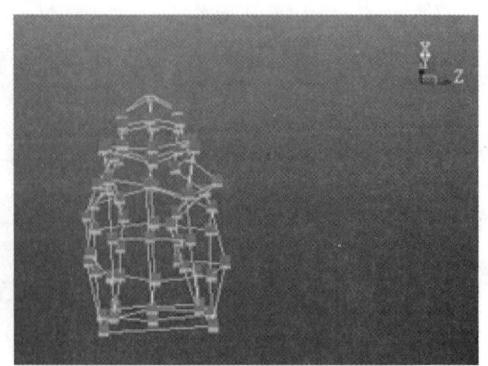

图 5-16　第 7 阶模态仿真与试验振型比较

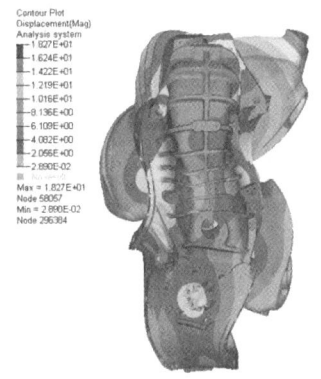 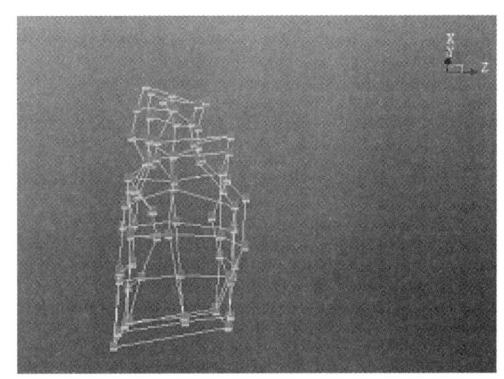

图 5-17　第 8 阶模态仿真与试验振型比较

2. 刚柔耦合模型验证

为了验证建立的刚柔耦合动力学模型的可靠性，通过动车组哈大线服役线路上所获得数据与 Simpack 建立的刚柔耦合动力学模型进行验证。选取动车组运行速度为 300 km/h 时在直线轨道工况下的试验数据与仿真数据进行比较。图 5-18 和图 5-20 所示为齿轮箱箱体垂向与横向加速度时域仿真结果与线路试验结果比较，可以看出齿轮箱箱体垂向与横向加速度的仿真结果均要稍低于线路试验结果，这主要是因为线路试验中存在钢轨波磨、不平顺等激扰因素，以及服役车辆的柔性体与仿真模型存在一定的差异，这样就造成仿真结果比线路试验结果要小。图 5-19 和图 5-21 中垂、横向加速度的仿真频域结果与线路试验的响应趋势是一致的，只是仿真幅值相对于线路试验要略小一些，这主要是由于加速度数值小。但从总体上看，刚柔耦合动力学模型仿真结果与线路试验有较好的响应一致性，所以仿真模型还是比较准确可靠。

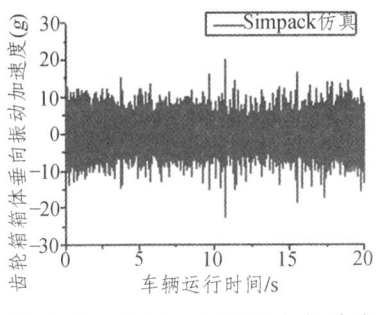 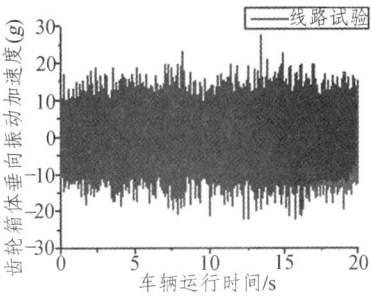

图 5-18　300 km/h 下垂向加速度时域仿真结果与线路试验结果比较

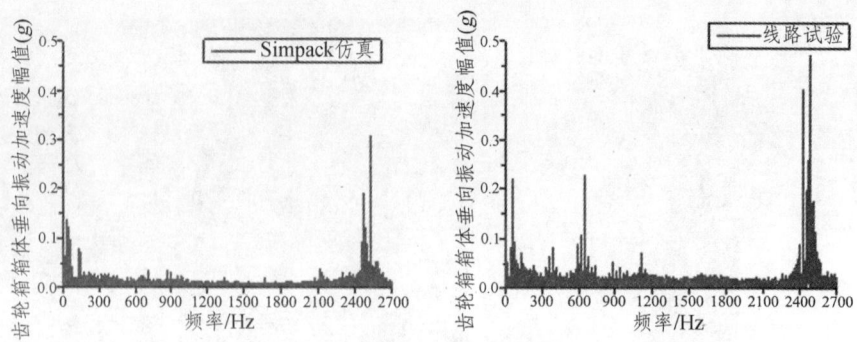

图 5-19　300 km/h 下垂向加速度频域仿真结果与线路试验结果比较

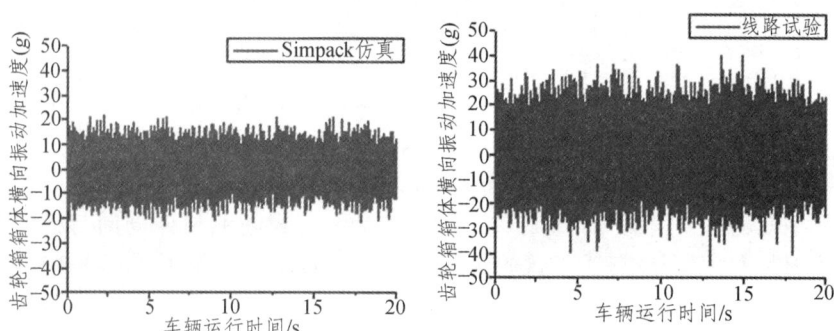

图 5-20　300 km/h 下横向加速度时域仿真结果与线路试验结果比较

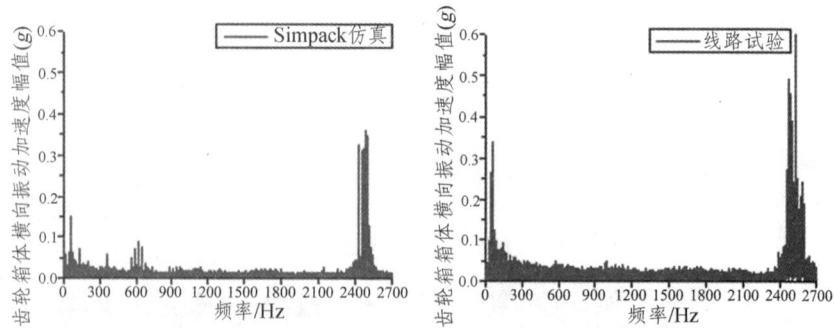

图 5-21　300 km/h 下横向加速度频域仿真结果与线路试验结果比较

接下来基于所建立的高速动车组刚柔耦合动力学模型，针对直线轨道及曲线轨道工况，分析车辆车轮多边形和轮径差幅值对齿轮箱箱体振动特性的影响规律。

5.2 直线轨道上振动特性影响分析

直线轨道在整个轨道线路中占有很高的比例,掌握齿轮箱箱体在直线轨道上的振动特性显得非常重要,所以本节主要针对车轮多边形的不同阶次、幅值及列车不同运行速度工况下进行直线轨道上齿轮箱箱体振动特性的仿真分析。

5.2.1 存在车轮多边形工况

车轮多边形阶数系指车轮周向 360°内车轮实际半径与车轮名义半径之差所形成的谐波周期数,用来表示车轮不圆顺沿圆周的分布情况。当只有某一阶占主导时,称为车轮"周期性不圆顺";若不能明显分辨出某阶多边形占主导时,则称为"非圆周性不圆顺",它由几种不同频率、角度和幅值的谐波叠加形成[133]。本书只讨论周期性多边形不圆顺情况。

车轮多边形的形成机理非常复杂,且普遍存在于普通铁路、地铁及高铁车轮,至今没有科学公认的解释说明。车轮多边形易引起轮轨间强烈的冲击振动,对运动稳定性、行车安全性及车辆轨道系统各个部件使用寿命有很大影响[134]。例如:车轮多边形会使轮轨垂向接触力增大,导致踏面、轨面、车辆组成部件中的齿轮箱箱体等部件因振动冲击造成疲劳损伤,减小使用寿命。邹航宇等[135]研究表明:20 阶多边形车轮容易引起齿轮箱箱体共振,导致加速度和动应力显著提高,且车轮多边形化对齿轮箱箱体的影响是局部的,其危险区域为油位观察孔附近和散热筋附近;齿轮箱箱体异常振动时易产生疲劳破坏,箱体的服役寿命随着多边形波深增大而显著降低。此外,高阶车轮多边形会引发轮轴高频振动,基于振动传递关系会影响到齿轮箱箱体振动特性,并造成齿轮箱箱体的损伤,影响高速列车运行的安全稳定性。刘韦等[136]研究表明:车轮多边形化会引起较大的轮轨垂向力,并与车轮多边形化的波深、相位差、谐波阶数及车速有密切关系,而将轮对考虑为弹性体将会更加准确地反映出车轮多边形化对轮轨力的影响,而轮轨力的大小势必影响齿轮箱箱体的振动特性。随着高速列车运行速度提高,车轮多边形化是车轮不圆顺磨耗全周化的主要形式,图 5-22 所示为我国某高速列车车轮多边形化示意图。

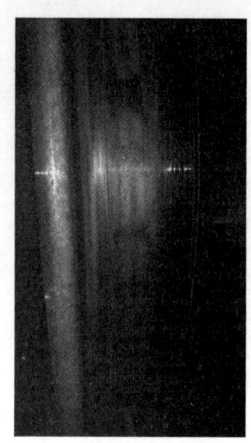

图 5-22 某高速列车车轮多边形化示意图

　　车轮多边形是高速列车上存在的一种很普遍的现象,其与轮轨激扰所产生的振动冲击会对齿轮箱箱体的振动特性产生很大的影响。为了掌握车轮多边形对齿轮箱的振动影响,根据牵引动力国家重点实验室线路试验对车轮不圆磨耗测试统计结果,选取占主导地位的 4 种车轮不圆多边形,利用刚柔耦合车辆系统动力学模型,仿真计算武广线上车轮不圆顺磨耗跟踪测试中多边形阶数中占主导的 1 阶、6 阶、11 阶和 20 阶 4 种车轮多边形下轮轨激励对齿轮箱箱体振动特性响应。图 5-23 所示为上述 4 种车轮滚动圆周期性多边形示意图,其中图(a)表示车轮滚动圆方向因加工或安装而导致的偏心,图(b)、(c)、(d)分别表示车轮滚动圆方向呈"6 边形""11 边形"和"20 边形",后 3 种主要是由变形和磨耗导致,但车轮径向减小的确切原因仍不明确,其形成和发展的机理也非常复杂[137]。本章节研究车轮多边形化对齿轮箱箱体振动特性的影响主要是考虑将车轮多边形作为轨道激励,车轮多边形化的仿真分析中假定车轮仅在圆周方向圆度发生改变,只考虑车轮周期性多边形的不圆顺,且同一轮对上的 2 个多边形车轮不存在幅值和相位的差异。本章基于上述 4 种多边形及不同轮径差幅值工况下,开展齿轮箱箱体振动特性模拟仿真研究。

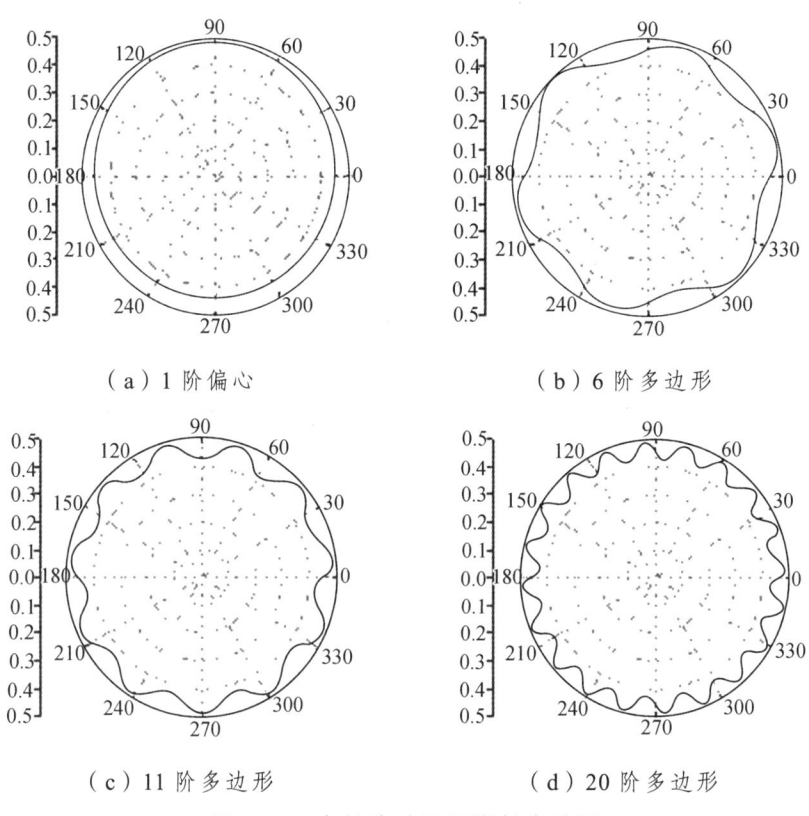

图 5-23 车轮滚动圆周期性多边形

5.2.2 振动加速度的影响因素

以幅值为 0.2 mm 的 20 阶多边形为例,在列车运行速度为 100 km/h、200 km/h、250 km/h、300 km/h 和 350 km/h 条件下,对比分析直线轨道上理想车轮工况和幅值为 0.2 mm 的 20 阶车轮多边形激励下轴箱、轮轴(与齿轮箱连接处)、小齿轮箱箱体轴承正上方、大齿轮箱箱体轴承正上方、大齿轮箱油位观察孔和大齿轮箱齿面观察孔这 6 个测点的振动响应。从图 5-24 可以看出,这 6 个测点在理想车轮工况下的纵向加速度均方根值随速度的增加而小幅增加;对于幅值为 0.2 mm 的 20 阶车轮多边形,在 100~200 km/h 速度范围内,纵向加速度均方根值呈小幅增长趋势,当速度超过 200 km/h 后,各测点纵向加速度均方根值随速度上升而显著增加；当速度为 350 km/h 时，轴箱加速度均方根值在所有的测点中是最小的，约为 160 m/s²，而大齿轮箱齿面观察孔的加速度均方根值是最大的，约为 600 m/s²，二者接近 4 倍关系。

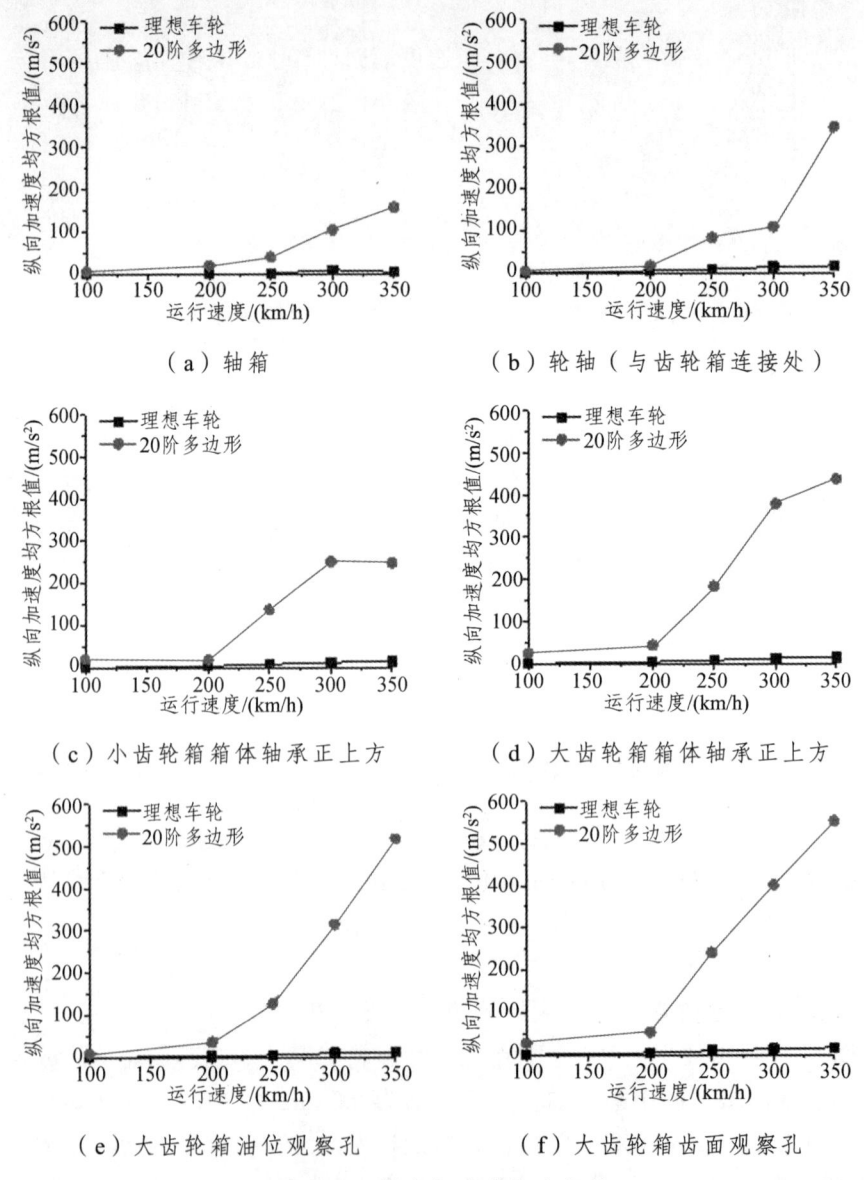

图 5-24 纵向加速度均方根值

分析图 5-25 可知，在理想车轮工况下 6 个测点的横向加速度均方根值随着速度的增加而小幅增加；对于幅值为 0.2 mm 的 20 阶车轮多边形，横向加速度均方根值在 100～200 km/h 速度范围内缓慢增加；对于轴箱和轮轴（与齿轮箱连接处）两测点，在 200～250 km/h 速度范围内其加速度均方根值几乎不变，当速度超过 250 km/h 后，加速度均方根值显著增加；对于齿轮箱箱体 4 个测点，在 200～250 km/h 速度范围内其加速度均方根值均显著增加，当速度超过 250 km/h 后，其值随速度增加反而减小。从图中可以发现，当速度为 250 km/h 时，齿轮箱箱体 4 个测点的加速度均方根值均达到最大，其中大齿轮箱齿面观察孔的值约为 370 m/s²。

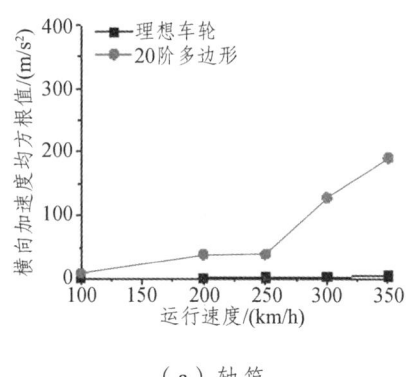

(a) 轴箱

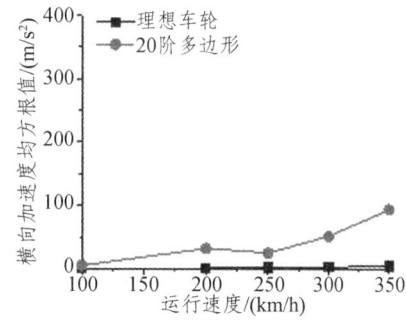

(b) 轮轴（与齿轮箱连接处）

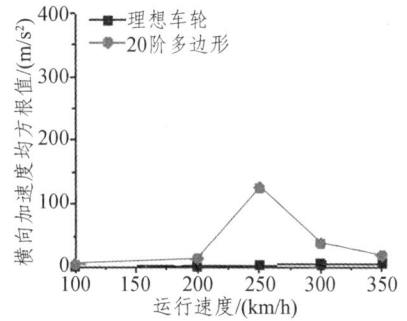

(c) 小齿轮箱箱体轴承正上方

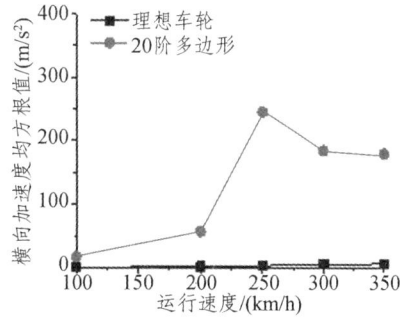

(d) 大齿轮箱箱体轴承正上方

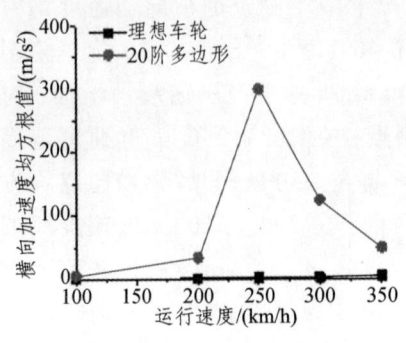

（e）大齿轮箱油位观察孔

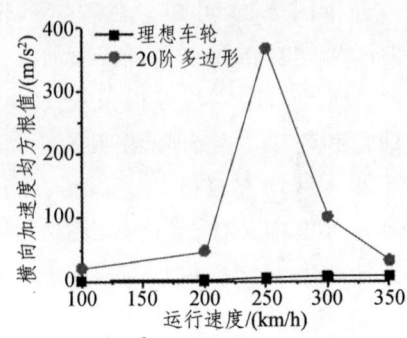

（f）大齿轮箱齿面观察孔

图 5-25　横向加速度均方根值

分析图 5-26 可知，在理想车轮工况下 6 个测点的垂向加速度均方根值随着速度的增加而微幅增加；对于幅值为 0.2 mm 的 20 阶车轮多边形，在 100～350 km/h 速度范围内，轴箱垂向加速度呈现先增加后减小的趋势，其值在 300 km/h 速度时达到最大；当速度从 100 km/h 增加到 200 km/h 时轮轴（与齿轮箱连接处）垂向加速度均方根值稍有减小，但速度超过 200 km/h 后，其值急剧增大；在 100～200 km/h 速度范围内，齿轮箱箱体 4 个测点垂向加速度均方根值几乎保持不变，当速度超过 200 km/h 后，小齿轮箱箱体轴承正上方的加速度均方根值先增加后减小；齿轮箱箱体其余 3 个测点的垂向加速度均方根值与速度增加的变化趋势相同：即当在 200～250 km/h 速度范围内，其值呈显著增加趋势，当速度从 250 km/h 增加到 300 km/h 时出现减小趋势，当速度从 300 km/h 增加到 350 km/h

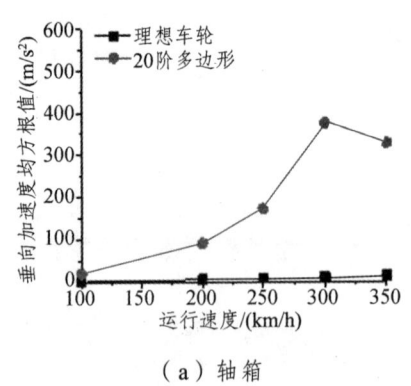

（a）轴箱

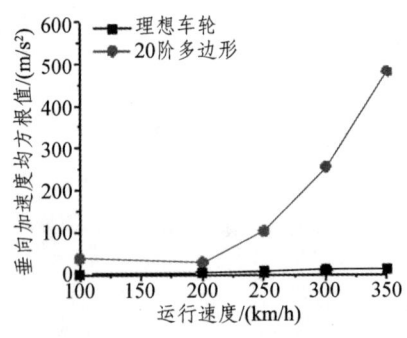

（b）轮轴（与齿轮箱连接处）

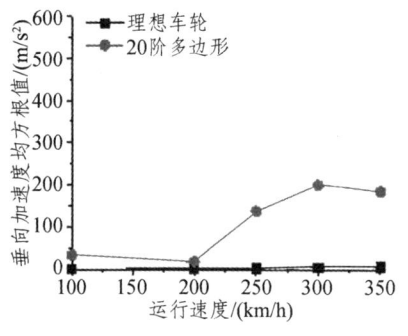

（c）小齿轮箱箱体轴承正上方

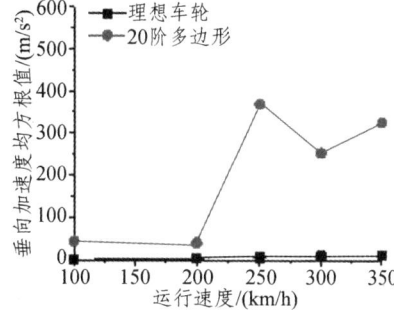

（d）大齿轮箱箱体轴承正上方

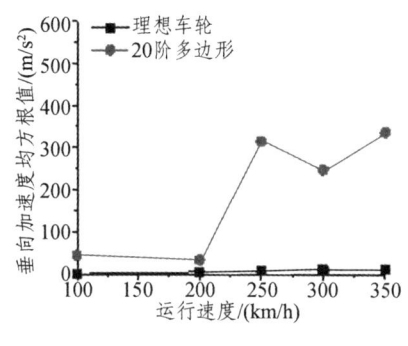

（e）大齿轮箱油位观察孔

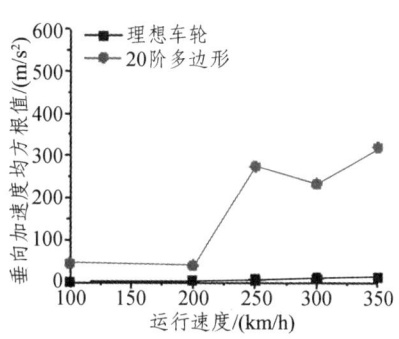

（f）大齿轮箱齿面观察孔

图 5-26 垂向加速度均方根值

时再次出现增加趋势，所以在速度为 250 km/h 时这 3 个测点的垂向加速度均方根均达到最大，其中大齿轮箱箱体轴承正上方的值为最大，约为 370 m/s^2。

基于上述分析可得：在理想车轮工况下 6 个测点的纵、横、垂三向加速度均方根值随着速度的增加而微幅增加，对它们的加速度几乎没有影响。在直线轨道上当车轮出现 0.2 mm 的 20 阶车轮多边形后，6 个测点的加速度均方根值的响应则随速度变化影响比较显著。当速度在 100～200 km/h 时，各点的纵、横、垂三向加速度都小幅增加或几乎不变；当速度超过 200 km/h 后，各点的纵、横、垂三向加速度开始显著性增加，说明幅值为 0.2 mm 的 20 阶车轮多边形轮轨激扰对高速列车的轴箱、轮轴（与齿轮箱连接处）及齿轮箱箱体的加速度均方根值影响非常显著。

5.2.3 动应力影响因素

图 5-27 表明 4 个测点在理想车轮工况下的等效应力最大值和均方根值几乎不受速度变化的影响。在 100~200 km/h 速度范围内，幅值为 0.2 mm 的 20 阶车轮多边形等效应力最大值和均方根值呈小幅增加；当速度从 200 km/h 增加到 250 km/h 时，各测点等效应力的最大值和均方根值都显著增加；当速度从 250 km/h 增加到 300 km/h 时出现较明显的减小趋势；当速度从 300 km/h 增加到 350 km/h 时再次出现增加趋势。小齿轮箱箱体轴承正上方和大齿轮箱齿面观察孔的最大应力均出现在速度为 250 km/h 时，大齿轮箱油位观察孔的最大应力均出现在速度为 350 km/h 时。

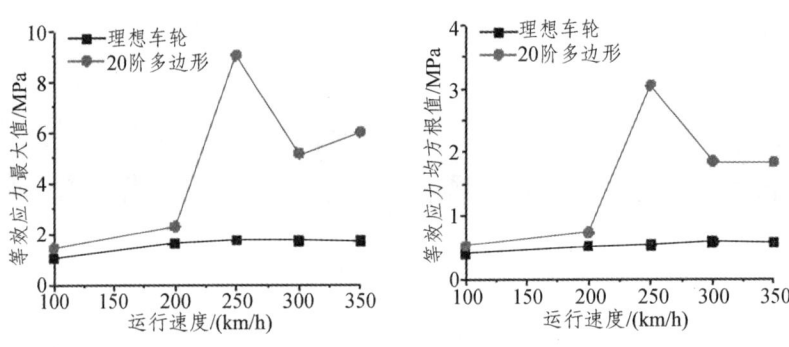

（a）小齿轮箱箱体轴承正上方

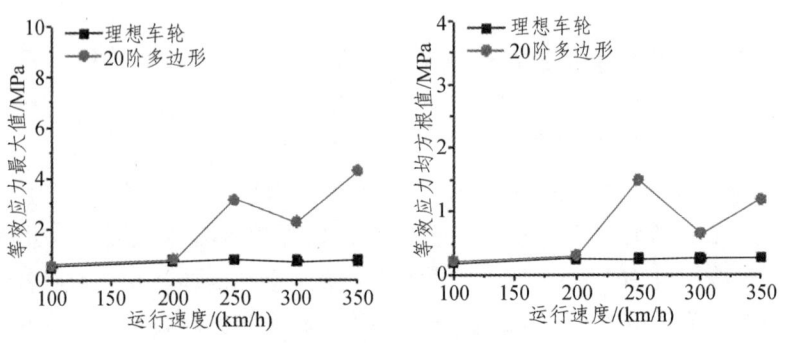

（b）大齿轮箱箱体轴承正上方

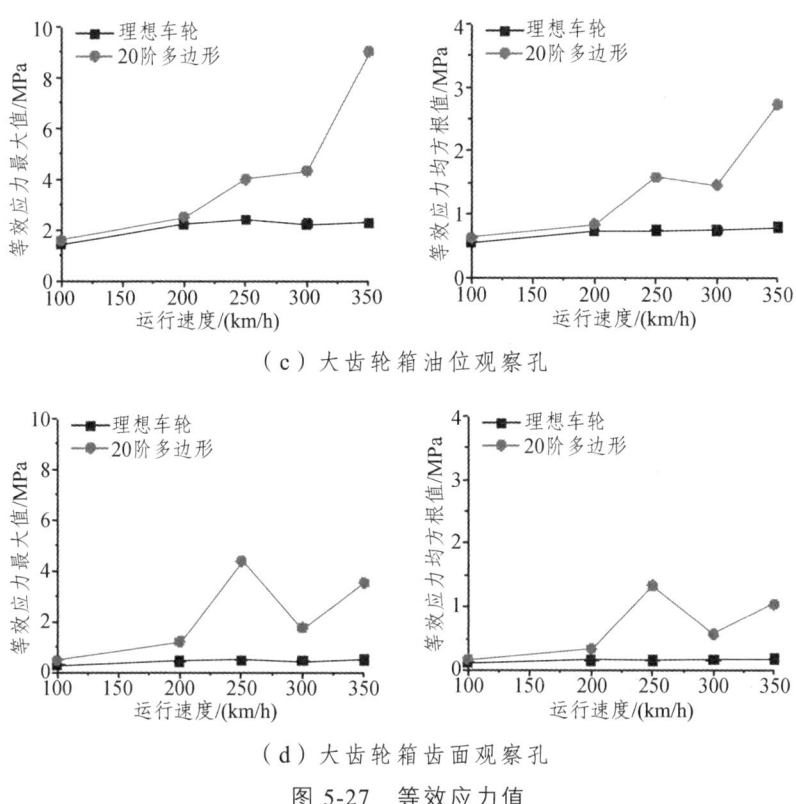

(c) 大齿轮箱油位观察孔

(d) 大齿轮箱齿面观察孔

图 5-27 等效应力值

5.2.4 振动传递分析

以幅值为 0.2 mm 的 20 阶多边形为例，仿真分析列车在 100 km/h、200 km/h、250 km/h、300 km/h 和 350 km/h 这 5 种速度等级下的加速度振动传递特性，仿真中考虑了轨道不平顺的作用，施加的轨道激励为武广谱。分析的振动传递路径为：轴箱→轮轴（与齿轮箱连接处）→齿轮箱箱体。分析图 5-28 可知：图 5-28 中的图（a）和图（b）的变化趋势近乎一致。在 100～200 km/h 速度范围内，轴箱、轮轴及齿轮箱箱体各测点纵向加速度的最大值和均方根值影响甚微；当速度从 200 km/h 增加到 350 km/h 时，各测点的纵向加速度的最大值和均方根值都显著上升，且当速度为 350 km/h 时达到各自的最大值。其中，大齿轮箱齿面观察孔纵向加速度的最大值和均方根值均为各测点中的最大值，分别约为 1 500 m/s^2 和

550 m/s²，而轴箱纵向加速度的最大值和均方根值均为各测点中的最小值，分别约为 530 m/s² 和 160 m/s²。所以，纵向加速度数值中齿轮箱箱体的最大，轮轴（与齿轮箱连接处）的其次，轴箱的最小，即从轴箱→轮轴（与齿轮箱连接处）→齿轮箱箱体的纵向振动传递存在放大现象。

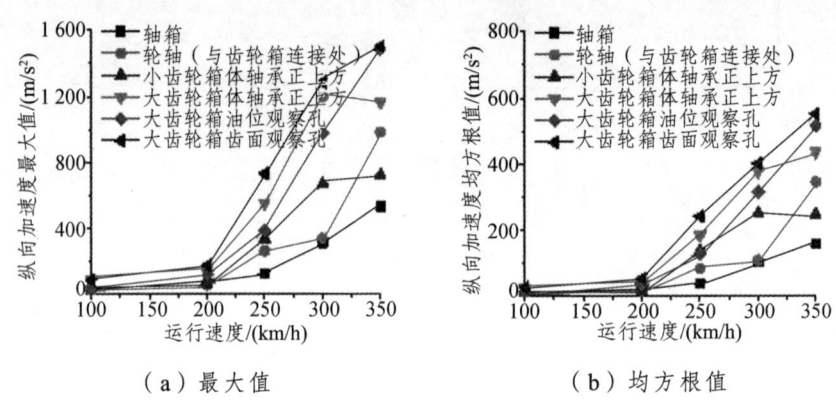

（a）最大值　　　　　　　（b）均方根值

图 5-28　纵向加速度均方根值

分析图 5-29 可知：图（a）和图（b）的响应趋势几乎一致。在 100～200 km/h 速度范围内，轴箱、轮轴（与齿轮箱连接处）及齿轮箱箱体各测点横向加速度最大值和均方根值几乎不变；当速度从 200 km/h 增加到 250 km/h 时，齿轮箱箱体各测点的横向加速度都急剧增大且高于轴箱及轮轴（与齿轮箱连接处）横向加速度，当速度达到 250 km/h 时，齿轮箱箱体各测点横向加速度的最大值和均方根值都达到最大值，其中大齿轮箱齿面观察孔的值为最大，分别约为 780 m/s² 和 370 m/s²，而轴箱及轮轴（与齿轮箱连接处）的横向加速度比较稳定；当速度从 250 km/h 增加到 350 km/h 时，齿轮箱箱体各测点的横向加速度都呈减小趋势，而轴箱和轮轴（与齿轮箱连接处）呈增加趋势，当速度达到 350 km/h 时，轴箱横向的最大值和均方根值都为各测点中的最大值，分别约为 570 m/s² 和 197 m/s²。小齿轮箱箱体轴承正上方横向的最大值和均方根值都为各测点中的最小值，分别约为 55 m/s² 和 8 m/s²，其他测点的值介于二者之间。所以当速度为 250 km/h 时，齿轮箱箱体的横向加速度值最大，轴箱其次，轮轴（与齿轮箱连接处）最小；当速度为 350 km/h 时，轴箱的横向加速度值最大，轮轴（与齿轮箱连接处）最小。

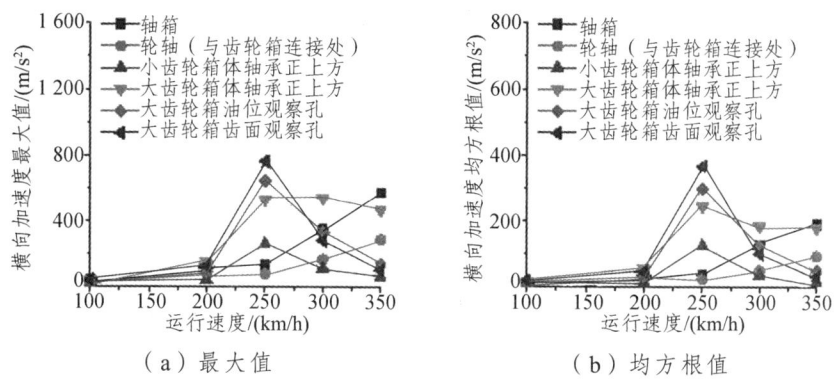

（a）最大值　　　　　　　　　（b）均方根值

图 5-29　横向加速度均方根值

分析图 5-30 可知：图（a）和图（b）的变化趋势近乎一致。在 100～300 km/h 速度范围内，轴箱垂向加速度随速度的升高而显著增大；在 100～200 km/h 速度范围内，轮轴和齿轮箱箱体各测点垂向加速度的最大值和均方根值几乎不变，当速度从 200 km/h 增加到 350 km/h 时，轮轴的垂向加速度几乎线性增加，并在速度为 350 km/h 时垂向加速度的最大值和均方根值都达到最大，分别约为 1 400 m/s² 和 500 m/s²，而小齿轮箱箱体轴承正上方测点的垂向加速度的最大值和均方根值均为最小，分别约为 610 m/s² 和 185 m/s²。所以当速度为 250 km/h 时，齿轮箱箱体的垂向加速度最大，轴箱次之，轮轴（与齿轮箱连接处）最小；当速度为 300 km/h 时，轮轴（与齿轮箱连接处）的垂向加速度最大，轴箱次之，小齿轮箱箱体轴承正上方最小。

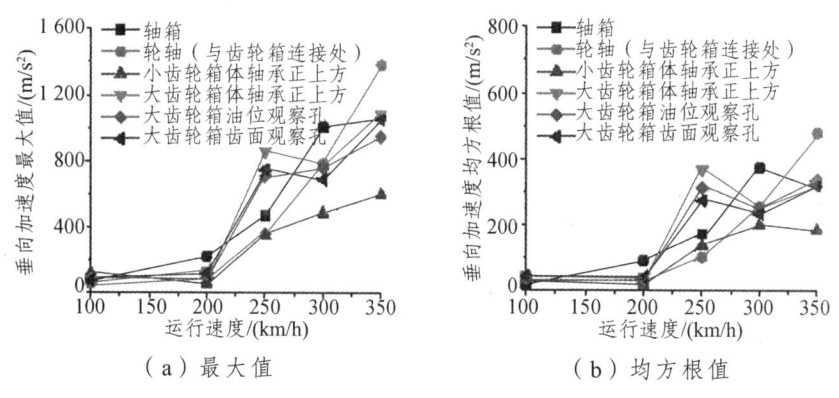

（a）最大值　　　　　　　　　（b）均方根值

图 5-30　垂向加速度均方根值

5.2.5 多边形幅值影响分析

以 20 阶多边形为例,考虑多边形幅值为 0.1 mm、0.2 mm 和 0.3 mm,速度为 100 km/h、200 km/h、250 km/h、300 km/h 和 350 km/h 工况下对齿轮箱箱体在纵向、横向和垂向加速度均方根值变化趋势。

分析图 5-31 可知:在相同运行工况下,幅值为 0.3 mm 的纵向加速度均方根值最大,0.2 mm 次之,0.1 mm 的最小。所以可以推断:幅值越大,齿轮箱箱体在纵向的振动越剧烈,所以应该严格控制多边形幅值的数值。

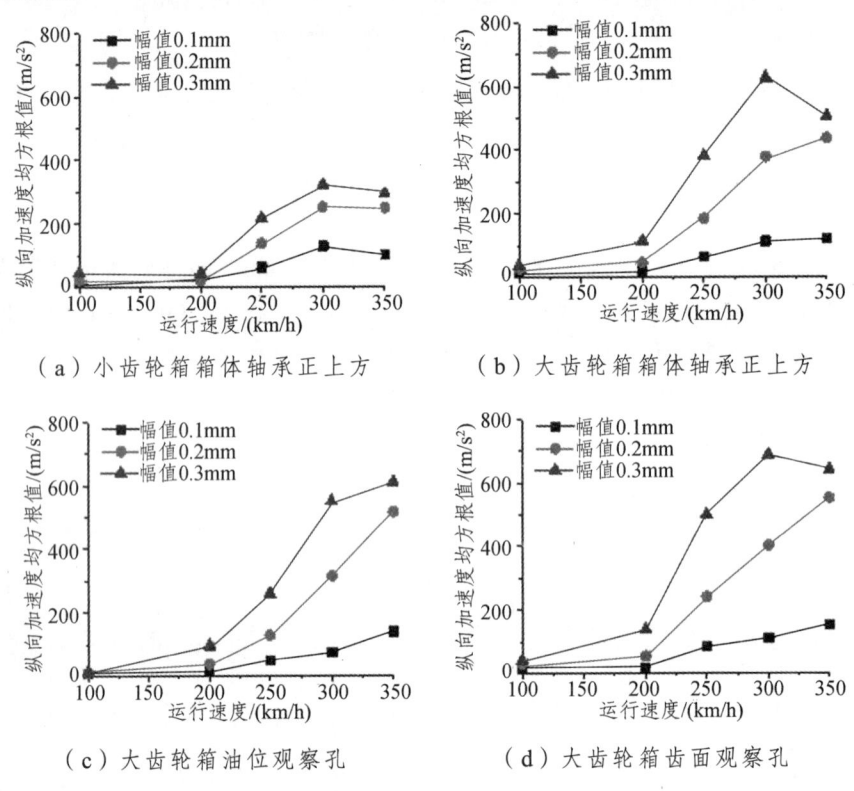

(a)小齿轮箱箱体轴承正上方　　　(b)大齿轮箱箱体轴承正上方

(c)大齿轮箱油位观察孔　　　(d)大齿轮箱齿面观察孔

图 5-31　纵向加速度均方根值

在 100~200 km/h 速度范围内,齿轮箱箱体 4 个测点位置在纵向的加速度均方根值随着幅值的增大呈小幅上升趋势。当速度从 200 km/h 增加到 300 km/h 时,齿轮箱箱体 4 个测点纵向加速度均方根值近似呈线性增加。

当速度从 300 km/h 增加到 350 km/h 时：幅值为 0.1 mm 时小齿轮箱箱体轴承正上方加速度均方根值略有减小，其他 3 个测点均小幅增大；幅值为 0.2 mm 时 4 个测点加速度均方根值都增大；幅值为 0.3 mm 时，大齿轮箱油位观察孔的加速度均方根值继续增大，其他 3 个测点的值都呈减小趋势。

分析图 5-32 可知，在 100～200 km/h 速度范围内，幅值为 0.1 mm 时小齿轮箱箱体轴承正上方测点横向加速度均方根值增幅高于幅值为 0.2 mm 和 0.3 mm 工况，其他 3 个测点横向加速度均方根值均小幅增加。在相同速度工况下，幅值为 0.3 mm 的横向加速度均方根值最大，0.2 mm 次之，0.1 mm 的最小。当速度从 200 km/h 增加到 250 km/h 时，除幅值为 0.1 mm 时小齿轮箱箱体轴承正上方横向加速度均方根值几乎不变外，其他工况测点值都呈显著增加。当速度从 250 km/h 增加到 350 km/h 时，

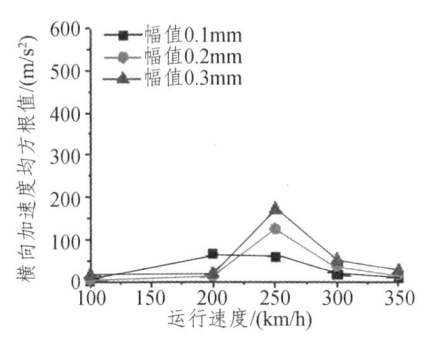

（a）小齿轮箱箱体轴承正上方

（b）大齿轮箱箱体轴承正上方

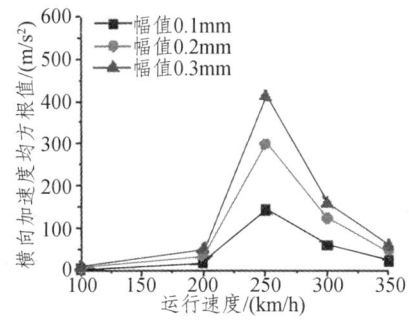

（c）大齿轮箱油位观察孔

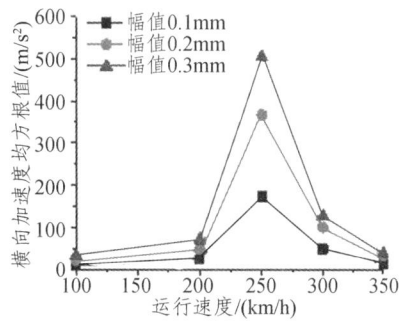

（d）大齿轮箱齿面观察孔

图 5-32　横向加速度均方根值

除幅值为 0.2 mm 和 0.3 mm 大齿轮箱箱体轴承正上方横向加速度均方根值在 300～350 km/h 速度范围内几乎不变外，4 个测点位置的横向加速度均方根值都显著减小。所以当速度达到 250 km/h 时，4 个测点横向加速度均方根值都达到最大值。所以基本可以推断：同等运行工况下，多边形幅值越大，齿轮箱箱体横向加速度越大。

分析图 5-33 可知：在相同运行工况下，幅值为 0.3 mm 的垂向加速度均方根值最大，0.2 mm 次之，0.1 mm 最小。所以可以推断：幅值越大，齿轮箱箱体在垂向的振动越剧烈。在 100～200 km/h 速度范围内，齿轮箱箱体 4 个测点垂向加速度均方根值随着幅值的增加呈小幅上升。

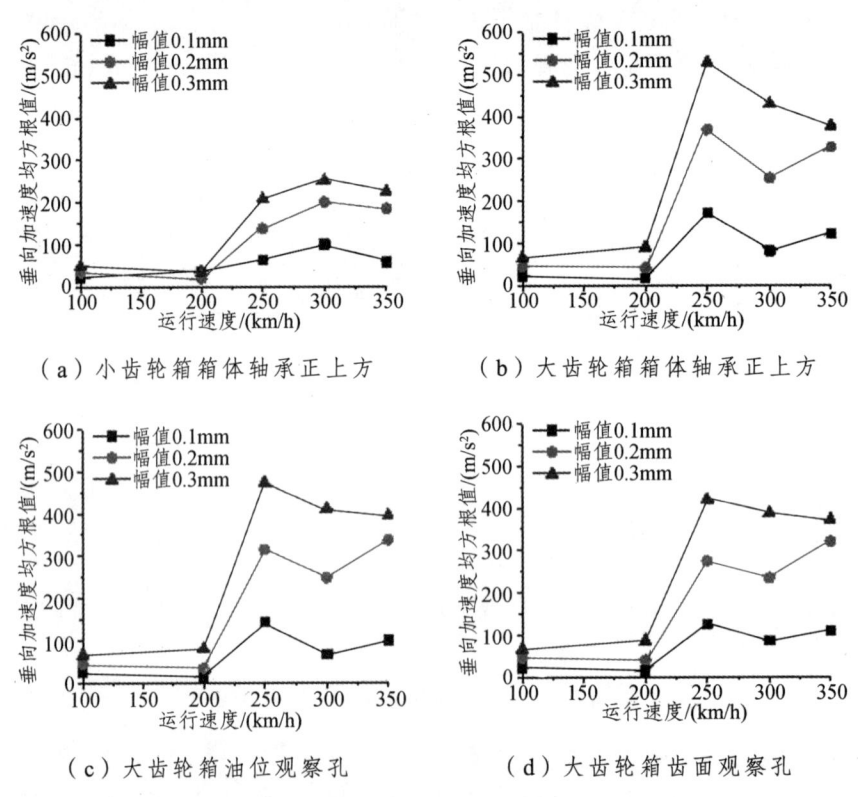

图 5-33 垂向加速度均方根

当幅值为 0.1 mm 和 0.2 mm 时，速度从 200 km/h 增加到 300 km/h 时，小齿轮箱箱体轴承正上方测点垂向加速度均方根值都呈上升趋势。

速度从 300 km/h 增加到 350 km/h 时，该点垂向加速度均方根值都呈下降趋势。而其他 3 个测点垂向加速度均方根值变化趋势为：速度从 200 km/h 增加到 250 km/h 时该值显著增加，速度从 250 km/h 增加到 300 km/h 时该值减小，速度从 300 km/h 增加到 350 km/h 时该值又呈小幅上升趋势。

当幅值为 0.3 mm 时：小齿轮箱箱体轴承正上方垂向加速度均方根值变化趋势与幅值 0.1 mm 和 0.2 mm 相同；其他 3 个测点垂向加速度均方根值变化趋势为：速度从 200 km/h 增加到 250 km/h 时，该值显著增加，速度从 250 km/h 增加到 350 km/h 时该值缓慢减小。所以也存在同等运行工况下，多边形幅值越大，齿轮箱箱体垂向加速度越大的现象。

分析图 5-34 可知：在相同运行工况下，幅值为 0.3 mm 的等效应力均方根值最大，0.2 mm 次之，0.1 mm 最小。所以，多边形幅值越大，齿轮箱箱体等效应力均方根值就越大，会加剧齿轮箱箱体的振动疲劳损伤。

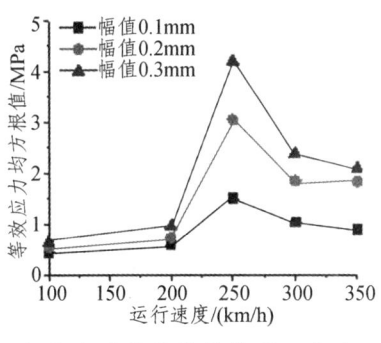

（a）小齿轮箱箱体轴承正上方

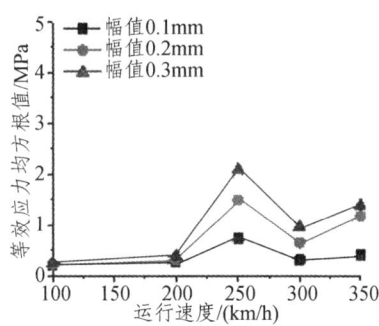

（b）大齿轮箱箱体轴承正上方

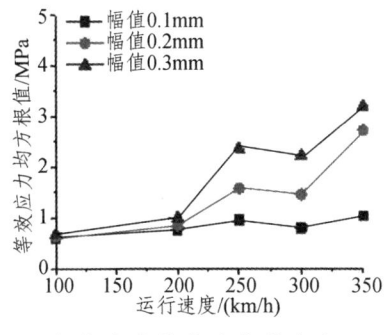

（c）大齿轮箱油位观察孔

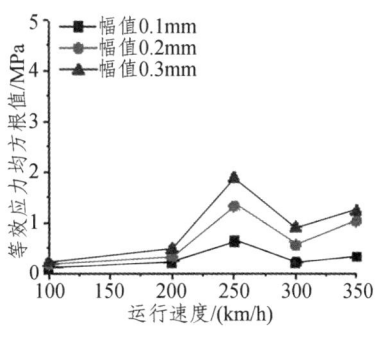

（d）大齿轮箱齿面观察孔

图 5-34　等效应力均方根值

当速度从 100 km/h 增加到 200 km/h 时，齿轮箱箱体 4 个测点等效应力均方根值随着速度增加而小幅增加。当速度从 200 km/h 增加到 250 km/h 时，4 个测点等效应力均方根值都显著增加；当速度从 250 km/h 增加到 300 km/h 时，除大齿轮箱油位观察孔等效应力均方根值稍微降低外，其他 3 个测点等效应力均方根值都显著减小；当速度从 300 km/h 增加到 350 km/h 时，小齿轮箱箱体轴承正上方测点位置的等效应力均方根值呈下降趋势，而其他 3 个测点等效应力均方根值都呈上升趋势。

基于上述分析可得：齿轮箱箱体的振动剧烈程度不仅受到车轮多边形幅值的影响，还受到列车运行速度的影响。当列车运行速度在 0～200 km/h 时，车轮多边形幅值对齿轮箱箱体的振动加速度影响相对较小，其原因是列车运行速度慢，轮轨激扰频率低且冲击力小；当速度超过 200 km/h 时，轮轨之间的冲击力显著增大，车轮多边形幅值越大，轮轨之间冲击力也越大。因此，轮轨高频激扰及大冲击力是导致齿轮箱箱体振动剧烈的主因。此外，列车速度为 250 km/h、车轮多边形阶次为 20 时，齿轮箱箱体垂、横向振动加速度均为最大，这可能是齿轮箱箱体在该速度工况下发生局部共振所致，这与滚轮试验台试验出现的现象类似。

综上分析可知：同等运行条件下，多边形幅值越大，齿轮箱箱体的加速度和等效应力均方根值均越大，所以多边形幅值的大小对齿轮箱箱体的振动有着很大的影响。

5.2.6　多边形阶次影响分析

下面以多边形幅值 0.3 mm 为例，分析线路实测结果中出现比例较高的 1、6、11 和 20 阶多边形对齿轮箱加速度变化规律，主要包括纵向、横向、垂向加速度均方根值及等效动应力 4 个方面。

分析图 5-35 可得：相同速度工况下，多边形阶次越高，纵向加速度均方根值也越大，而且当速度超过 200 km/h 时，20 阶多边形纵向加速度均方根值增加显著，其中最大值在大齿轮箱齿面观察孔，约为 700 m/s^2。

在 100～200 km/h 速度范围内，多边形阶次为 1、6 和 11 时齿轮箱箱体 4 个测点纵向加速度均方根值波动甚微，多边形阶次为 20 时纵向加速度均方根值随速度增加而小幅增大。当速度从 200 km/h 增加到 350 km/h

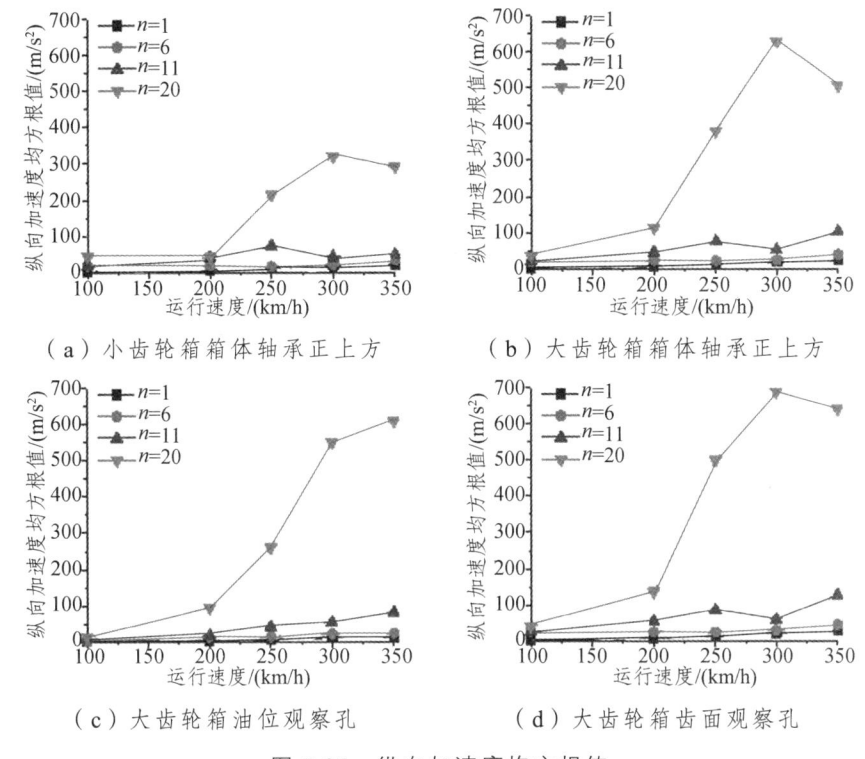

图 5-35 纵向加速度均方根值

时:多边形阶次为1和6时齿轮箱箱体4个测点纵向加速度均方根值几乎不变,11阶存在小幅增加和减小的波动现象;多边形阶次为20时大齿轮箱油位观察孔纵向加速度均方根值持续增加,其他3个测点位置变化趋势为:在速度从200 km/h增加到300 km/h时,纵向加速度均方根值持续增大,在速度从300 km/h增加到350 km/h时,该值呈现较明显的减小现象,即速度为300 km/h时,纵向加速度均方根值达到最大。

分析图5-36发现:在100~200 km/h速度范围内,多边形阶次为1、6和11时齿轮箱箱体4个测点横向加速度均方根值波动甚微,多边形阶次为20时横向加速度均方根值随速度升高而小幅增加。当速度从200 km/h增加到350 km/h时,当多边形阶次为1时,4个测点横向加速度均方根值几乎不变,而6阶和11阶次存在小幅增加和减小的波动。当多边形阶次为20时,4个测点横向加速度变化趋势为:当速度从200 km/h

增加到 250 km/h 时,横向加速度均方根值快速增加到最大值,而当速度从 250 km/h 增加到 350 km/h 时则快速减小,其中大齿轮箱油位观察孔和大齿轮箱齿面观察孔减小显著,在速度为 350 km/h 时横向加速度均方根值与速度为 100 km/h 的值接近。

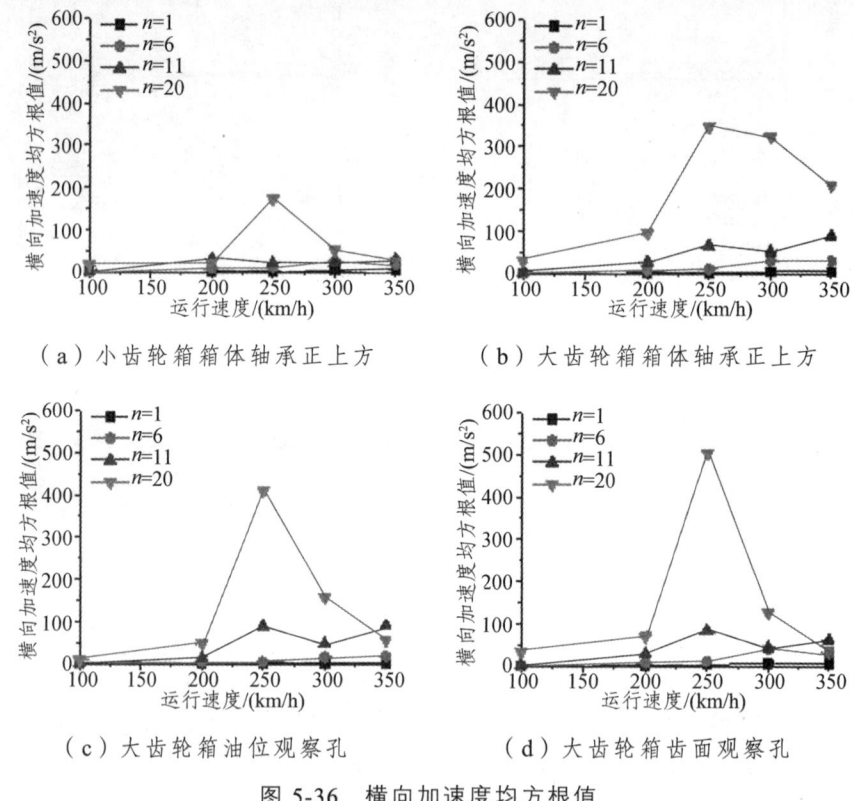

图 5-36 横向加速度均方根值

在 100~300 km/h 速度范围内,同等速度工况下,多边形阶次越高,横向加速度均方根值就越大,且在速度为 250 km/h 时达到最大值。

分析图 5-37 可得,齿轮箱箱体 4 个测点的垂向加速度均方根值的特性为:多边形阶次越高,垂向加速度均方根值也越大,而且多边形阶次为 20 的垂向加速度均方根值在速度超过 200 km/h 后开始快速增加,并在速度达到 250 km/h 时达到最大值,其中最大值出现在大齿轮箱齿面观察孔处,约为 550 m/s²。

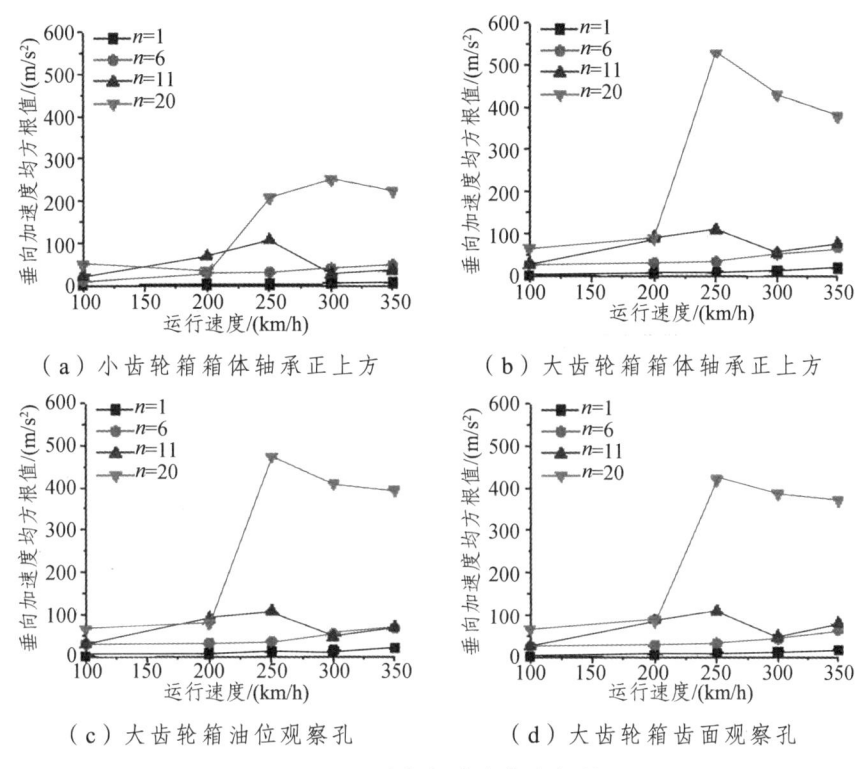

图 5-37 垂向加速度均方根值

当速度从 100 km/h 增加到 350 km/h 时，1 阶车轮多边形齿轮箱箱体的 4 个测点垂向加速度均方根值微幅增加，而 6 阶和 11 阶车轮多边形的 4 个测点呈小幅增加和减小波动，但 11 阶波动相对更大。对于 20 阶车轮多边形，当速度从 100 km/h 增加到 200 km/h 时齿轮箱箱体 4 个测点的垂向加速度均方根值微幅增加；当速度从 200 km/h 增加到 250 km/h 时，大齿轮箱箱体轴承正上方、大齿轮箱油位观察孔和大齿轮箱齿面观察孔垂向加速度均方根值快速增大到各自的最大值；当速度从 250 km/h 增加到 350 km/h 时，这 3 个测点的加速度值持续减小。小齿轮箱箱体轴承正上方在速度从 200 km/h 增加到 300 km/h 时垂向加速度均方根值持续增加，当速度从 300 km/h 增加到 350 km/h 时减小。

基于上述分析可得：齿轮箱箱体的振动剧烈程度不仅受到车轮多边形阶次的影响，还受到列车运行速度的影响。当列车运行速度在 0～200 km/h

时,车轮多边形阶次对齿轮箱箱体的振动加速度影响较小,其原因是列车运行速度慢,轮轨激扰频率低且冲击力小。当速度超过 200 km/h 时,轮轨之间的冲击力显著增大,车轮多边形阶次越高,轮轨之间冲击的频率也越高。因此,轮轨高频激扰及大冲击力是导致齿轮箱箱体振动剧烈的主因。此外,当列车速度为 250 km/h、车轮多边形阶次为 11 和 20 时,齿轮箱箱体垂、横向振动加速度均为最大,这可能是齿轮箱箱体在该速度工况下发生局部共振所致,这与滚轮试验台试验出现的现象一致。

分析图 5-38 可得:当多边形阶次为 1、6 和 11 时,齿轮箱箱体 4 个测点等效应力均方根值微幅波动且数值接近,即这 3 种多边形对齿轮箱箱体 4 个测点等效应力均方根值影响甚微。当多边形阶次为 20 时,齿轮箱箱体 4 个测点等效应力均方根值在整个分析的速度范围内都为最大值,因此 20 阶多边形对齿轮箱箱体产生的等效应力均方根值最大,对齿

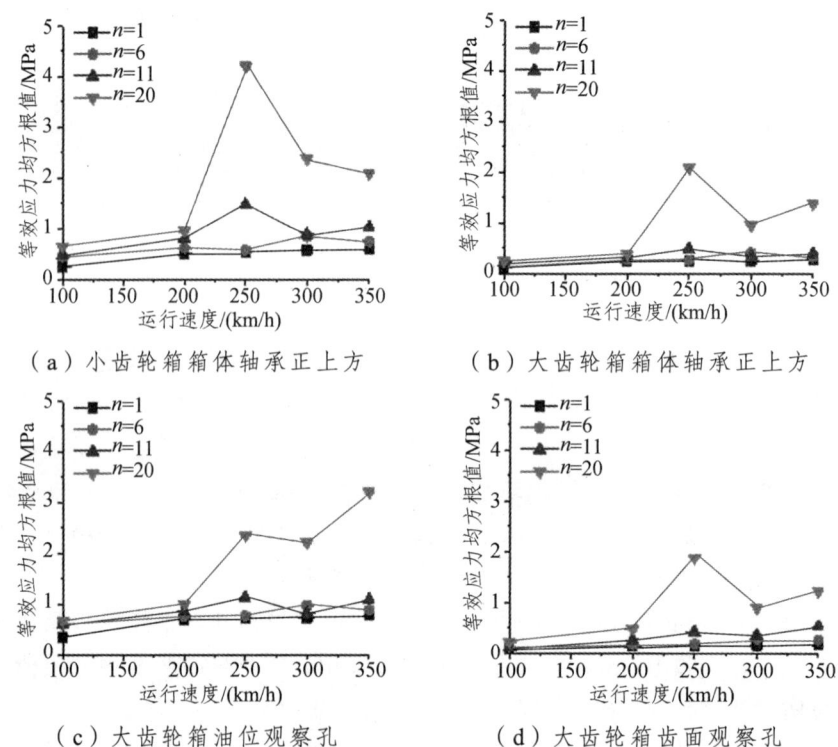

(a)小齿轮箱箱体轴承正上方　　(b)大齿轮箱箱体轴承正上方

(c)大齿轮箱油位观察孔　　(d)大齿轮箱齿面观察孔

图 5-38　等效应力均方根值

轮箱箱体损伤相对也最严重，但由于各测点的等效应力最大值不超过 5 MPa，所以多边形阶次对齿轮箱箱体的损伤也较小。

20 阶多边形对齿轮箱箱体产生的等效应力均方根值随速度变化的趋势为：当速度从 200 km/h 增加到 250 km/h 时，4 个测点等效应力均方根值快速增加且在速度为 250 km/h 时达到最大值；当速度从 250 km/h 增加到 300 km/h 时，4 个测点等效应力均方根值都有不同程度的减小；当速度从 300 km/h 增加到 350 km/h 时，大齿轮箱箱体轴承正上方、大齿轮箱油位观察孔和大齿轮箱齿面观察孔的等效应力均方根值又增大，而小齿轮箱箱体轴承正上方测点等效应力均方根值持续减小。

5.3 曲线轨道上不同阶次多边形影响分析

列车运行于曲线轨道上时的轮轨动力学性能比直线轨道更复杂，为进一步了解高速动车组齿轮箱箱体在曲线轨道上的振动特性，本节运用刚柔耦合车辆系统动力学模型计算分析高速动车组通过大曲率半径时轴箱、轮轴及齿轮箱箱体振动特性。仿真分析的计算工况为：列车通过曲率半径为 7 000 m 的轨道，曲线超高为 100 mm，运行速度为 250 km/h，车轮多边形阶数为：理想车轮、1 阶偏心、均匀分布的 6 阶、11 阶及 20 阶，多边形幅值均为 0.3 mm。

5.3.1 振动加速度影响因素

分析图 5-39 可知：当车轮工况为理想车轮、1 阶偏心和均匀分布的 6 阶多边形时，轴箱、轮轴及齿轮箱箱体纵、横向加速度均方根值几乎不变，而垂向则小幅增加。当车轮从均匀分布的 6 阶多边形增加到 11 阶时，轴箱、轮轴及齿轮箱箱体纵、横及垂向的加速度均方根值都呈明显的上升趋势，当车轮从均匀分布的 11 阶多边形增加到 20 阶时，轴箱、轮轴及齿轮箱箱体纵、横及垂向的加速度均方根值都增大得更加显著。

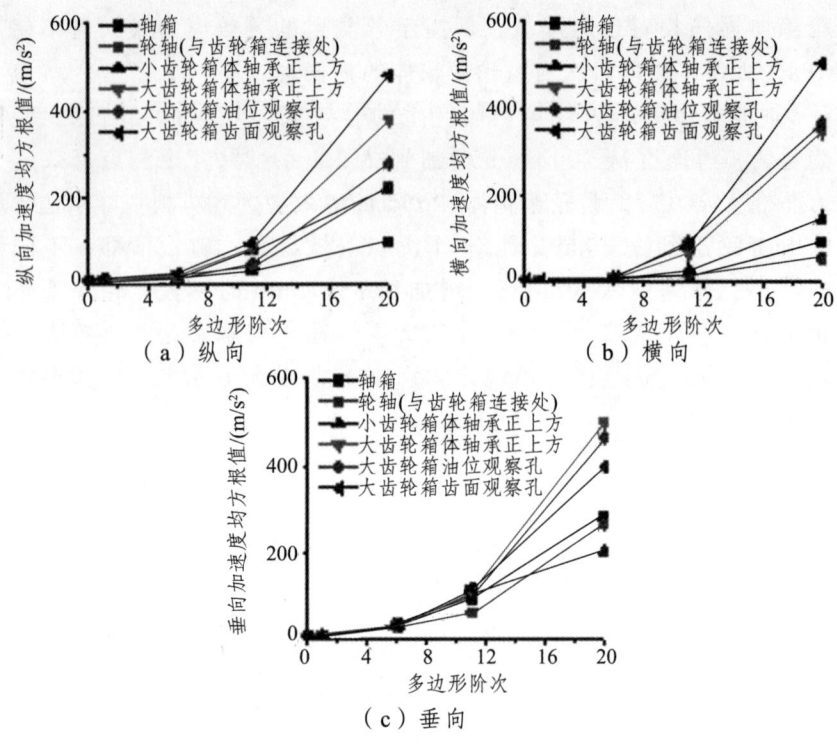

图 5-39 加速度均方根值与多边形阶次关系

当车轮多边形为 20 阶时,纵向和横向加速度均方根的最大值均出现在大齿轮箱齿面观察孔,分别为 482 m/s² 和 505 m/s²,且齿轮箱箱体各测点纵向和横向加速度均方根都高于轴箱和轮轴(与齿轮箱连接处),垂向加速度均方根最大值为大齿轮箱箱体轴承正上方,达到 501 m/s²。所以在同等工况下,车轮多边形阶次越高,齿轮箱箱体各测点的加速度均方根值就越大,齿轮箱箱体的振动就越剧烈。

5.3.2 动应力影响因素

从图 5-40 中可看出,齿轮箱箱体的等效应力均方根值变化趋势与图 5-39 类似。当车轮工况为理想车轮、1 阶偏心和均匀分布的 6 阶多边形时,各测点的等效应力均方根值基本保持不变,且最大值和最小值分别出现在大齿轮箱油位观察孔和大齿轮箱齿面观察孔;当车轮多边形由 6

阶增加到 20 阶时,各测点的等效应力均方根值都显著上升,且各测点的等效应力均方根值的最大值和最小值分别出现在小齿轮箱箱体轴承正上方和大齿轮箱齿面观察孔处。这说明齿轮箱箱体各测点的等效应力均方根值会随着车轮多边形阶次的变化而变化,一个显著的特性就是车轮多边形超过 6 阶之后,齿轮箱箱体各测点的等效应力均方根值随多边形阶次的增加呈显著上升趋势。

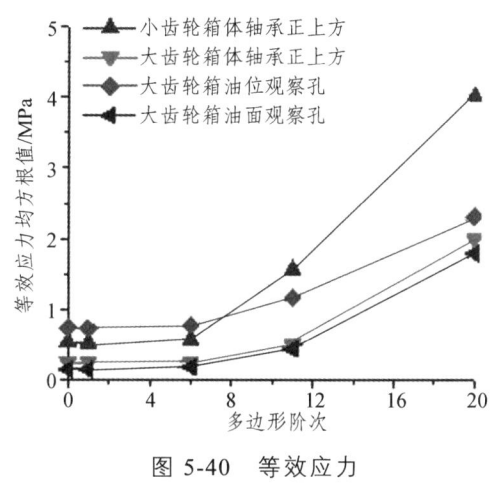

图 5-40 等效应力

5.4 曲线轨道上不同速度等级下的多边形影响分析

本节以幅值为 0.3 mm 的 20 阶多边形为例,在列车运行速度为 100 km/h、200 km/h、250 km/h 和 300 km/h 条件下,研究列车通过曲率半径为 7 000 m、曲线超高为 100 mm 的轨道,在理想车轮工况和幅值 0.3 mm 的 20 阶车轮多边形激励下轴箱、轮轴(与齿轮箱连接处)、小齿轮箱箱体轴承正上方、大齿轮箱箱体轴承正上方、大齿轮箱油位观察孔和大齿轮箱齿面观察孔 6 个测点的横向、纵向、垂向加速度振动响应。

5.4.1 振动加速度影响因素

分析图 5-41 可知:在理想车轮工况下,这 6 个测点纵向加速度均方根值随着速度的增加而微幅增加;对于幅值为 0.3 mm 的 20 阶车轮多边

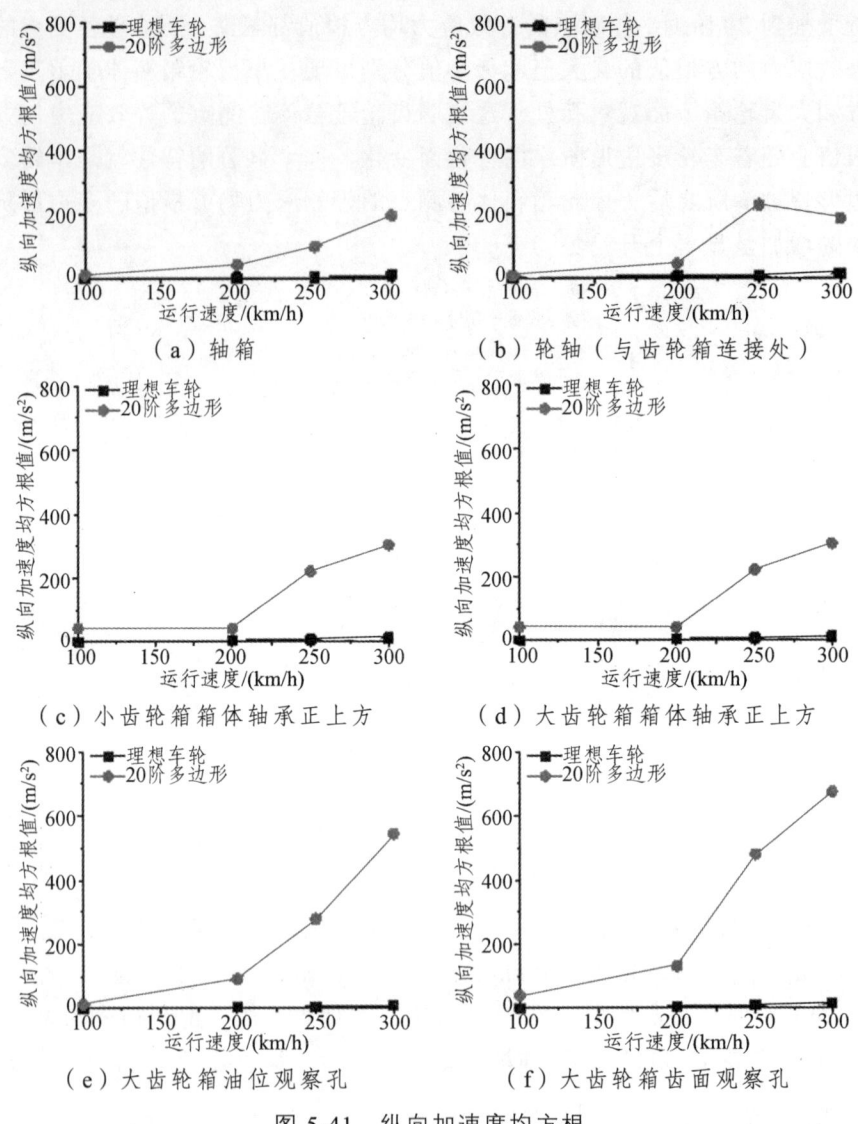

图 5-41 纵向加速度均方根

形,在 100～200 km/h 速度范围内,纵向加速度均方根值呈小幅增长趋势,当速度从 200 km/h 增加 300 km/h 时,除轮轴(与齿轮箱连接处)在速度从 250 km/h 增加 300 km/h 时的纵向加速度均方根值有所下降外,其余各测点纵向加速度均方根值都随速度上升而显著增加且分别达到各自最大值；当速度为 300 km/h 时，轴箱加速度均方根值在所有测点中为最小，约为 197 m/s²，而大齿轮箱齿面观察孔的加速度均方根值为最大，约为 680 m/s²，二者超过 3 倍关系。

从图 5-42 中可以看出，在理想车轮工况下 6 个测点的横向加速度均

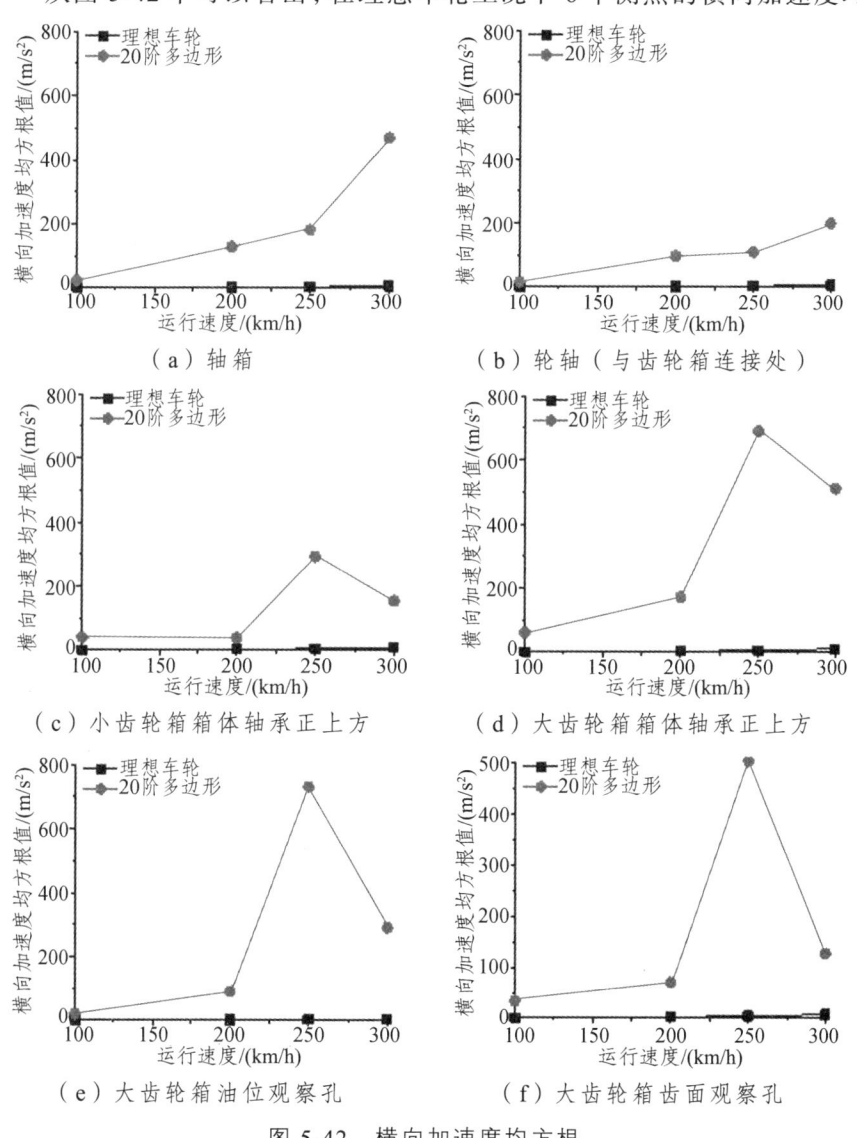

图 5-42　横向加速度均方根

方根值随着速度的增加而微幅增加。对于幅值为 0.3 mm 的 20 阶车轮多边形，6 个测点的横向加速度均方根值在 100～200 km/h 速度范围内缓慢增加；对于轴箱和轮轴（与齿轮箱连接处）两测点，在 200～250 km/h 速度范围内其加速度均方根值小幅增加，当速度超过 250 km/h 后，加速度均方根值显著增加；对于齿轮箱箱体 4 个测点，在 200～250 km/h 速度范围内其加速度均方根值均显著增加，当速度超过 250 km/h 后，其值随速度增加而显著减小。从图中可以发现，当速度为 250 km/h 时，齿轮箱箱体的 4 个测点的加速度均方根值均达到最大，其中大齿轮箱齿面观察孔的值约为 500 m/s²。

从图 5-43 中可以看出，在理想车轮工况下 6 个测点的垂向加速度均方根值随着速度的增加而微幅增加。对于幅值为 0.3 mm 的 20 阶车轮多边形，在 100～200 km/h 的速度范围内，除轴箱垂向加速度呈明显增加外，其余 5 个测点的垂向加速度均方根值几乎都不变；当速度从 200 km/h 增加到 250 km/h 时 6 个测点的垂向加速度均方根值均显著上升；当速度从 250 km/h 增加到 300 km/h 时，轴箱和轮轴（与齿轮箱连接处）的垂向加速度均方根值快速持续快速上升，小齿轮箱箱体轴承正上方的值小幅增加，最大值为轴箱测点，约为 600 m/s²，而大齿轮箱箱体的 3 个测点垂向加速度均方根值呈较明显的下降趋势，即速度为 250 km/h 时这 3 个测点垂向加速度均方根达到最大值，齿轮箱箱体的最大垂向加速度均方根值在大齿轮箱箱体轴承正上方，约为 500 m/s²。

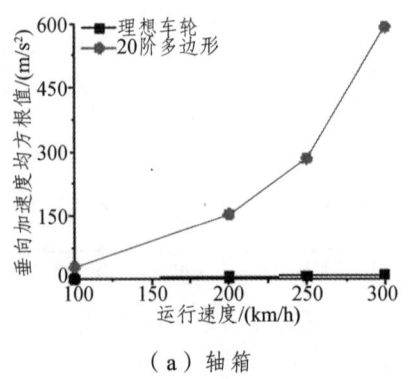

（a）轴箱

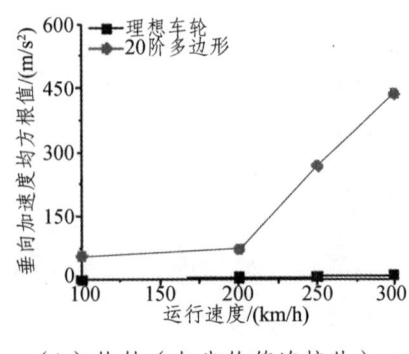

（b）轮轴（与齿轮箱连接处）

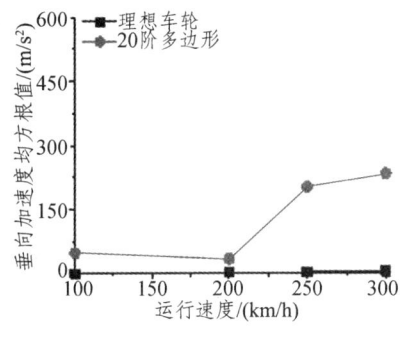
（c）小齿轮箱箱体轴承正上方

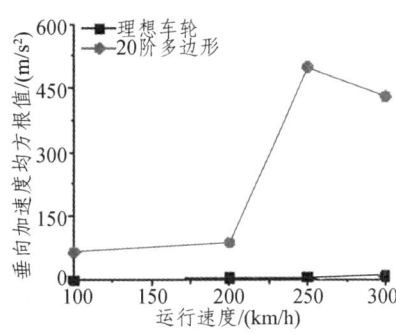
（d）大齿轮箱箱体轴承正上方

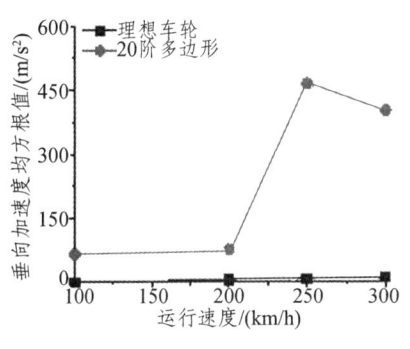
（e）大齿轮箱油位观察孔

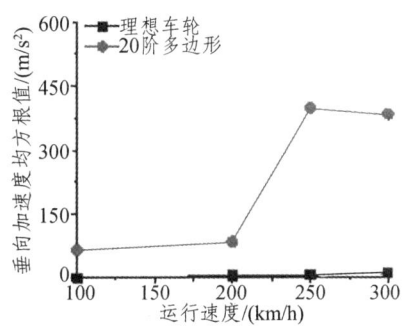
（f）大齿轮箱齿面观察孔

图 5-43　垂向加速度均方根

由以上分析可知，在曲线轨道上当车轮出现 20 阶车轮多边形后，6 个测点的加速度均方根值的响应随速度变化影响比较显著，当速度达到 200 km/h 以上时更加明显，说明幅值为 0.3 mm 的 20 阶车轮多边形轮轨激励对高速动车组的轴箱、轮轴（与齿轮箱连接处）及齿轮箱箱体的加速度均方根值的影响非常显著。而且有一个明显的特性是：当速度从 250 km/h 增加 300 km/h 时，齿轮箱箱体各测点纵向加速度均方根值都随速度上升而显著增加且分别达到各自最大值；当速度为 250 km/h 时，齿轮箱箱体的 4 个测点的横向加速度均方根和大齿轮箱箱体上 3 个测点垂向加速度均方根均达到各自最大值。

5.4.2 动应力影响因素

分析图 5-44 可知：在理想车轮工况下，齿轮箱箱体 4 个测点的等效应力均方根值随速度的增加而几乎保持不变，即在该工况下，运行速度对齿轮箱箱体的等效应力影响甚微。对幅值为 0.3 mm 的 20 阶车轮多边形，齿轮箱箱体各测点等效应力均方根值在速度从 100 km/h 增加 200 km/h 时呈小幅增加，当速度从 200 km/h 增加 250 km/h 时却显著增大，并达到各自的最大值，最大值出现在小齿轮箱箱体轴承正上方，约为 4.5 MPa，说明在该工况下齿轮箱箱体测点等效应力均方根值很小，对齿轮箱箱体的损伤很小，而当速度从 250 km/h 增加 300 km/h 时，却又呈比较明显的减小趋势。这种变化趋势与图 5-42 和图 5-43 中齿轮箱箱体中各测点横、垂向加速度均方根的变化趋势几乎一致，说明齿轮箱箱体的加速度大小与其产生的等效应力存在较强的关联性。

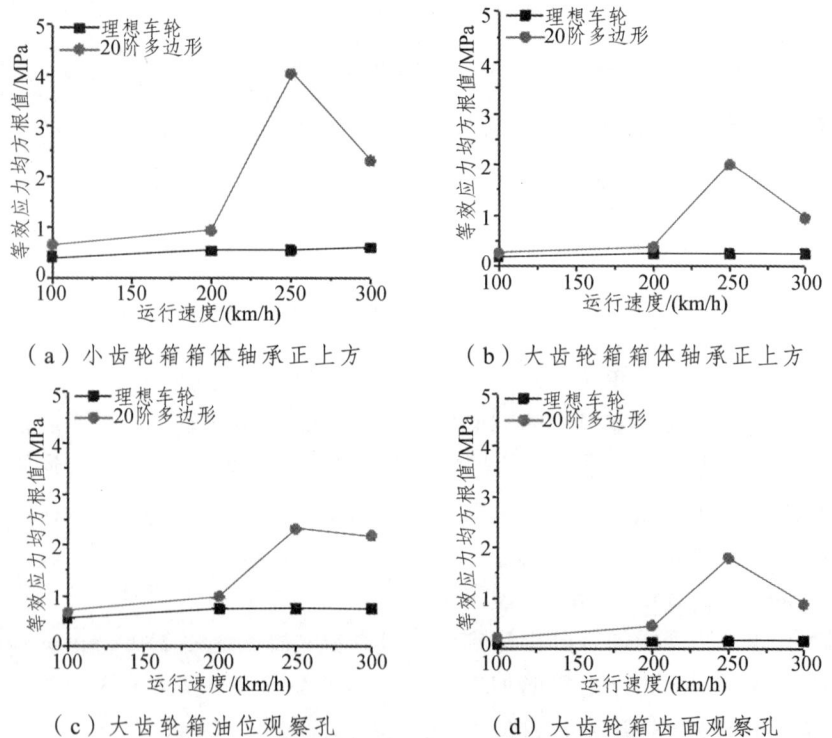

图 5-44 等效应力值

5.5 轮径差影响分析

轮对车轮直径是高速动车组安全行驶的重要参数，运行中通常会要求轮对左右车轮直径相同，但由于轮轨磨损、加工制造误差及磨耗车轮镟修等因素会导致服役工况中轮对存在轮径差现象。这种现象会使车辆在行驶中偏离轨道中心线，导致轮轨接触关系影响到动力轮轴的动力学性能，进而影响到齿轮箱箱体的振动特性，因此研究轮径差工况对齿轮箱箱体振动特性的影响显得非常重要。

5.5.1 车轮轮径差

理想标准转向架的 4 个车轮的标称直径数值相等，但由于各种影响因素会导致转向架 4 个车轮滚动圆直径存在轮径差，且存在的形式种类较多，但基本可通过图 5-45 转向架轮径差中 4 种最典型的形式组合得到[133]。图 5-45（a）所示的转向架只有后轮对存在轮径差；图 5-45（b）所示的转向架只有前轮对存在轮径差；图 5-45（c）所示的转向架前后轮对的同侧车轮直径相等，前后轮对的轮径差大小相等且正负号相同，称之为等值同相轮径差；图 5-45（d）所示的转向架对角线上的车轮直径相等，前后轮对的轮径差大小相等但正负号相反，称之为等值反相轮径差。

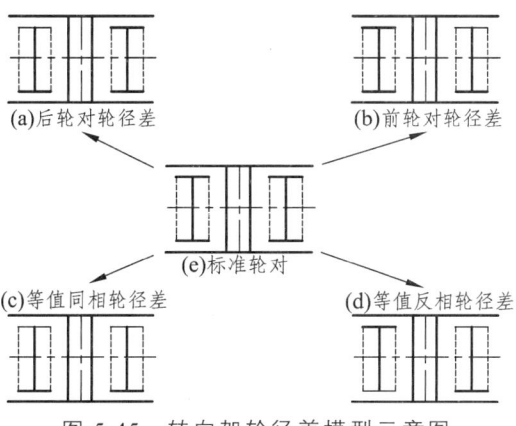

图 5-45 转向架轮径差模型示意图

5.5.2 直线轨道上轮径差影响分析

本节基于直线轨道上轮径差工况对齿轮箱箱体 4 个测点在纵向、横向、垂向及动应力 4 方面分析齿轮箱箱体的振动特性。

轮径差工况：前轮对轮径差、后轮对轮径差、等值同相轮径差和等值反相轮径差；车轮直径差分别为：1 mm、2 mm、3 mm 和 4 mm。

运行工况：直线轨道，运行速度为 300 km/h。

1. 振动加速度影响分析

分析图 5-46 可知：齿轮箱箱体 4 个测点的纵向加速度均方根值都很小，相对于图 5-35 中齿轮箱箱体在车轮多边形工况下的纵向加速度均方根值几乎可忽略不计，4 个测点的纵向加速度均方根值随着车轮直径差的增加而微幅增大，且车轮直径差为 1 mm、2 mm 和 3 mm 时各个测点的纵向加速度均方根值相差甚微，仅当车轮直径差为 4 mm 时才小幅增大，且等值反相轮径差的纵向加速度均方根值为最大，但不超过 17 m/s²。

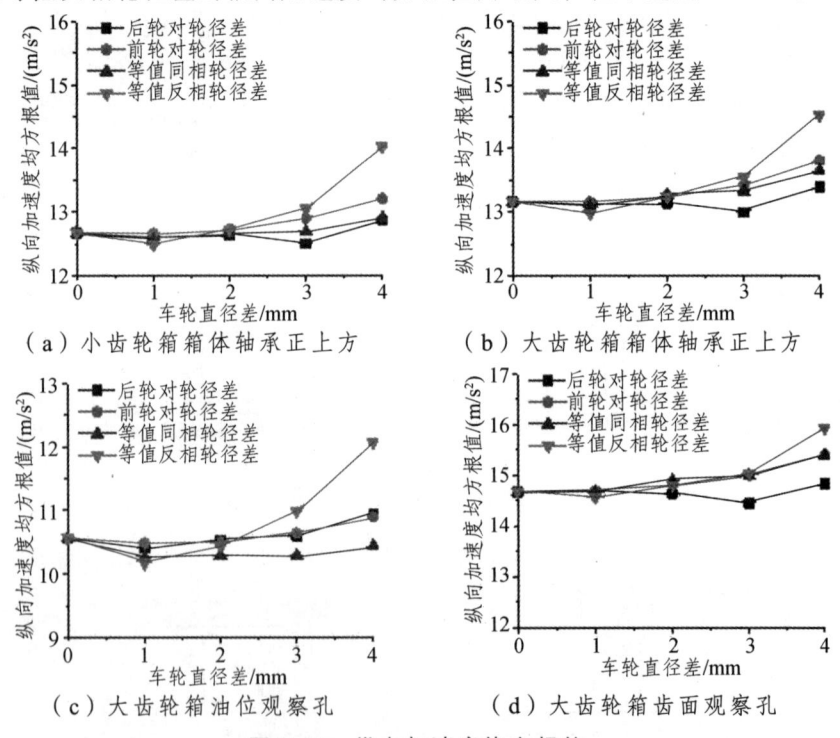

图 5-46 纵向加速度均方根值

分析图 5-47 可知:齿轮箱箱体 4 个测点横向加速度均方根值为纵向值的一半左右,且该值随着车轮直径差的增加呈微幅减小趋势。

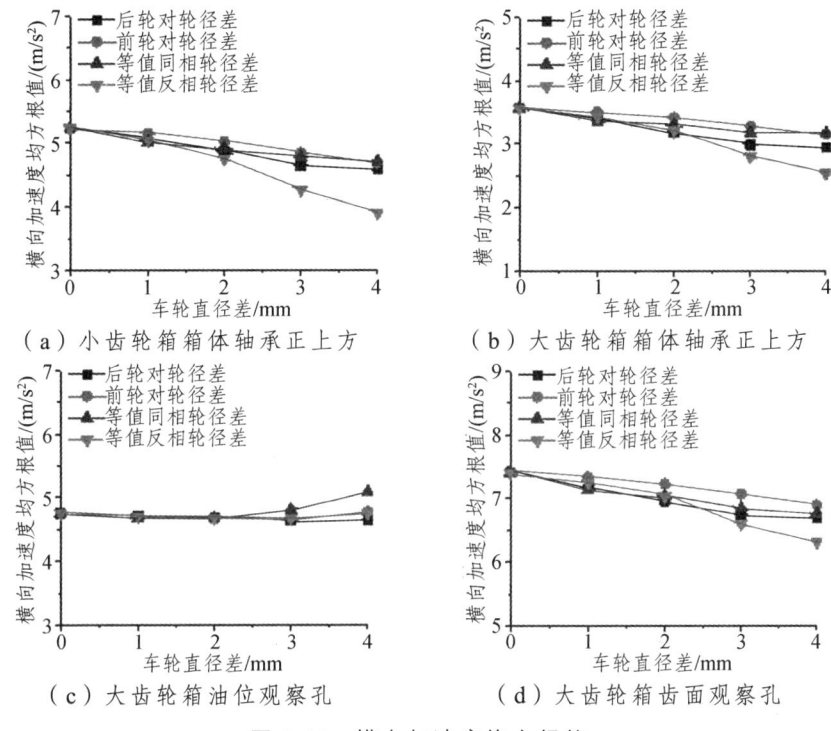

图 5-47 横向加速度均方根值

由图 5-48 可知:齿轮箱箱体 4 个测点垂向加速度均方根值受轮径差工况的影响微乎其微。

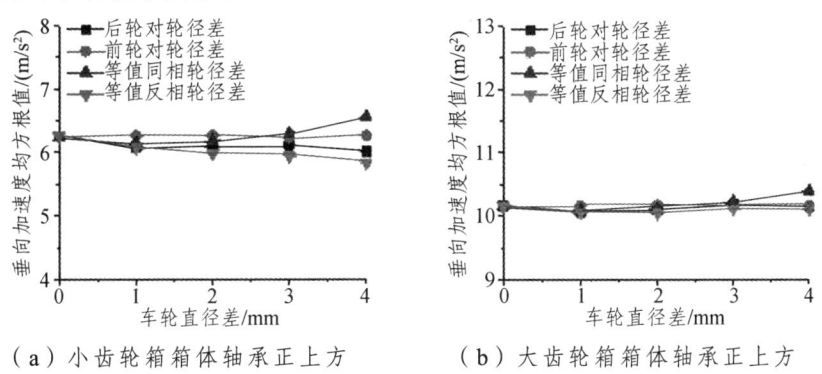

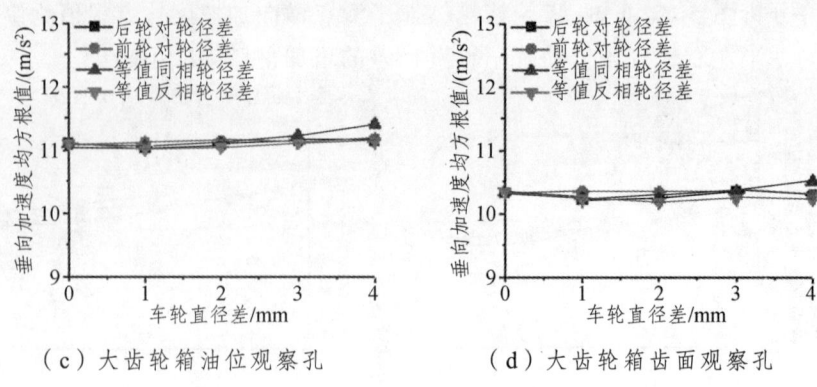

(c)大齿轮箱油位观察孔　　　　(d)大齿轮箱齿面观察孔

图 5-48　垂向加速度均方根值

基于以上分析发现，轮径差工况对齿轮箱箱体的振动特性影响很小，几乎可以忽略不计。

2. 动应力影响分析

基于轮径差工况分析齿轮箱箱体 4 个测点等效应力均方根值，由图 5-49 可知：车轮直径差对各测点的等效应力影响甚微，只有当等值同相轮径差由 2 mm 增加到 4 mm 时，各测点的等效应力才有显著的线性增加，增幅达 50%以上。但由于各测点的等效应力均方根值不超过 1.5 MPa，对齿轮箱箱体造成振动疲劳损伤很小，所以轮径差工况对齿轮箱箱体的损伤可忽略。

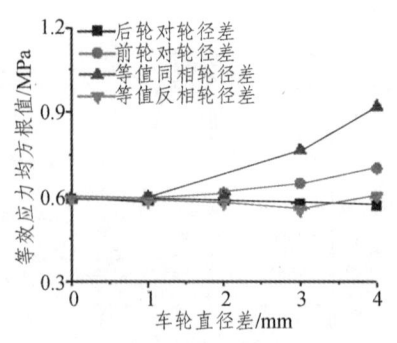

（a）小齿轮箱箱体轴承正上方

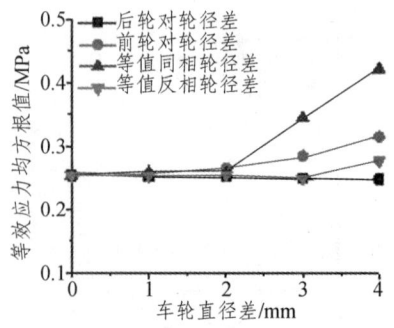

（b）大齿轮箱箱体轴承正上方

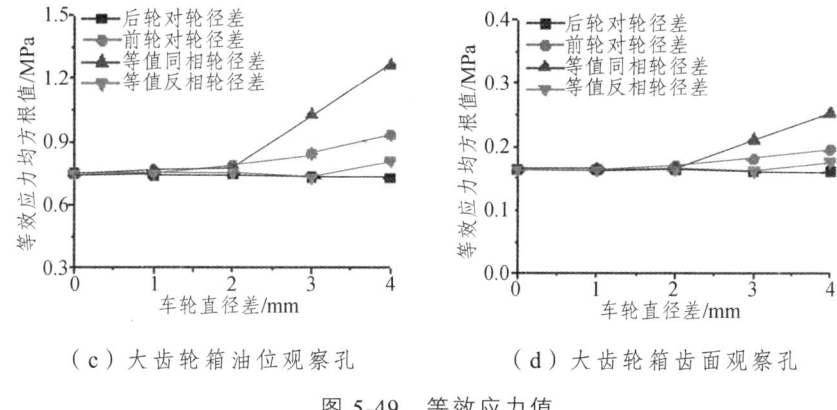

(c) 大齿轮箱油位观察孔　　　（d) 大齿轮箱齿面观察孔

图 5-49　等效应力值

5.5.3　曲线轨道上轮径差影响分析

仿真分析的计算工况为：列车通过曲率半径为 7 000 m 的轨道，曲线超高为 100 mm，当运行速度为 250 km/h 时，基于轮径差工况的轮轨激扰对齿轮箱箱体 4 个测点在纵向、横向、垂向及动应力 4 方面仿真分析齿轮箱箱体的振动特性。

轮径差工况：前轮对轮径差、后轮对轮径差、等值同相轮径差和等值反相轮径差；车轮直径差分别为：1 mm、2 mm、3 mm 和 4 mm。

1. 振动加速度影响分析

分析图 5-50 可知：齿轮箱箱体 4 个测点的纵向加速度均方根值很小，最大值不超过 12 m/s^2；前轮对轮径差、后轮对轮径差和等值同相轮径差工况下，齿轮箱箱体 4 个测点纵向加速度均方根值随着车轮直径差的增加而微幅波动，等值反相轮径差工况下的纵向加速度均方根值随着车轮直径差的增加而小幅增加，且在相同的轮径差工况下，等值反相轮径差的纵向加速度均方根值略高于前轮对轮径差、后轮对轮径差和等值同相轮径差的值。

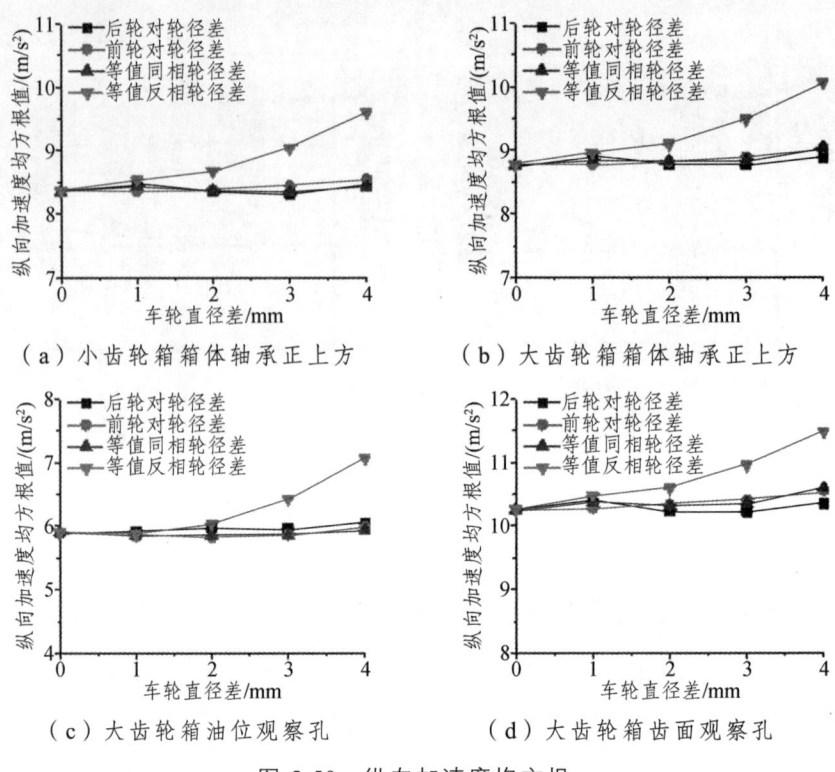

图 5-50 纵向加速度均方根

分析图 5-51 可知：齿轮箱箱体 4 个测点的横向加速度均方根值约为纵向值的一半，且该值随着车轮直径差的增加呈微幅波动。

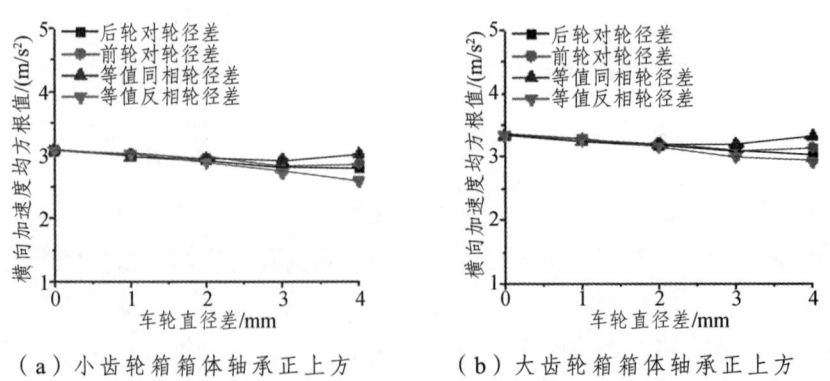

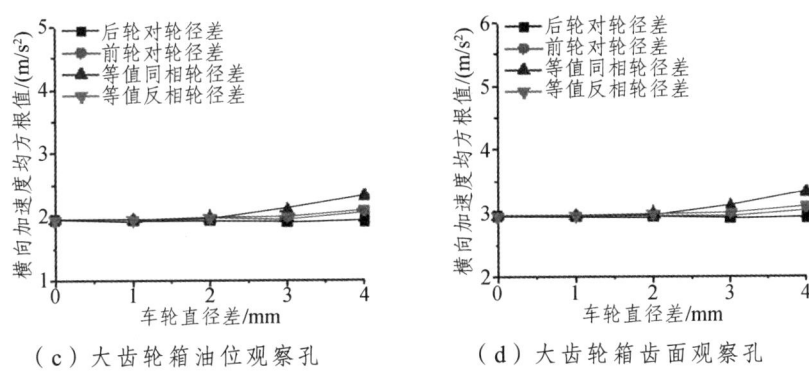

(c) 大齿轮箱油位观察孔　　（d) 大齿轮箱齿面观察孔

图 5-51　横向加速度均方根

由图 5-52 可知：齿轮箱箱体 4 个测点垂向加速度均方根值受轮径差工况的影响微乎其微。

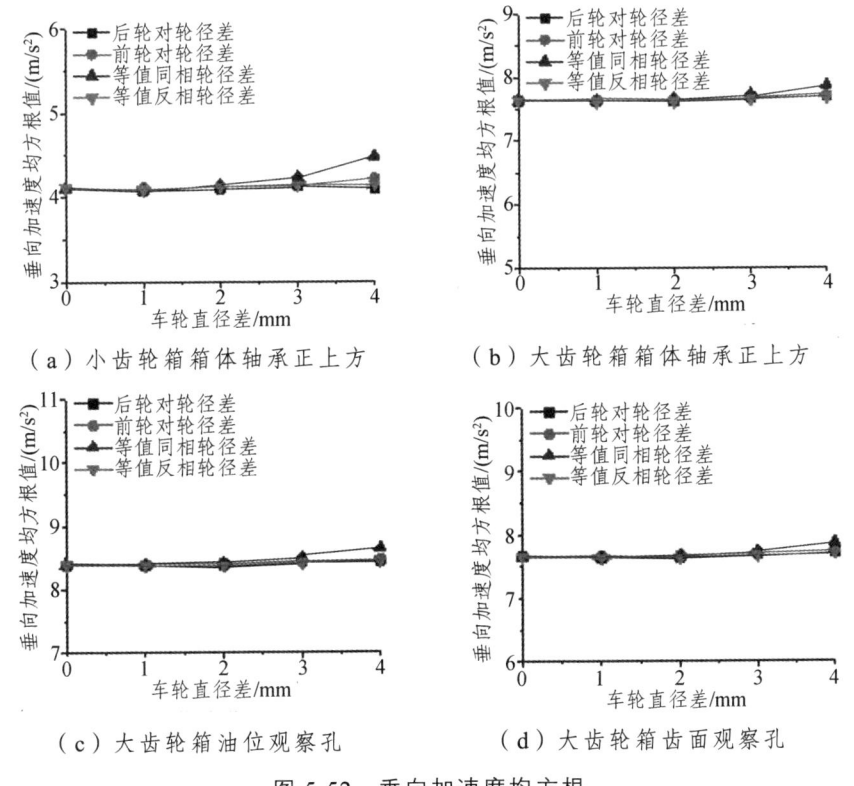

(a) 小齿轮箱箱体轴承正上方　　（b) 大齿轮箱箱体轴承正上方

(c) 大齿轮箱油位观察孔　　（d) 大齿轮箱齿面观察孔

图 5-52　垂向加速度均方根

由以上分析可得：在该曲线轨道工况下的各类车轮直径径差的轮轨激扰对齿轮箱箱体的加速度影响很小，几乎可以忽略不计。

2. 动应力影响分析

基于轮径差工况分析齿轮箱箱体 4 个测点等效应力均方根值，由图 5-53 可知：车轮直径差对各测点的等效应力影响甚微，在同等工况下，等值同相轮径差的等效应力略高于其他 3 种轮径差的值，但由于各测点的等效应力均方根最大值不超过 1.2 MPa，对齿轮箱箱体造成的振动损伤很小，所以在该曲线轨道工况下各类车轮轮径差的轮轨激扰对齿轮箱箱体产生的损伤可忽略。

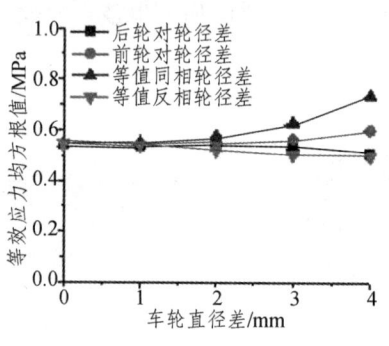

（a）小齿轮箱箱体轴承正上方

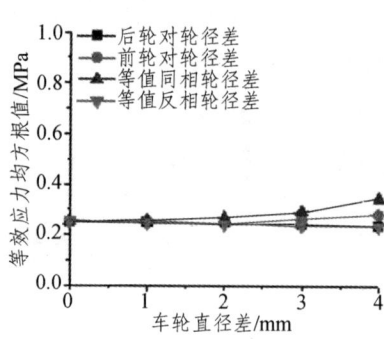

（b）大齿轮箱箱体轴承正上方

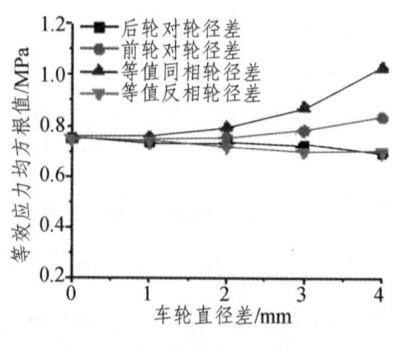

（c）大齿轮箱油位观察孔

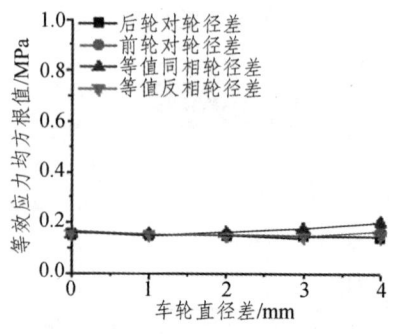

（d）大齿轮箱齿面观察孔

图 5-53 等效应力值

5.6 本章小结

本章基于建立的高速动车组动力学刚柔耦合模型对齿轮箱箱体的振动特性进行分析。运用动力学刚柔耦合建模方法，在建立某型动车组刚柔耦合动力学模型的过程中，将齿轮箱箱体及轮对建成柔性体，同时为了考虑轨下基础的弹性，建立弹性轨枕，使得某型动车组刚柔耦合动力学模型更加接近实际服役工况。基于所建立的高速动车组刚柔耦合动力学模型，针对直线轨道及曲线轨道工况，分析列车车轮多边形、多边形幅值及轮径差幅值对齿轮箱箱体振动加速度及动应力特性变化趋势的影响。

（1）在直线轨道上。

基于理想车轮工况和多边形幅值为 0.2 mm 的 20 阶车轮多边形工况下，对比分析列车在不同速度等级下齿轮箱箱体纵、横、垂三向的加速度及其动应力变化趋势。由轴箱→轮轴（与齿轮箱连接处）→齿轮箱箱体的传递路径下，分析它们在不同速度等级下的加速度传递特性。

基于 20 阶多边形，在多边形幅值及不同速度工况下分析齿轮箱箱体纵、横、垂三向的加速度均方根值及等效动应力的变化趋势。以多边形幅值为 0.3 mm 为例，分析不同阶次多边形对齿轮箱体纵、横、垂三向加速度及齿轮箱箱体的等效应力变化规律，得出在相同工况下，多边形幅值越大或多边形阶次越大，齿轮箱箱体在纵、横、垂三向的加速度振动越剧烈，齿轮箱箱体的等效应力也越大。

（2）在曲线轨道上。

在相同速度和多边形幅值工况下，车轮多边形阶数越高，轴箱、轮轴（与齿轮箱连接处）及齿轮箱箱体各测点位置在纵、横、垂三向的加速度均方根值和等效应力也越大；当车轮多边形超过 6 阶之后，各测点的等效应力均方根值随多边形阶次的增加呈显著上升趋势。

（3）在所分析的工况中，当列车运行速度在 250～350 km/h 时，齿轮箱箱体的振动加速度受 20 阶多边形的影响非常显著，齿轮箱箱体在纵向、横向及垂向振动加速度均存在达到 1000 m/s^2 的现象。

（4）车轮轮径差工况。

基于 4 种典型轮径差工况对齿轮箱箱体的 4 个测点在纵、横、垂三向及动应力进行仿真，分析齿轮箱箱体的振动特性，结果表明：在直线轨道和曲线轨道上，轮径差工况对齿轮箱箱体的振动特性影响很小，最大加速度均方根值不超过 $1.5g$，应力均方根值不超过 $1.5\ \text{MPa}$，所以轮径差工况对齿轮箱箱体振动特性的影响几乎可忽略。

第6章 结构改进齿轮箱箱体疲劳失效评估

通常高速动车组关键零部件的疲劳损伤与其实际运营载荷工况关系极为密切，而高速动车组齿轮箱箱体在承受超常载荷、运营载荷、冲击载荷及随机振动载荷等工况时，都有可能对其产生疲劳损伤。而通过服役线路跟踪试验去分析这些载荷工况对齿轮箱箱体的疲劳损伤具有很大的难度，不仅费时费力并且需要大量的资金开展试验。随着计算机计算功能的迅速提升，以计算机为基础的有限元仿真技术也得到快速发展，并能保证计算规模和计算精度。因此，通过建立有限元模型对结构的疲劳失效损伤进行分析已成为疲劳失效分析的重要方法和手段。本章基于线路试验和动力学仿真研究结果，运用 MSC.Nastran 商业软件，参考 EN 13749-2011[138]，IEC 61373-2010[139]、IIW[123]，BS EN1999-1-3[122]，Eurocode 3[140]相关标准，对结构改进的齿轮箱箱体进行了有限元分析，根据其在实际线路的载荷工况及约束条件，建立不同的有限元分析模型，通过疲劳计算方法分析齿轮箱箱体的疲劳失效。

6.1 计算工况分析

齿轮箱箱体在实际线路服役期间会受到正常和非正常的动态激扰影响，因此有必要对齿轮箱箱体结构在受到正常和极端载荷激扰条件下的安全性能开展评估分析。本节通过考虑高速动车组在实际服役线路上可能遇到的各种载荷，对齿轮箱箱体和 C 形托架开展静强度和疲劳失效评估分析。计算载荷主要参照服役线路实测数据确定，强度评估方法依据技术参数和 EN13749-2011[138]、IEC 61373-2010[139]、Eurocode 3[140]及 IIW[123]等标准确定，齿轮箱箱体和 C 形托架的结构应力计算采用商业版 MSC.Nastran 软件中各功能模块完成。MSC.Nastran 是世界上使用最广泛的有限元分析（FEA）求解器，支持已经扩展的嵌入式疲劳功能的 MSC

Nastran 2017 焊缝疲劳分析，其动力学分析功能非常强大，具有特征模态、瞬态响应、响应非线性瞬态分析及强度结构疲劳分析等功能，支持应力疲劳分析（S-N 方法）、应变疲劳（寿命）分析，疲劳载荷支持雨流计数和线性损伤累积理论，同时能分析疲劳寿命和安全因子[141,142]。

高速动车组齿轮箱箱体在实际线路服役期间会受到正常和极端载荷激扰，主要有超常载荷、运营载荷、冲击载荷及随机振动载荷等 4 种工况，下面对这 4 种工况进行介绍。

6.1.1 超常载荷分析

本章的超常载荷工况是指高速动车组齿轮箱箱体在服役过程中很少发生但要承受数值较大的载荷。结合前期动车组齿轮箱箱体线路实测数据，制定齿轮箱箱体在超常载荷工况的振动加速度：X 轴纵向取值为 $\pm 80g$，Y 轴横向取值为 $\pm 100g$，Z 轴垂向取值为 $\pm 100g$。电机正、反转短路扭矩绝对值为 17 300 N·m，系参照标准动车组齿轮箱箱体静强度和疲劳失效分析报告取值。根据以上数值构成表 6-1 所示的 10 个超常载荷组合工况，其中 8 个是纵、横、垂三向载荷的组合工况，2 个是电机正、反转短路扭矩载荷工况。

表 6-1 超常载荷组合工况

工况	工况名称	纵向	横向	垂向
1	加速度组合工况/g	80	100	100
2	加速度组合工况/g	-80	100	100
3	加速度组合工况/g	80	-100	100
4	加速度组合工况/g	-80	-100	100
5	加速度组合工况/g	80	100	-100
6	加速度组合工况/g	80	-100	-100
7	加速度组合工况/g	-80	-100	-100
8	加速度组合工况/g	-80	100	-100
9	电机正转短路扭矩/(N·m)		17 300	
10	电机反转短路扭矩/(N·m)		-17 300	

注：从电机侧视角，定义小齿轮逆时针旋转为正转，顺时针旋转为反转，后同。

6.1.2 运营载荷

本节的运营载荷是指高速动车组齿轮箱箱体在运行过程中出现频率较高，对齿轮箱箱体的疲劳失效有着重要影响的载荷，如齿轮箱箱体上所承受的大部分交变载荷。结合前期动车组齿轮箱箱体线路实测数据，制定齿轮箱箱体在超常载荷工况的振动加速度：X 轴纵向取值为 $\pm 45g$，Y 轴横向取值为 $\pm 70g$，Z 轴垂向取值为 $\pm 50g$。电机正、反转短路扭矩绝对值 3000 N·m，系参照标准动车组齿轮箱箱体静强度和疲劳强度分析报告取值。根据齿轮箱箱体运营工况的振动加速度取值制定表 6-2 所示的 10 个运营载荷组合工况，其中 8 个是纵、横、垂向载荷的组合工况，2 个是电机正、反转短路扭矩载荷工况，此表为齿轮箱箱体疲劳极限法计算的工况。

表 6-2 运营载荷组合工况

工况	工况名称	纵向	横向	垂向
1	加速度组合工况/g	45	70	50
2	加速度组合工况/g	-45	70	50
3	加速度组合工况/g	45	-70	50
4	加速度组合工况/g	-45	-70	50
5	加速度组合工况/g	45	70	-50
6	加速度组合工况/g	45	-70	-50
7	加速度组合工况/g	-45	-70	-50
8	加速度组合工况/g	-45	70	-50
9	电机正转启动扭矩/(N·m)		3 000	
10	电机反转启动扭矩/(N·m)		-3 000	

6.1.3 冲击载荷

冲击载荷是指在短时间内以较快速度作用于构件上的载荷。国家标准中赋予机械冲击的定义是：系统受到瞬态激励，其力、位移、速度或加速度发生突然变化的现象[143]。当物体的局部位置受到冲击载荷作用时，结构将在很短的时间内达到最大的响应，物体结构的动态响应主要表现在结构的变形以及随时间而发展，最终引起结构的断裂、贯穿或破坏。结构在冲击载荷作用下产生的响应形式取决于结构的几何尺寸、材料参数、初始缺陷、载荷峰值及载荷持续时间等诸多因素，因而结构动力响应问题非常复杂。

冲击载荷很难准确测量，通常根据受冲击载荷作用材料的质点速度和特征强度，将冲击现象大致分为微小冲击、中等冲击、强冲击和超强冲击4种类型[144][145]。本节的冲击载荷主要是对中等冲击载荷的模拟，通常指冲击载荷有较大阶跃，接触构件的局部有小范围的弹塑性变形。

根据冲击的性质[144][146]，在一般研究中可分为两类情况：一类是碰撞冲击，即两个或几个物体的碰撞或者打击；另一类是激振冲击，即激励对系统的迅速作用。目前，分析冲击动力学响应问题有试验方法、解析方法和数值模拟分析方法[147]。

本书对于齿轮箱箱体的冲击载荷分析就是采用数值模拟分析方法，基于有限元法，模拟齿轮箱箱体受到表 6-3 所列的冲击载荷作用下分析齿轮箱箱体的疲劳失效问题。

高速动车组在高速运行时齿轮箱箱体会受到来自转向架及轮轴对其产生的冲击载荷，其中轮轴的冲击载荷要远大于转向架给齿轮箱的冲击载荷，因此本节主要分析轮轴对齿轮箱箱体的冲击。冲击载荷选取依据是结合前期动车组齿轮箱箱体线路实测数据，具体冲击工况如表 6-3 所示。其中，工况 1、2、3 为单向冲击载荷，加速度均为 100g，工况 4 为三向冲击载荷加速度均为 100g。

表 6-3　齿轮箱箱体冲击载荷工况

工况	冲击载荷加速度		
	纵向	横向	垂向
1	100g	—	—
2	—	100g	—
3	—	—	100g
4	100g	100g	100g

6.1.4 随机振动载荷分析

高速动车组在运行过程中,齿轮箱箱体承受的振动载荷主要来自构架及轮轴的冲击,来源轮轴的冲击振动要远远大于构架的冲击振动,因此主要考虑齿轮箱箱体受到轴冲击时的随机振动疲劳。振动载荷的选取根据IEC61373-2010 标准[139],齿轮箱箱体的随机振动疲劳工况如图 6-1 和表 6-4 所示。图 6-1 所示为安装在轮轴上的加速度频谱密度值(Acceleration spectrum density,简称 ASD),表 6-4 所示为轮轴安装的 ASD 频谱标准值。

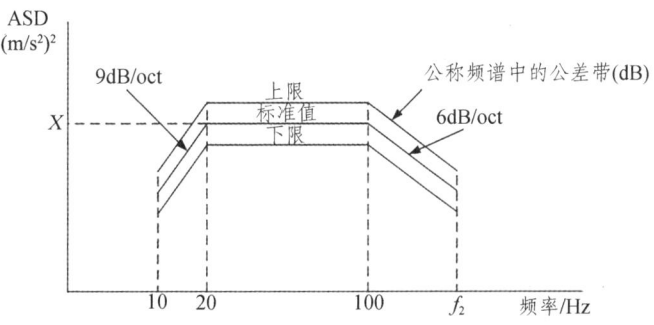

图 6-1 3 类-轮轴安装-ASD 频谱

说明:

当质量 $m \leqslant 50$ kg 时,$f_2=500$ Hz;

当质量 50 kg$<m\leqslant 125$ kg 时,$f_2=\dfrac{125}{m}\times 200$ Hz;

当质量 $m>125$ kg 时,$f_2=200$ Hz。

表 6-4 3 类-轮轴安装-ASD 频谱标准值

随机振动载荷	垂向	横向	纵向
耐久性试验 ASD 量级 (m/s²)²/Hz	124.90	100.2	25.02
RMS 值 m/s² (5~150 Hz)	144	129	64.30

6.2 有限元模型分析

对齿轮箱箱体在不同载荷工况下开展疲劳失效分析,而载荷工况的差异性使得疲劳失效的分析方法有所不同，所以对齿轮箱箱体疲劳失效的分析就存在不同的有限模型。由于齿轮箱箱体通过 C 形托架和轮轴分别与车体和轮对相连，所以在对有限元模型分析时，考虑将齿轮箱箱体与 C 形托架合为一体作为有限元分析模型，下面在超常载荷、运营载荷、冲击载荷和随机振动工况下对该模型进行分析。

6.2.1 超常载荷和运营载荷工况分析模型

由于超常载荷和运营载荷工况只是载荷数值大小不同，所以它们的有限元分析模型和所运用的分析方法完全一样，主要是对模型开展静强度与疲劳失效分析。齿轮箱箱体采用实体离散，螺栓全部采用梁单元模拟，齿轮箱箱体和 C 形托架的静强度与疲劳失效有限元模型如图 6-2 所示，图中的坐标方向做如下定义：X 表示车体纵向，Y 表示车体横向，Z 表示车体垂向。

根据齿轮箱箱体的载荷工况，针对约束模态和电机扭矩载荷，在齿轮箱箱体大轴承座孔分别用 2 个参考点建立与轴承安装面的刚性连接，并约束 2 个参考点除绕轮轴旋转自由度以外的其他 5 个自由度，同时将 C 形托架 4 个安装螺栓进行全约束，对于惯性力载荷，根据其加载方式，对其进行相应的约束。

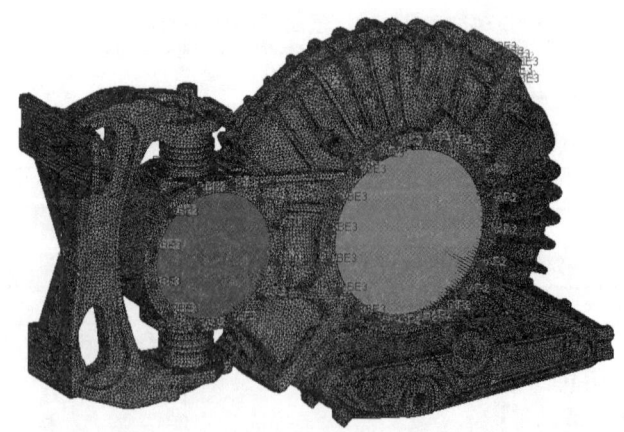

图 6-2　静强度与疲劳失效分析有限元整体计算模型

6.2.2 冲击载荷工况分析模型

冲击分析采用有限元软件中的惯性释放理论方法,将轮轴对齿轮箱箱体结构的冲击与振动简化为一个大质量点对齿轮箱箱体结构的冲击与振动,即将轮轴对齿轮箱箱体的冲击简化为一个质量点对齿轮箱箱体的冲击,这个质量点与齿轮箱箱体及轮轴安装孔内壁耦合起来,用以模拟齿轮箱箱体与轮轴的实际安装方式。质点力施加在轮轴中心位置,齿轮箱箱体的轮轴安装部位采用耦合单元进行耦合,冲击载荷分析的有限元模型如图 6-3 所示。

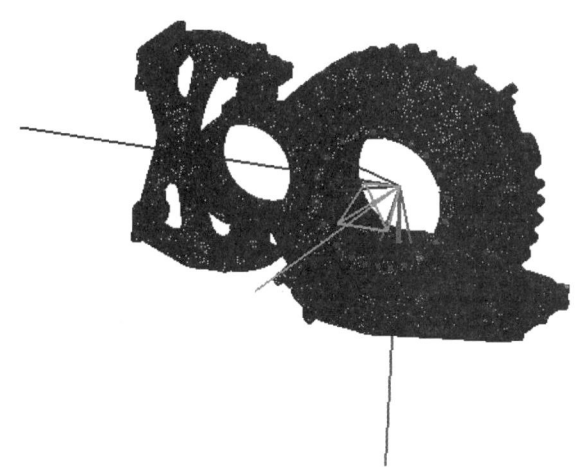

图 6-3 冲击分析有限元模型

6.2.3 随机振动工况分析模型

齿轮箱箱体的激励主要来自轮轴与构架,但是轮轴对齿轮箱箱体的激励要远大于构架,因此在随机振动工况分析中要约束齿轮箱箱体及 C 形托架的螺栓安装孔及轮轴的位置,使用模态叠加法在轮轴处施加各向基础加速度激励。如果对 X 方向施加加速度激励时,就约束除 X 方向以外的其他 5 个自由度。同理,对 Y、Z 方向施加加速度激励时所采用的约束方法也一样。激励就是在那个质量点上施加 6.1.4 节中的加速度密度谱,随机振动工况分析的有限元模型如图 6-4 所示。

图 6-4 随机振动分析有限元模型

6.3 结果分析

6.3.1 超常载荷下分析结果

齿轮箱箱体在超常载荷工况下静强度分析的主要目的是验证动车组在超常载荷组合工况作用下齿轮箱箱体是否发生永久变形。根据 EN13749-2011 标准[138],齿轮箱箱体在受到相关超常载荷工况时,其受到的最大应力不超过材料的屈服极限值。对齿轮箱箱体开展的 10 种超常载荷工况模拟计算中,评定依据参照齿轮箱箱体的强度设计要求,采用 Von Mises 应力理论对其进行校核。若各种超常载荷组合工况下齿轮箱箱体和 C 形托架各部位所产生的最大等效应力均在其材料的许用应力范围以内,则齿轮箱箱体和 C 形托架结构满足静强度要求。

超常载荷工况载荷见表 6-1,按照该表中超常载荷组合工况进行计算各工况下的应力云图具体的最大应力部位及其最大应力值如表 6-5 所示,图 6-5 和图 6-6 所示为 C 形托架的最大应力云图,图 6-7 和图 6-8 所示为齿轮箱箱体的最大应力云图。

表 6-5 超常载荷工况下最大应力位置及其 Von Mises 应力值　　单位：MPa

工况	最大应力位置	最大应力值	屈服极限
1	C 形托架：加强筋	57	320
1	齿轮箱：螺栓孔	24	190
2	C 形托架：加强筋	77	320
2	齿轮箱：小齿轮箱体内部筋	28	190
3	C 形托架：加强筋	57	320
3	齿轮箱：螺栓孔周围	24	190
4	C 形托架：加强筋	65	320
4	齿轮箱：小箱体连接处	35	190
5	C 形托架：加强筋	65	320
5	齿轮箱：小箱体连接处	35	190
6	C 形托架：加强筋	77	320
6	齿轮箱：连接平面	28	190
7	C 形托架：加强筋	57	320
7	齿轮箱：连接平面	24	190
8	C 形托架：加强筋	57	320
8	齿轮箱：螺栓孔	34	190
9	C 形托架：连接处	32	320
9	齿轮箱：大箱体前端	29	190
10	C 形托架：连接处	32	320
10	齿轮箱：大箱体前端	29	190

(a)整体示意图

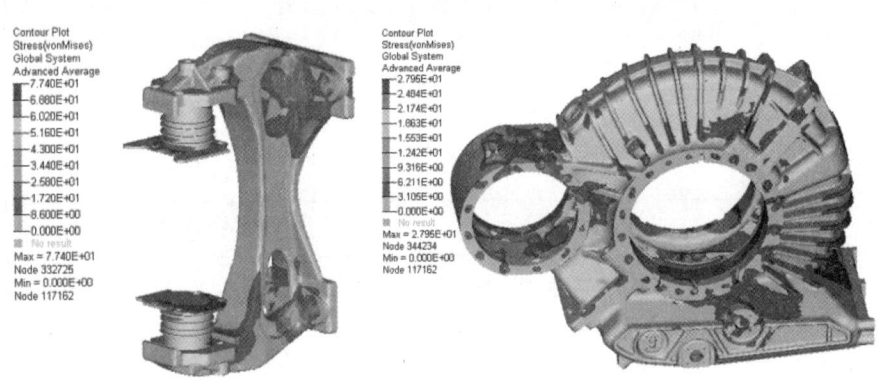

(b)C形托架结构应力云图　　　（c）齿轮箱箱体结构应力云图

图 6-5　静强度工况 2 应力云图

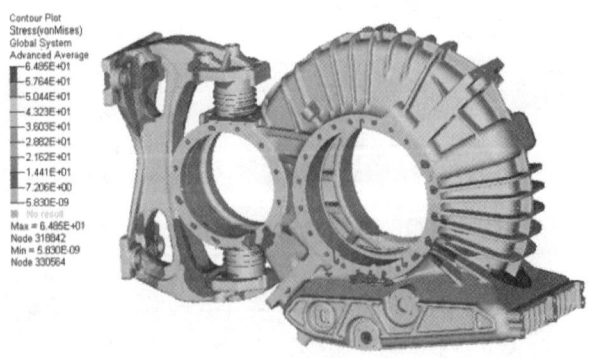

(a)整体示意图

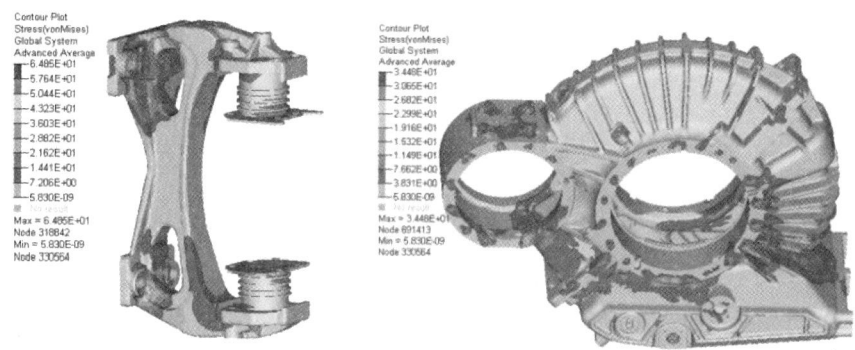

（b）C形托架结构应力云图　　　　（c）齿轮箱箱体结构应力云图

图 6-6　静强度工况 4 应力云图

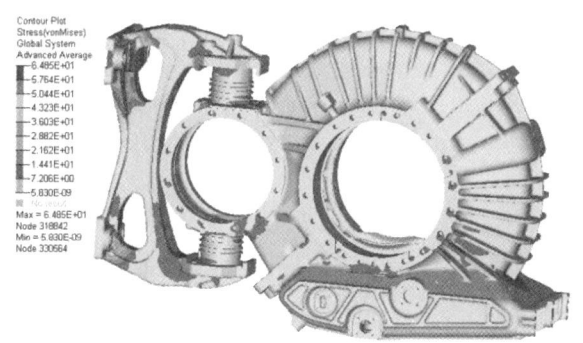

（a）整体示意图

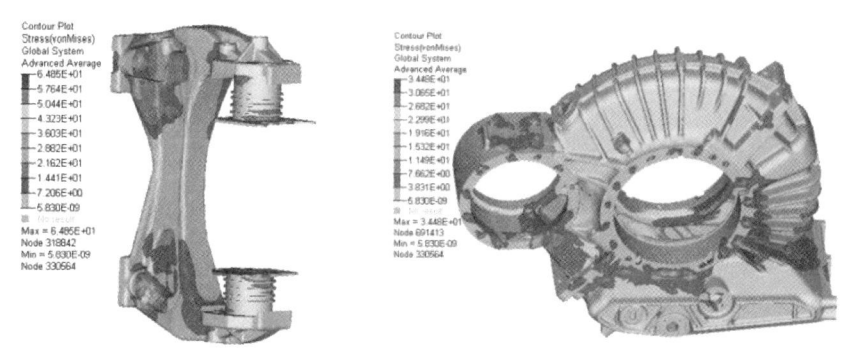

（b）C形托架结构应力云图　　　　（c）齿轮箱箱体结构应力云图

图 6-7　静强度工况 5 应力云图

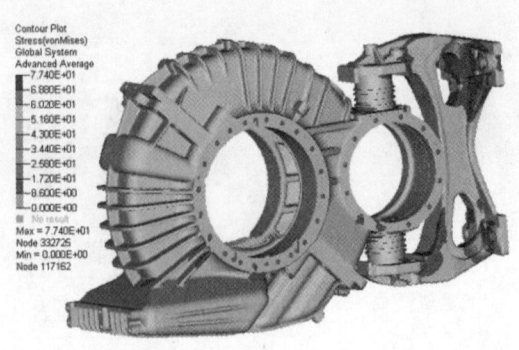

(a) 整体示意图

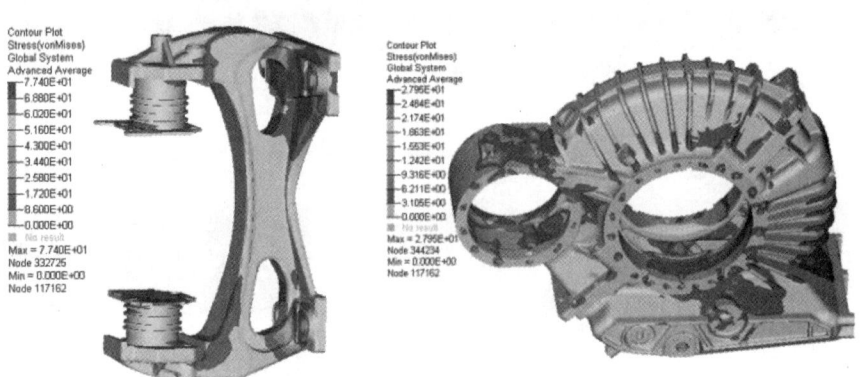

(b) C形托架结构应力云图　　(c) 齿轮箱箱体结构应力云图

图 6-8　静强度工况 6 应力云图

由表 6-5 可知，在超常载荷组合工况下，C 形托架的最大应力出现在工况 2 和工况 6 的 C 形托架加强筋处，其 Von Mises 应力均为 77 MPa，小于材料屈服极限 320 MPa。齿轮箱箱体的最大应力出现在工况 4 和工况 5 的小箱体连接处，其 Von Mises 应力为 35 MPa，均小于材料屈服极限 190 MPa，齿轮箱箱体的静强度满足要求。在以上超常载荷组合工况作用下齿轮箱箱体不会产生永久变形，符合设计要求。

6.3.2　运营载荷下的计算结果

采用疲劳极限评价时，一般用 Goodman 曲线图表示材料的疲劳性能。通常以最大主应力为评判标准，分别求取每个工况下各点的主应力及其方向，在相近的方向比较其主应力的大小，取得此方向的一个最大值；再用相同的方法再取得一个最小值，得到其平均应力和主应力幅值，再代入 Goodman 曲线图中判断是否失效。但是在工程上，尤其是铸铝结构的特殊材料，由于在铸造过程中会出现气孔、砂眼等缺陷，其疲劳性能已与一般母材的疲劳性能不再相同，而更类似于焊缝结构的疲劳应力性能。因此，诸如 BS_EN-1999-1-3[122]标准中附录 1：Castings（铸造），将铸铝结构按照类似于评价焊缝性能的方法开展评价，此时主要考虑的因素不是平均应力，而是最大应力幅值。

所以本节采用疲劳极限进行评价，根据 EN 13749-2011[138]标准要求，在超常载荷运营组合工况下，齿轮箱箱体和 C 形托架各位置应力均不得超过其材料疲劳强度的许用应力。疲劳极限评价时采用最大主应力作为评判标准，齿轮箱箱体和 C 形托架在承受相关运营载荷组合工况时产生的最大主应力应分别小于它们各自疲劳强度幅值 25 MPa 和 70 MPa。

采用疲劳极限法评价疲劳时，分别求取运营载荷组合工况表 6-2 中每个工况下各点的主应力及其方向，在相近的方向比较其主应力大小，取得此方向的一个最大值；再用相同的方法再取得一个最小值，得到其主应力幅值，然后与铸铝和铸钢材料力学性能进行分析评价。

从表 6-6 可知，在各个运营载荷组合工况下，齿轮箱小箱体下部出现最大值为 24 MPa 的主应力，小于铸铝疲劳强度幅值 25 MPa，如图 6-9 所示；在 C 形托架加强筋处出现最大值为 56.30 MPa 的主应力，小于铸钢材料疲劳强度幅值 70 MPa，如图 6-10 所示；说明齿轮箱箱体和 C 型托架在运营载荷组合工况下不会发生疲劳裂纹破坏，符合设计要求。

表 6-6　运营载荷工况下最大应力位置最大主应力值　　单位：MPa

工况	最大应力位置	最大主应力值	疲劳强度幅值
1	C 形托架：螺栓孔	32.50	70
1	齿轮箱：螺栓孔	17.00	25
2	C 形托架：加强筋	56.30	70
2	齿轮箱：大齿轮加强筋	20.30	25

续表

工况	最大应力位置	最大主应力值	疲劳强度幅值
3	C形托架：螺栓孔	34.70	70
	齿轮箱：小箱体下部	24.00	25
4	C形托架：加强筋	44.10	70
	齿轮箱：大箱体内侧加强筋	23.40	25
5	C形托架：螺栓孔	32.90	70
	齿轮箱：与C型托架连接处	20.50	25
6	C形托架：螺栓孔	35.10	70
	齿轮箱：大箱体内侧加强筋	21.60	25
7	C形托架：加强筋	42.00	70
	齿轮箱：小箱体加强筋	21.00	25
8	C形托架：加强筋	45.90	70
	齿轮箱：螺栓连接孔	15.30	25
9	C形托架：连接柱下端	6.90	70
	齿轮箱：与C形托架连接处	6.90	25
10	C形托架：连接柱下端	6.90	70
	齿轮箱：与C形托架连接处	6.90	25

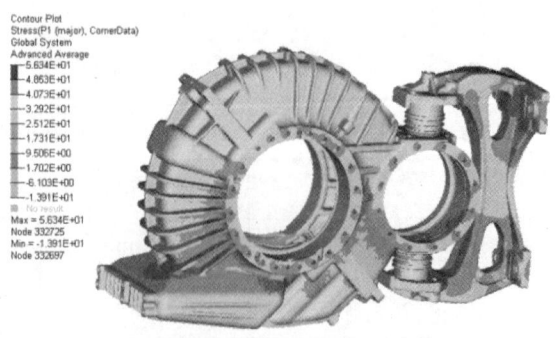

（a）整体结构最大主应力云图

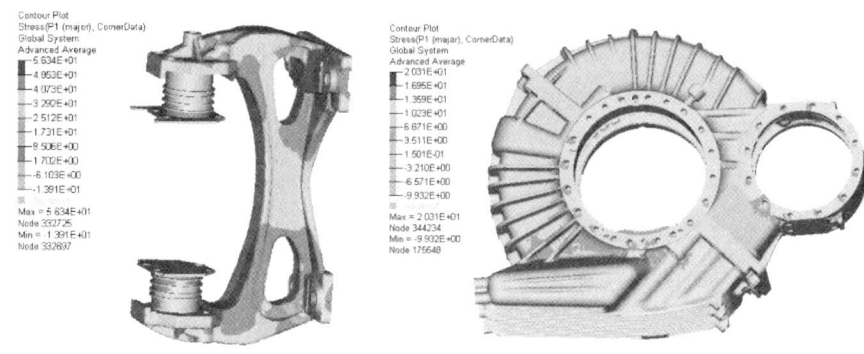

（b）C形托架结构最大主应力云图　　（c）齿轮箱箱体最大主应力云图

图 6-9　疲劳工况 2 最大主应力云图

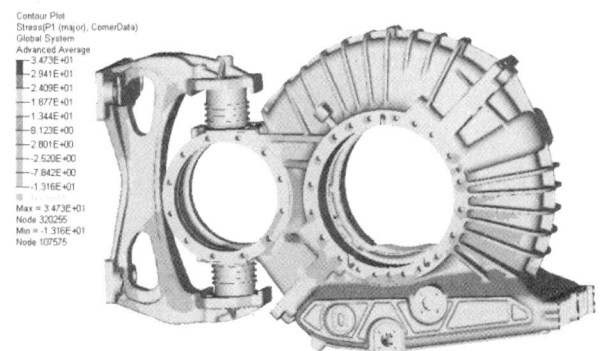

（a）整体结构最大主应力云图

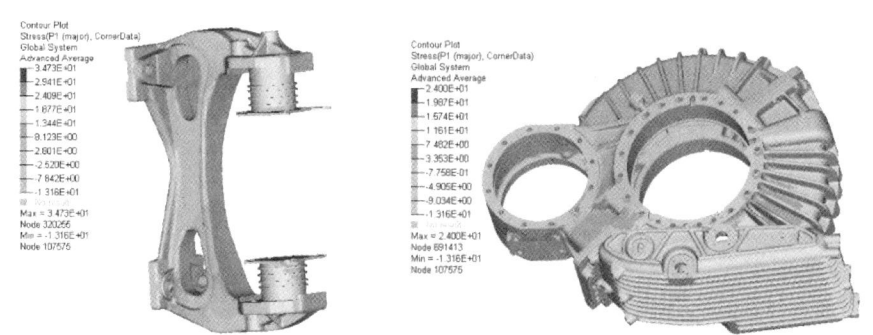

（b）C形托架结构最大主应力云图　　（c）齿轮箱箱体最大主应力云图

图 6-10　疲劳工况 3 最大主应力云图

图 6-11 是表 6-2 疲劳工况中 10 个工况两两相减得到的最大疲劳主应力范围云图，该 10 个疲劳组合工况最大的疲劳主应力范围：C 形托架为 61 MPa，小于 140 MPa；齿轮箱箱体为 34.50 MPa，小于 50 MPa，符合设计要求。

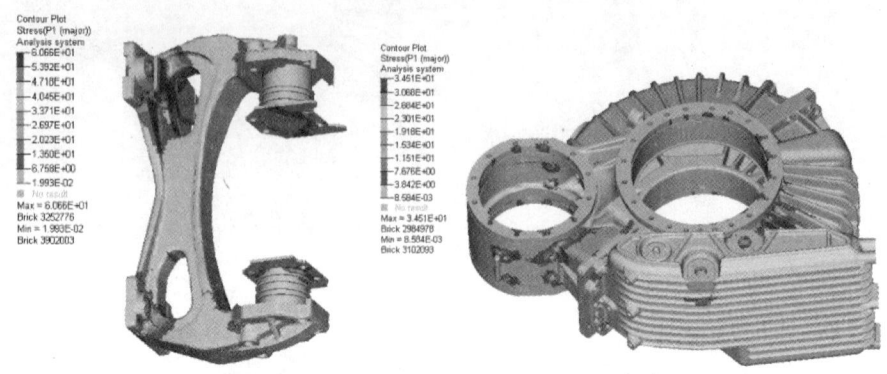

图 6-11　疲劳工况相减最大疲劳应力范围

6.3.3　冲击载荷分析结果

冲击载荷工况采用惯性释放法分析，冲击载荷工况采用表 6-3 中的数据。齿轮箱箱体和 C 形托架在经过冲击载荷工况计算后，得到图 6-12～图 6-14 中 3 个单向 100g 和图 6-15 中 3 个 100g 冲击载荷工况下的计算

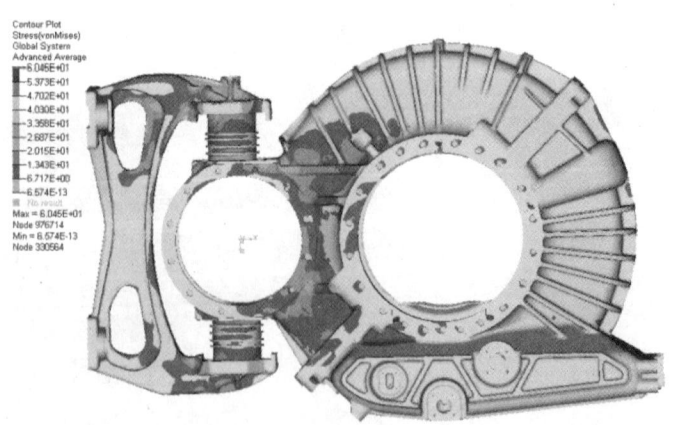

（a）整体示意图

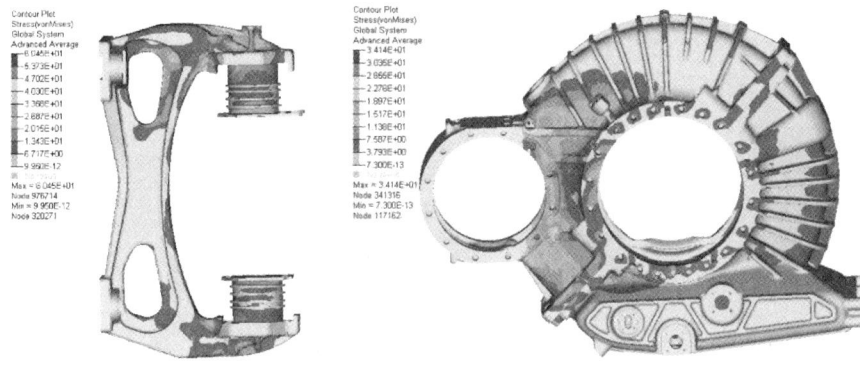

（b）C形托架应力云图　　　　　（c）齿轮箱箱体应力云图

图 6-12　冲击工况 1 纵向 100g 冲击应力云图

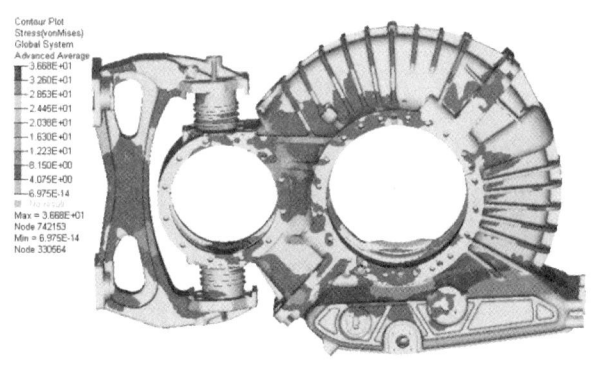

（a）整体应力云图

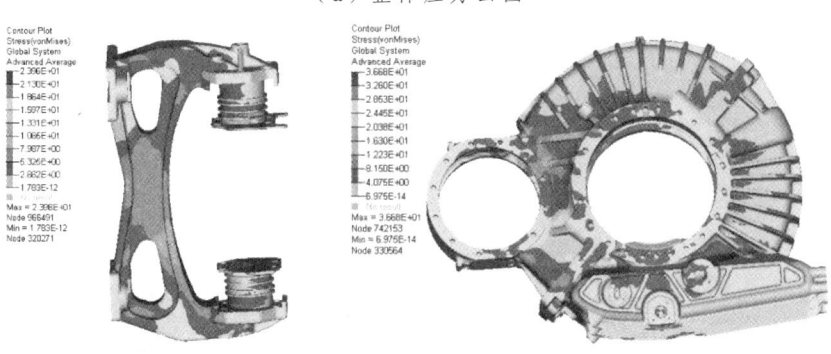

（b）C形托架应力云图　　　　　（c）齿轮箱箱体应力云图

图 6-13　横向 100g 冲击应力云图

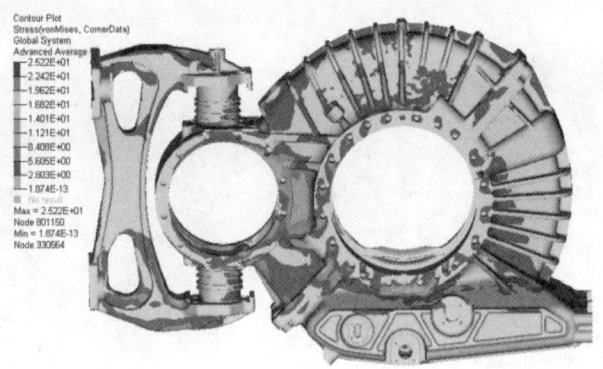

(a)整体应力云图

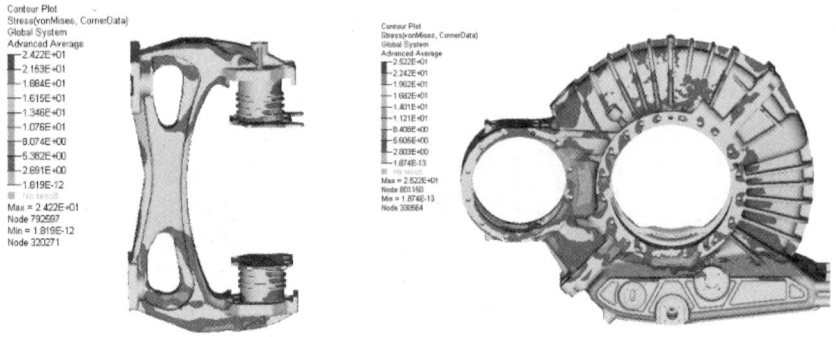

(b)C形托架应力云图　　　　　(c)齿轮箱箱体应力云图

图 6-14　垂向 100g 冲击应力云图

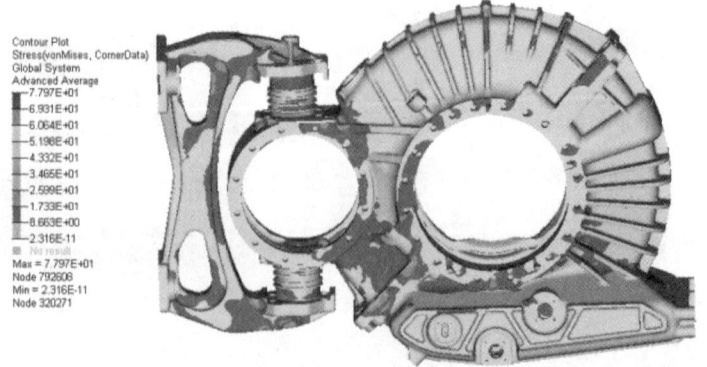

(a)整体应力云图

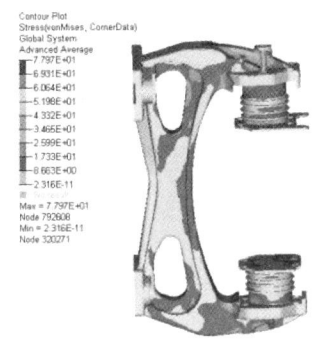 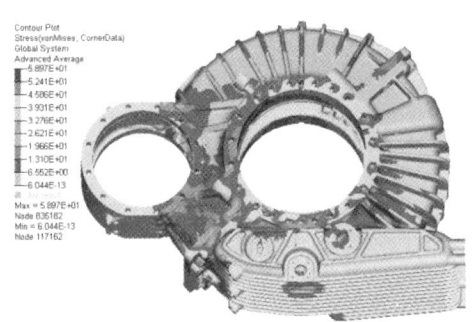

(b) C 形托架应力云图　　　　（c）齿轮箱箱体应力云

图 6-15　三向冲击应力云图

应力云图，应力云图中最大应力位置及其最大的应力值如表 6-7 所示。冲击载荷工况运用 Von Mises 应力进行评价，由表 6-7 可知 C 形托架处的最大 Von Mises 应力出现在连接杆处，为 78 MPa，小于屈服极限 340 MPa；齿轮箱箱体的最大 Von Mises 应力出现在小齿轮内部筋处，为 59 MPa，小于屈服极限 190 MPa，符合设计要求。

表 6-7　冲击工况下最大应力位置及应力值　　　单位：MPa

工况	工况名称	最大应力位置	最大应力值	屈服极限
1	纵向冲击	C 形托架：弧形顶部	60	190
		齿轮箱：小齿轮加强筋	34	320
2	横向冲击	C 形托架：连接杆	24	190
		齿轮箱：小齿轮内部筋	37	320
3	垂向冲击	C 形托架：连接杆	24	190
		齿轮箱：小齿轮内部筋	25	320
4	三向冲击	C 形托架：连接杆	78	190
		齿轮箱：小齿轮内部筋	59	320

6.3.4 随机振动工况分析结果

随机振动载荷在 6.1.4 节已有论述,由于高速动车组齿轮箱箱体在实际运行过程中会受到各种载荷工况的激励振动,而时域内的准静态叠加法很难准确获得结构共振下的应力数值,所以不能准确获得齿轮箱箱体的疲劳寿命。这时通常需采用频率疲劳分析方法,即随机振动疲劳分析方法去分析齿轮箱箱体的疲劳寿命。随机振动疲劳分析通常运用 Dirlik 法来实现,其核心是获取结构的应力功率谱,再通过应力功率谱构建结构应力变程的分布函数,最后基于 Miner 线性疲劳损伤准则获得结构的疲劳寿命。

随机振动疲劳评价依据 IEC61373-2010[139],在给定的激励条件下,要求结构在 X、Y 和 Z 轴方向各承受持续 5 h 的随机振动疲劳载荷工况后,不得出现疲劳损伤情况,即齿轮箱箱体在 X、Y 和 Z 轴方向各自受到轮轴持续 5 h 的随机振动疲劳载荷工况后,没有出现疲劳损伤情况就说明齿轮箱箱体随机振动疲劳强度是合格的。

为使齿轮箱箱体响应在其固有频率附近聚集,更好地模拟结构与激励共振频率下的应力分布,随机振动分析采用模态叠加法,随机振动分析时约束其螺栓安装孔的 6 个自由度,用以模拟实际边界条件。对齿轮箱箱体进行随机振动分析,计算方法是将激励功率谱密度与传递函数关联起来,以得到危险部位的响应功率谱密度,商业版 MSC.Nastran 软件模块拥有这种计算功能。

运用商业版 MSC.Nastran 软件对齿轮箱箱体结构进行随机振动分析后,得出在随机振动谱激励下各工况的疲劳寿命、疲劳薄弱位置的结果显示在表 6-8 中。此外,MSC. Nastran 软件拥有基于频域内功率谱密度的随机振动疲劳寿命预测算法和模型,如 Dirlik 经验公式等。通过输

表 6-8 各工况下的随机振动疲劳寿命分析结果

工况	疲劳薄弱位置	单位小时损伤	疲劳寿命/h	许用寿命/h
1 纵向	小齿轮箱到大齿轮箱过渡处	0.064 5	15.50	5
2 横向	大齿轮箱前部	0.080 3	12.50	5
3 垂向	C 形托架连接处	0.042 9	23.30	5

入随机振动载荷工况，计算得到危险部位的响应功率谱密度，即可直接输出疲劳薄弱点在某个对应频率下的最大应力功率谱，可以用来直观判断该疲劳薄弱点在该随机振动激励下的响应水平。

在通过单工况分析得到各单工况下疲劳最危险节点寿命后，再取出该节点在其他工况下的疲劳损伤，最后得到单位小时总损伤，如表 6-9 所示。

表 6-9 各工况下危险节点合成各工况下的随机振动疲劳累计损伤寿命分析结果

危险点	工况	单位小时总损伤		疲劳寿命/h	许用寿命/h
小齿轮箱到大齿轮箱过渡处	1 纵向	0.064 5	0.081 4	12.28	5
	2 横向	0.009 8			
	3 垂向	0.007 1			
大齿轮箱前部	1 纵向	0.007 9	0.091 7	10.91	5
	2 横向	0.080 3			
	3 垂向	0.003 5			
C 形托架连接处	1 纵向	0.009 4	0.055 2	18.12	5
	2 横向	0.002 9			
	3 垂向	0.042 9			

图 6-16 是纵向加速度激励工况下单位小时整体结构疲劳损伤应力云图，齿轮箱箱体结构单位小时最大疲劳损伤为 0.064 5，位于小齿轮箱到大齿轮箱过渡处。基于 Miner 线性疲劳损伤准则，5 h 疲劳损伤为：0.064 5×5=0.322<1，此时疲劳寿命为 15.50 h，符合设计要求。纵向加速度激励工况下齿轮箱箱体疲劳薄弱点的应力功率谱图 6-17 表明：齿轮箱箱体的随机振动疲劳损伤主要发生在 0~100 Hz 低频区，自身频率并没有被激振起来，在其自身频率区域没有明显的疲劳峰值起振点，但其总体疲劳损伤依然较大。图 6-18 为纵向加速度激励工况单位时间下效劳薄弱点的应力雨流计数分布情况。

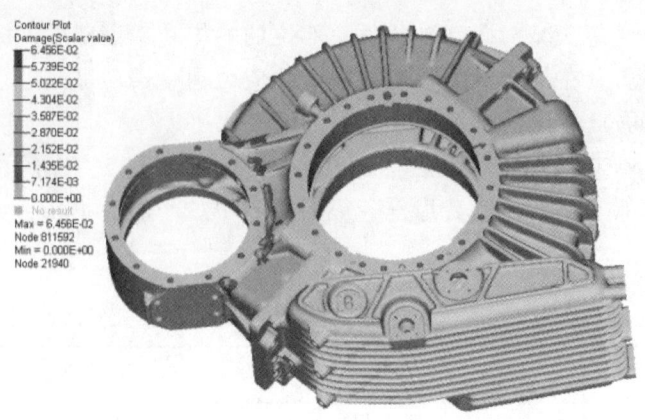

图 6-16　纵向加速度激励工况下整体结构疲劳损伤应力云图

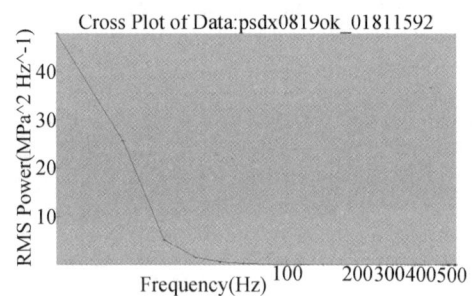

图 6-17　纵向加速度激励工况疲劳薄弱点的应力功率谱

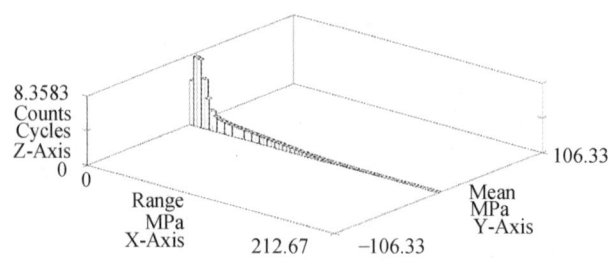

图 6-18　纵向加速度激励工况单位时间下疲劳薄弱点的应力雨流计数分布图

图 6-19 是横向加速度激励工况下单位小时整体结构疲劳损伤应力云图，齿轮箱箱体结构单位小时最大疲劳损伤为 0.080 3，位于大齿轮箱前部。基于 Miner 线性疲劳损伤准则，5 h 疲劳损伤为：0.080 3×5 = 0.401 5<1，此时疲劳寿命为 12.45 h，符合设计要求。横向加速度激励工况下齿轮箱箱体疲劳薄弱点的应力功率谱（见图 6-20）表明：齿轮箱的

随机振动疲劳损伤主要发生在 0~100 Hz 低频区，自身频率并没有被激振起来，在其自身频率区域没有明显的疲劳峰值起振点，但其总体疲劳损伤依然较大。图 6-21 为横向加速度激励工况单位时间下疲劳薄弱点的应力雨流计数分布情况。

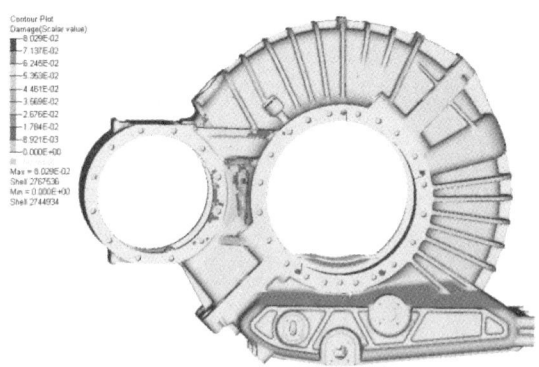

图 6-19　横向加速度激励工况下整体结构疲劳损伤应力云图

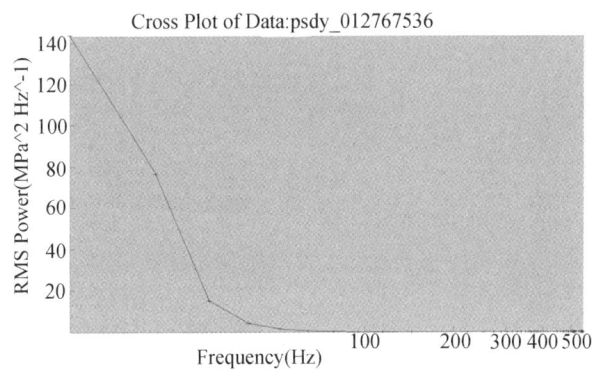

图 6-20　横向加速度激励工况下齿轮箱疲劳薄弱点的应力功率谱

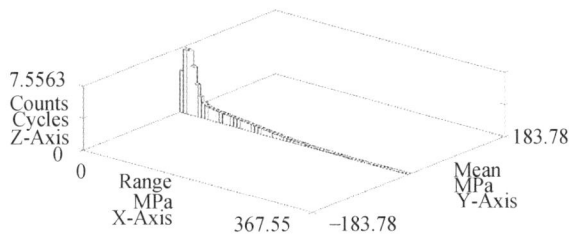

图 6-21　单位时间下疲劳薄弱点的应力雨流计数分布图

图 6-22 为垂向加速度激励工况下单位小时整体结构疲劳损伤应力云图,齿轮箱结构单位小时最大疲劳损伤为 0.042 9,位于 C 形托架连接处。基于 Miner 线性疲劳损伤准则,5 h 疲劳损伤为:$0.042\ 9 \times 5 = 0.214\ 5 < 1$,此时疲劳寿命为 23.31 h,符合设计要求。垂向加速度激励工况下齿轮箱箱体疲劳薄弱点的应力功率谱(见图 6-23)表明:齿轮箱箱体垂向加速度疲劳损伤主要出现在 0~50 Hz 范围内,自身频率范围并未被激起。图 6-24 为垂向加速度激励工况单位时间下疲劳薄弱点的应力雨流计数分布情况。

图 6-22　垂向加速度激励工况下整体结构疲劳损伤应力云图

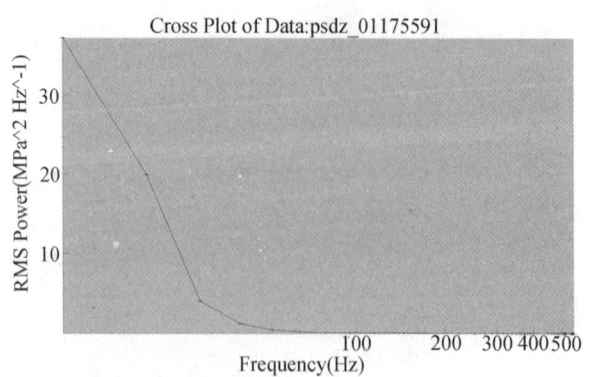

图 6-23　垂向加速度激励工况疲劳薄弱点的应力功率谱

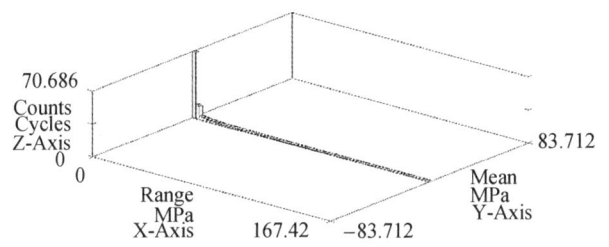

图 6-24 单位时间下疲劳薄弱点的应力雨流计数分布图

6.4 本章小结

本章基于结构改进的齿轮箱箱体三维模型,考虑了某动车组齿轮箱箱体在线路上可能遇到的各种载荷工况,结合动车组线路试验数据和相关标准,制定了齿轮箱箱体在仿真分析中的超常载荷、运营载荷、冲击载荷及随机振动载荷 4 种工况;并依据载荷工况和相关标准,运用 MSC. Nastran 软件建立齿轮箱箱体和 C 形托架为整体结构的 3 种有限元分析模型,并确定不同载荷工况下疲劳失效分析方法。

最后依据相关标准对某齿轮箱箱体和 C 形托架在 4 种载荷工况下开展疲劳失效性能仿真分析,结果表明:在超常载荷和冲击载荷工况下出现的最大 Von Mises 均应力小于材料屈服极限值,齿轮箱箱体不会产生永久变形;在运营载荷工况下齿轮箱箱体的最大主应力小于其疲劳强度幅值;在随机振动载荷工况下,齿轮箱箱体在加速度激励下在 X、Y 和 Z 轴方向的最短寿命为 10.91 h,均满足 X、Y 和 Z 轴方向各自 5 h 振动测试的要求,说明齿轮箱箱体不会出现疲劳破坏现象。所以得出建立的齿轮箱箱体三维模型在 4 种载荷工况及其评判标准下,都得到较为理想的分析结果,结构改进符合设计要求。

第 7 章 结论与展望

本章作为全书的最后一章,对全书的研究进行了归纳和总结,重点介绍了本书的主要研究结论成果,指出了本书研究中存在的不足之处,并对今后的研究方向进行展望。

7.1 主要研究结论

本书在高速动车组齿轮箱箱体裂纹等故障调研基础上,基于线路试验、小滚轮高频激励试验台、刚柔耦合动力学仿真计算及有限元分析法,深入开展轮轨激励下高速动车组齿轮箱箱体的振动特性及疲劳损伤研究。主要研究成果和结论如下:

(1)针对前期出现齿轮箱箱体裂纹的某型高速动车组线路跟踪测试试验,对 A、B 型两种齿轮箱箱体开展频谱分析。结果表明:① A 型齿轮箱箱体没有出现 580 Hz 及 2 500 Hz 左右齿轮箱箱体局部共振现象;齿轮箱箱体齿面观察孔垂向在 4 268～5 000 Hz 频段出现了高能量响应的共振现象;A 型齿轮箱箱体没有出现裂纹的原因是能确保其有足够的强度满足线路服役工况要求,所以建议高速动车组齿轮箱箱体设计时的壁厚最薄处不低于 12 mm。② B 型齿轮箱箱体存在 580 Hz 左右的局部固有模态,在服役中出现局部共振现象;在减速工况中齿轮箱箱体垂向在 3 285～3 737 Hz 频段存在显著的高能量共振带,加剧了齿轮箱箱体的损伤。

(2)高速动车组分别在"新镟踏面"和"磨耗踏面"条件下,基于线路试验数据,对结构改进的 B 型齿轮箱箱体开展振动加速度及频谱特性分析,得出齿轮箱箱体加速度变化与列车运行速度变化趋势基本一致、齿轮箱箱体的横向加速度基本都高于垂向加速度,且横向加速度受列车运行速度变化的影响比垂向更显著，但不同线路工况下影响幅度存在差异的结论；在磨耗踏面运行条件下，从轴箱到齿轮箱的振动传递中存在振动加速度放大现象。

（3）列车过分相区时或由于列车减速需要出现牵引电机断电时，会使得牵引电机转轴输出扭矩减小，导致高频区的主频段信号在时频图消失，但低频段主频信号不受此影响。齿轮箱箱体在适当的运行工况下，会出现与速度线性相关的齿轮啮合频率、轮轴转频、牵引电机转频、枕跨冲击频率、轨道板冲击频率，以及他们的超谐波和次谐波频率发生共振现象，加剧箱体的共振疲劳损伤。

（4）所有工况分析的结果表明：结构改进的 B 型齿轮箱箱体不存在 580 Hz 左右的局部共振现象，说明结构改进的 B 型齿轮箱箱体已成功避开原有箱体结构出现的 580 Hz 左右局部共振问题。新镟踏面列车运行 5 万千米以内不会形成车轮多边形，而在运行 15 万～20 万千米时会形成 23 阶车轮多边形，该多边形产生的轮轨冲击主频信号会传递到轴箱和齿轮箱箱体。研究表明：当轮轴转频为 28.5 Hz 时，23 阶多边形产生的轮轨冲击频率约为 655 Hz，该激扰频率会激发齿轮箱箱体局部固有频率 655 Hz 产生共振现象。尽管改进型齿轮箱箱体避开了 580 Hz 左右的局部固有频率，但又出现了 655 Hz 局部固有频率的共振现象。所以，建议加强对车轮多边形形成机理研究，提出延缓或抑制高阶车轮多边形的有效措施，尽可能降低高阶多边形激扰对齿轮箱箱体的振动影响。

（5）基于小滚轮高频激励试验台对 B 型齿轮箱箱体的振动加速度、频谱特性及疲劳损伤开展研究。研究结果表明：① 垂向载荷和运行速度对齿轮箱箱体的加速度和频谱特性影响比较显著，其中在 180 kN 和 230 kN 垂向载荷作用下，当运行速度为 250 km/h 时，各测点的垂、横向振动加速度均方根值均达到最大值。② B 型齿轮箱箱体存在 573 Hz 的局部共振现象，这与线路试验中 B 型齿轮箱箱体存在 580 Hz 左右局部共振的结论近似，即在小滚轮高频激励试验中再现了线路试验结果；并对试验中出现的 573 Hz 的局部共振现象的原因进行分析。③ 对不同垂向载荷及速度等级工况下的齿轮箱箱体动应力分析表明，正常工况下的动应力对齿轮箱箱体的疲劳损伤非常有限。

（6）建立了以齿轮箱箱体和轮对为柔性体、轨下基础为弹性体、其他部件为刚性体的动车组刚柔耦合动力学模型，并验证了模型正确性；基于该模型，考虑直线和曲线工况，开展动车组车轮多边形、多边形幅值和轮径差对齿轮箱箱体振动加速度及动应力的影响研究。

① 在直线轨道上：对比分析列车在不同速度等级下齿轮箱箱体纵、横、垂三向的加速度及其动应力变化趋势；研究了不同速度等级下，轴箱→轮轴（与齿轮箱连接处）→齿轮箱箱体的传递路径下加速度的传递特性。研究结果表明：在相同工况下，多边形幅值越大或多边形阶次越大，齿轮箱箱体在纵、横、垂三向的加速度振动越剧烈，齿轮箱箱体的等效应力也越大，所以要控制车轮多边形的阶数和幅值，以降低齿轮箱箱体的振动加速度。

② 在曲线轨道上：在相同速度和多边形幅值工况下，车轮多边形阶数越高，各测点的加速度均方根值就越大，齿轮箱箱体的振动也更剧烈。此外，齿轮箱箱体各测点的等效应力均方根值与车轮多边形阶次关系密切。当车轮多边形超过 6 阶后，各测点的等效应力均方根值随多边形阶次的增加呈显著上升趋势。

③ 在理想车轮工况下，齿轮箱箱体的振动加速度均方根值及动应力受速度变化的影响甚微；而高幅值、高阶次车轮多边形形成的轮轨激励对高速动车组齿轮箱箱体的加速度均方根值和动应力受速度的影响则非常显著。研究结果表明：当速度低于 200 km/h 时，齿轮箱箱体各测点加速度均方根值和等效应力均方根值呈小幅变化；当速度从 200 km/h 增加 250 km/h 时会显著增大到各自的最大值；在各种工况分析中，齿轮箱箱体的等效应力均方根值约为 4.5 MPa，所以对齿轮箱箱体的损伤非常小。

④ 基于 4 种典型轮径差工况对齿轮箱箱体振动加速度及动应力开展研究，结果表明：无论是在直线轨道和还是在曲线轨道上，轮径差工况对齿轮箱箱体的振动特性影响都很小，最大加速度均方根值不超过 $1.5g$，应力均方根值不超过 1.5 MPa，所以轮径差工况对齿轮箱箱体振动特性的影响几乎可忽略。

（7）基于结构改进的某型动车组齿轮箱箱体三维模型，考虑其在线路上可能遇到的各种载荷工况，结合动车组线路试验数据和相关标准，制定了齿轮箱箱体在仿真分析中的超常载荷、运营载荷、冲击载荷及随机振动载荷工况。结合相关标准，运用 MSC.Nastran 软件，对齿轮箱箱体和 C 形托架的 4 种载荷工况开展疲劳失效仿真分析。结果表明：建立的齿轮箱箱体三维模型，在超常载荷和冲击载荷工况下出现的最大 Von Mises 均应力小于材料屈服极限值，齿轮箱箱体不会产生永久变形；在运营载荷工况下齿轮箱箱体的最大主应力小于其疲劳强度幅值；在随机振动载荷工况下，齿轮箱箱体在加速度激励下在 X、Y 和 Z 轴方向的最短寿命为 10.91 h，均满足 X、Y 和 Z 轴方向各自 5 h 振动测试的要求，说明齿轮箱箱体不会出现疲劳破坏现象，结构改进符合设计要求。

7.2 研究展望

由于高速动车组服役环境复杂，一系悬挂系统存在强非线性振动特性，为了更好地研究齿轮箱箱体振动特性及其故障机理，并提出有效的解决措施，还需要开展更深入的研究。后续的研究建议从以下几方面开展：

（1）考虑牵引电机输出端与齿轮箱传动输入端之间的机电耦合效应及齿轮箱传动系统中滚动轴承对齿轮箱箱体振动特性的影响。

（2）考虑建立精准的齿轮系统动力学模型，从齿轮传动系统的内部激扰因素去分析齿轮箱箱体的振动特性影响机理。

（3）基于流固耦合动力学机理，考虑齿轮箱箱体内润滑油的温度、黏度及润滑性能等参数对齿轮箱箱体振动特性的影响。

（4）由于实际服役线路中齿轮箱箱体的振动加速度很大，所以可以考虑对齿轮箱箱体开展减振吸振方法的研究。

（5）目前在高速动车组上使用的齿轮箱箱体属于接触式密封结构，可以从齿轮箱箱体的结构角度考虑，开展接触式密封结构箱体与带有呼吸器结构箱体的性能差异性研究。

参考文献

[1] 钱立新. 速度 350 km/h 等级世界高速列车技术发展综述[J]. 中国铁道科学，2007，28（4）：66-72.

[2] 邓晓宇. 高速列车齿轮传动系统动态特性仿真与评价方法研究[D]. 成都：西南交通大学，2016.

[3] 黄震威. 动车组车轴齿轮箱的研制[J]. 内燃机车，2009（3）：14-16.

[4] 长春轨道客车股份有限公司. CRH3型系列动车组齿轮箱故障情况汇报报告[R]. 2014年6月.

[5] 肖乾. 轮轨滚动接触弹塑性分析及疲劳损伤研究[D]. 北京：中国铁道科学研究院，2012.

[6] 吴娜,曾京. 高速车辆轮轨接触几何关系及车轮磨耗疲劳研究[J]. 中国铁道科学，2014，35（4）：80-87.

[7] 陈智芳,姚建伟. 高速万向轴式动力转向架体悬齿轮箱的研究[J]. 机车车辆工艺，2002（8）：8-12.

[8] 姚远,张红军,罗世辉. 机车黏着极限态驱动装置结构共振研究[J]. 铁道学报，2011，33（11）：16-22.

[9] 任少云,包继华,张建武,等. 牵引车在大负荷拖载工况下传动系自激振动建模与仿真研究[J]. 振动与冲击，2005，24（6）：95-97.

[10] 张卫华,周文祥,陈良麒,等. 高速轮轨粘着机理试验研究[J]. 铁道学报，2000，22（2）：20-25.

[11] NIELSEN JCO, JOHANSSON A. Out-of-round railway wheels-a literature survey[J]. Proceedings of the Institution of Mechanical Engineers Part F Journal of Rail & Rapid Transit，2000，214（2）：79-91.

[12] NIELSEN J C O. Out-of-round railway wheels[J]. Wheel/rail Interface Handbook Woodhead Publishing Cambridge，2009：245-275.

[13] JENS C. O. NIELSEN, ROGER LUNDÉn, ANDERS JOHANSSON, et al.

Train-Track Interaction and Mechanisms of Irregular Wear on Wheel and Rail Surfaces[J]. Vehicle System Dynamics, 2003, 40（1-3）: 3-54.

[14] MEINDERS T B, MEINKE P, SCHIEHLEN W O. Wear estimation in flexible multibody systems with application to rail roads[J]. 2005: 21-24.

[15] MEINDERS T, MEINKE P. Rotor Dynamics and Irregular Wear of Elastic Wheelsets[M]. System Dynamics and Long-Term Behaviour of Railway Vehicles, Track and Subgrade. Springer Berlin Heidelberg, 2003: 133-152.

[16] JOHANSSON A, ANDERSSON C. Out-of-round railway wheels-a study of wheel polygonalization through simulation of three-dimensional wheel-rail interaction and wear. Vehicle System Dynamics. 2005, 43（8）: 539-559.

[17] 刘逍远. 铁路车轮非圆化对车辆—轨道系统动力学行为的影响[D]. 成都: 西南交通大学, 2012.

[18] 李广全, 刘志, 王文静, 等. 高速动车组齿轮箱疲劳裂纹机理分析研究[J]. 机械工程学报, 2017, 53（2）: 99-105.

[19] 常程城. 高速列车齿轮箱线路试验及振动传递关系研究[D]. 北京: 北京交通大学, 2015.

[20] 吴志敢, 贺益康. 交-交变频交流励磁电机谐波的解析分析[J]. 电工技术学报, 1999, 14（6）: 9-14.

[21] 赵怀耘, 刘建新, 翟婉明. 异步牵引电机谐波转矩对机车动力学的影响[J]. 西南交通大学学报, 2009, 44（2）: 269-273.

[22] 赵春, 王广权, 施权浩, 等. 高速动车组齿轮箱异常振动试验分析[J]. 城市轨道交通, 2015, 8: 81-85.

[23] 黄冠华, 周宁, 张卫华, 等. 动态激励下高速列车齿轮传动系统振动特性分析[J]. 铁道学报. 2014, 36（12）: 20-26.

[24] 杨广雪, 李广全, 刘志明, 等. 轮轨激励下高速列车齿轮箱箱体振动特性分析研究[J]. 铁道学报, 2017, 11（39）: 46-52.

[25] 李润方, 陶泽光, 林腾蛟, 等. 齿轮啮合内部动态激励数值模拟[J]. 机械传动, 2001, 25（2）: 1-3.

[26] 林腾蛟, 李润方, 杨成云, 等. 增速箱内部动态激励及系统振动响应数值仿真[J]. 农业机械学报, 2002, 33（6）: 20-22.

[27] ABBES M S, FAKHFAKH T, HADDAR M, et al. Effect of transmission

error on the dynamic behaviour of gearbox housing[J]. The International Journal of Advanced Manufacturing Technology, 2007, 34（3）: 211-218.

[28] CHAARI F, FAKHFAKH T, HADDAR M. Dynamic analysis of a planetary gear failure caused by tooth pitting and cracking[J]. Journal of Failure Analysis and Prevention, 2006, 6（2）: 73-78.

[29] EBRAHIMI S, EBERHARD P. Rigid-elastic modeling of meshing gear wheels in multibody systems[J]. Multibody System Dynamics, 2006, 16（1）: 55-71.

[30] 范军, 宋瑞, 谷安斯, 等. 高速动车组齿轮箱体振动特性研究[J]. 铁道技术监督, 2013, 41（12）: 31-40.

[31] 黄冠华, 张卫华, 宋纤崎, 等. 高速列车驱动齿轮内部动态激扰影响分析[J]. 机械传动, 2014, 38（1）: 92-95.

[32] 金思勤, 赵永强, 李枫, 等. 高速动车组齿轮箱加载试验及故障诊断研究[J]. 机车车辆工艺, 2014, 8（4）: 1-3.

[33] JIANDEWANG, I. HOWARD. Finite Element Analysis of high contact ratio spur gears in mesh[J]. Journal of Tribology, 2005, 127: 469-482.

[34] JIANDEWANG. Numerical and experimental analysis of spur gears in mesh[D]. Perth, Curtin university of technology, Department of mechanical engineering, 2003.

[35] JIANDEWANG, HOWARD I. The torsional stiffness of involute spur gears[J]. Journal of Mechanical engineering science, 2005, 218: 131-142.

[36] ZHANG J J, ESAT I I, SHI Y H. Load analysis with varying mesh stiffness[J]. Computers and structure. 1999, 70: 273-280.

[37] CAI Y. Simulation on the rotational vibration of helical gears in consideration of the tooth separation phenomenon (A new stiffness function of helical involute tooth pair[J]. Journal of Mechanical design, 1995, 117: 460-469.

[38] 王红岩, 芮强. 基于虚拟台架的变速箱箱体动态应力测试及影响因素分析[J]. 装甲兵工程学院学报, 2007, 21（6）: 49-53.

[39] 王炎, 马吉胜, 蒙刚, 等. 齿轮系统刚柔耦合动力学建模与仿真研究[J]. 机械传动, 2009, 33（4）: 32-35.

[40] 黄冠华，王兴宇，梅桂明，等. 内外激励下高速列车齿轮箱箱体动态响应分析[J]. 机械工程学报, 2015 (12): 95-100.

[41] 丁康，李巍华，朱小勇. 齿轮及齿轮箱故障诊断实用技术[M]. 北京：机械工业出版社, 2005.

[42] 赵广，刘占生，叶建槐，等. 齿式联轴器不对中啮合力模型及其对转子系统动力学特性影响[J]. 哈尔滨工程大学学报, 2009, 30 (1): 33-39.

[43] 朱革. 齿轮噪声解调分析新方法及其音质主观评价体系的研究[D]. 重庆：重庆大学, 2003.

[44] 王文静，惠晓龙，马纪军. 高速列车设备舱支架疲劳裂纹机理研究[J]. 机械工程学报, 2015, 51 (6): 142-147.

[45] GRANDALL S H. Random vibration[M]. New York：Technology Press of Mit and John Wiley and Sons, 1958.

[46] GRANDALL S H, MARK W D. Random vibration in mechanical systems[M]. New York：Academic Press, 1963.

[47] 姚起杭. 谈谈加速度振动试验问题[J]. 航空标准与质量, 1975 (6): 7-18.

[48] 姚起杭，姚军. 工程结构的振动问题[J]. 应用力学学报, 2006, 23 (1): 12-15.

[49] AYKAN M, CELIK M. Vibration fatigue analysis and multi-Axial effect in testing of aerospace structures[J]. Mechanical Systems and Signal Processing, 2009, 23 (3): 897-906.

[50] MOON S I, CHO I J, YOON D. Fatigue life evaluation of mechanical components using vibration fatigue analysis technique[J]. Journal of Mechanical Science and Technology, 2011, 25 (3): 631-637.

[51] HAN S H, AN D G, KWAK S J, et al. Vibration fatigue analysis for multi-point spot-welded joints based on frequency response changes due to fatigue damage accumulation[J]. International Journal of Fatigue, 2013, 48: 170-177.

[52] 何斌斌. 高速列车齿轮箱异常振动分析[D]. 成都：西南交通大学, 2014.

[53] 李舜酩，郭海东，李殿荣. 振动信号处理方法综述[J]. 仪器仪表学报, 2013, 34 (8): 1907-1915.

[54] 钟文生，刘恒. 高速动力车承载式铸铝合金齿轮箱体结构设计与强度分

析[J]. 内燃机车，1997，0（4）：29-32.

[55] 杨文硕,满志强. 齿轮减速箱体的结构力学分析[J]. 哈尔滨科学技术大学学报，1995，3：96-97.

[56] 单巍. 高速列车新型齿轮箱箱体强度仿真与试验研究[D]. 成都：西南交通大学，2017.

[57] 刘建新，刘建亮，范乃则，等. 基于 Workbench 高速动车组用驱动齿轮箱箱体强度分析[J]. 机械传动，2017，41（2）：77-81.

[58] Lotfi Saidi, Jaouher Ben Ali, Bechhoefer. Wind turbine high-Speed shaft bearing degradation analysis for run-to-failure testing using spectral kurtosis[C]. IEEE，2015：21-23.

[59] 董宏，王碧琴. 轧机齿轮箱异常振动分析及故障诊断[J]. 中国设备工程，2005，0（7）：46.

[60] 潜波,巫世晶,路红山. 基于传递矩阵法的车辆传动系统扭转振动分析[J]. 武汉大学学报，2005，51（s2）：203-205.

[61] 袁文东. 标准动车组齿轮箱箱体强度分析与寿命预测[D]. 北京：北京交通大学，2016.

[62] WILK A, FIGLUS T, MADEJ H. Analysis of the possibility to reduce vibraction of the gearbox housing[J]. Eksploatacja i Niezawodnosc-Maintenance and Reliability，2013，2011（2）：42-49.

[63] 袁雨青，李强,杨光，等. 高速列车齿轮箱线路测试与异常振动分析[J]. 铁道机车车辆，2016，36（1）：24-29.

[64] ZHANG J, LI X, XIE H. Fatigue Finite Element Analysis of Certain Type of EMU Gearbox Box[J]. Applied Mechanics & Materials，2015，789：236-240.

[65] HU W, LIU Z, D LIU, et al. Fatigue failure analysis of high speed train gearbox housings[J]. Engineering Failure Analysis，2017，3（73）：57-71.

[66] 孟永帅，赵永强，王起梁，等. 动车齿轮箱箱体模态相关性分析[J]. 计算机应用，2015，3（2）：46-48.

[67] MOYNE S LE, TEBEC J L, Kraemer J C. Source Effect of Ribs in Sound Radiation of Stiffened Kates[J]. Experimental and Calculation Investigation, the. Acta Acustica United smart Acustica，2000，86（03）：457-464.

[68] 蒋喜，刘宏昭，刘丽兰，等. 基于伪寿命分布的电主轴极小子样可靠性研究[J]. 振动与冲击，2013，32（19）：80-85.

[69] 樊红东，胡昌华，陈茂银，等. 基于退化数据的最优预测维护决策支持方法[J]. 华中科技大学学报，2009，1（37）：45-48.

[70] MEEKER W Q, HAMADA M. Statktical tools for e rapid development the and EVA action of mountain Hi reliability products Lu H[J]. IEEE Transactions and on liability of the people, 1995, 44: 187-198.

[71] 文占科，马彪，皱文胜. 履带车辆综合传动装置箱体有限元分析[J]. 兵工学报，1999，4：26-28.

[72] LUO K, GABBITAS BL, BRICKIE B V. Fatigue life evaluation of a railway vehicle bogie using a integration power dynamic simulation[J]. Proc Instn Mech Engrs Part F: Journal of the Rail of the Rapid Transit, 1994, 208: 123-132.

[73] CHOY F K, RUAN Y F, TU R K, et al. Modal Analysis of Multistage Gear Systems Coupled with Gearbox Vibrations [J]. Journal of Mechanical Design, 1992, 114（03）：486-497.

[74] 李丹. 高速列车传动齿轮箱齿轮转子动力学特性研究[D]. 大连：大连理工大学，2012.

[75] 王起梁，叶小芬. 高速列车齿轮传动系统主动齿轮接触疲劳可靠性研究[J]. 机车车辆工艺，2013，（1）：1-4.

[76] 宋永丰，陆阳，李杰波，等. CRH3C型动车组牵引传动系统可靠性建模与指标分配[J]. 铁道机车车辆，2013，33（5）：75-79.

[77] 吴刚,陈宗瑞. 机车牵引齿轮寿命预测方法探讨[J]. 机车车辆工艺,2008,（6）：7-9.

[78] 赵永翔，柴振华，杨冰，等. HXD1C型大功率机车传动系统齿轮的疲劳可靠性分析[J]. 机械，2013，40（11）：32-34.

[79] 俞必强,李威,薛建华,等. 基于动载荷谱的齿轮弯曲疲劳寿命预测[J]. 北京科技大学学报，2013，35（6）：813-817.

[80] URAL A, HEBER G, WAWRZYNEK P A, et al. Three- dimensional, parallel, finite element simulation of fatigue crack growth in a spiral bevel pinion gear[J]. Engineering Fracture Mechanics, 2005, 72: 1148-1170.

[81] 刘少龙. 高速动车组电机及齿轮箱监测系统的研究和应用[J]. 动力与电气工程, 2015, 6: 40-43.

[82] NEJAD A R, GAO Z, MOAN T. On long-term fatigue damage and reliability analysis of gears under wind loads in offshore wind turbine drive trains[J]. International Journal of Fatigue, 2014, 61: 116-128.

[83] 曹庆峰, 王立志, 李琪, 等. 齿轮箱箱体裂纹失效分析[J]. 金属铸锻焊技术, 2008, 6: 134-136.

[84] 侯有忠. CRH2型动车组齿轮箱跑合试验振动数据分析与研究[J]. 轨道交通装备与技术, 2013, 5（3）: 42-44.

[85] 李枫. 高速动车组齿轮箱渗油原因分析与改进[J]. 轨道交通装备与技术, 2013, 5（3）: 35-36（51）.

[86] 张川宝, 汤钰鹏. 齿轮传动比对动车组牵引特性的影响[J]. 大连交通大学学报, 2011, 32（4）: 79-82.

[87] 陈晓玲, 刘松丽, 黄智勇, 等. 高速列车传动齿轮箱浸油深度对平衡温度的影响[J]. 铁道学报, 2008, 30（1）: 89-92.

[88] OSMAN T, VELEX P. A model for the simulation of the interactions between dynamic tooth loads and contact fatigue in spur gears[J]. Tribology International, 2012, 46: 84-96.

[89] DING H, KAHRAMAN A. Interactions between nonlinear spur gear dynamics and surface wear[J]. Journal of Sound and Vibration, 2007, 307: 662-679.

[90] JIA S, HOWARD I. Comparison of localised spalling and crack damage from dynamic modeling of spur gear vibrations[J]. Mechanical Systems and Signal Processing, 2006, 20: 332-349.

[91] 张贤达. 非平稳信号分析与处理[M]. 北京: 国防工业出版社, 1998.

[92] BOASHASH B, WHITE L B. Instantaneous frequency estimation and automatic time-varying filtering. Proc. IEEE ICASSP'90, 1990: 1221-1224.

[93] ROESSGEN M, BOASHASH B. Time-frequency peak filtering applied to FSK signals. Proc. IEEE ICASSP'94, 1994: 516-519.

[94] 张贤达. 现代信号处理[M]. 北京: 清华大学出版社, 2002.

[95] PITTON J W, KUANSAN WANG, BIING-HWANG JUANG.

Time-frequency analysis and auditory modeling for automatic recognition of speech. Proc. IEEE, 1996, 84（9）: 1199-1215.

[96] GAUNAURD G C, STRIFORS H C. Signal analysis by means of time-frequency（Wigner-type）distribution-applications to sonar and radar echoes. Proc. IEEE, 1996, 84（9）: 1231-1284.

[97] DAPONTE P, et al. Detection of echoes using time-frequency analysis techniques. IEEE trans. Instrumentation and Measurement, 1996, 45（1）: 30-40.

[98] ANDRIA G, et al. Application of Wigner-Ville distribution to measurements on transient signals. IEEE trans. Instrumentation and Measurement, 1994, 43（20）: 187-193.

[99] ATLAS L E, BERNARD G D, NARAYANAN S B. Application of time-frequency analysis to signals from manufacturing and machine monitoring sensors. Proc. IEEE, 1996, 84（9）: 1319-1329.

[100] LUUIS R, et al. The application of two-dimensional signal transformations to the analysis and synthesis of structural excitations observed in acoustic scattering. Proc. IEEE, 1996, 84（9）: 1249-1266.

[101] 高西全, 丁玉美. 数字信号处理[M]. 3版. 西安: 西安电子科技大学出版社, 2008.

[102] MCFADDEN P D, COOK J G, FORSTER L M. Decomposition of gear vibration signals by generatized S-tranaform: Mech. Syst. Signal Process. 1999, 13: 691-707.

[103] 来五星, 轩建平, 史铁林, 等. Wigner-Ville时频分布研究及其在齿轮故障诊断中的应用[J]. 振动工程学报, 2003, 16（2）: 247-250.

[104] 应怀樵, 沈松, 刘进明. 频率混叠在时域和频域现象中的研究[J]. 振动、测试与诊断, 26（1）, 2006, 3: 1-4.

[105] 陈克兴, 等. 设备状态监测与故障诊断技术[M]. 北京: 科学技术文献出版社, 1991.

[106] 李栋. 调频波的频谱与贝塞尔函数[J]. 南通职大教学研究, 1994（1）: 6-10.

[107] 丁康, 王延春. 传动箱齿轮和轴故障的诊断方法的研究[J]. 振动与冲击,

1994，13（2）：26-32.

[108] 姚卫星. 结构疲劳寿命分析[M]. 北京：国防工业出版社，2003.

[109] FATEMI A，YANG L. Cumulative fatigue damage and life prediction theories: a survey of the state of the art for homogeneous materials[J]. International journal of fatigue，1998，20（1）：9-34.

[110] 邓锐. 机车转向架构架疲劳寿命预测[D]. 成都：西南交通大学，2008.

[111] 管鹏. 铁道车辆设备随机振动疲劳寿命分析[D]. 成都：西南交通大学，2008.

[112] 吕凤军，王梅，曲庆文，等. 用模态叠加法计算车辆结构的动力响应[J]. 淄博学院学报：自然科学与工程版，2002，4（04）：70-74.

[113] 李东旭. 高等结构动力学[M]. 长沙：国防科技大学出版社，1997.

[114] 纽兰. 随机振动与谱分析. 北京：机械工业出版社，1978.

[115] PETER J HEYES.基于功率谱密度信号的疲劳寿命估计[J]. 林晓斌，译. 中国机械工程，1998（11）：16-19.

[116] T DIRLIK. Application of computers in fatigue analysis [D]. Coventry：University of Warwick，1985.

[117] 张少雄,杨永谦. 船体结构强度直接计算中惯性释放的应用[J]. 中国舰船研究，2006（1）：58-61.

[118] 陈召涛，孙秦. 惯性释放在飞行器静气动弹性仿真中的应用[J]. 飞行力学，2008（26）：71-73.

[119] 李大地. 基于钢轨模态振动的车轮多边形机理研究[D]. 成都：西南交通大学，2017.

[120] 凌亮. 高速列车-轨道-轨道三维刚柔耦合动力学[D]. 成都：西南交通大学，2015.

[121] 杜林森. 轨道车辆健康诊断系统的研究[D]. 成都：西南交通大学 2013.

[122] BS_EN-1999-1-3 2007 Eurocode 9：Design of aluminium structures-Part 1-3： Structures susceptible to fatigue[S]

[123] HOBBACHER A. IIW XIII-2460-13/XV-1440-13-Recommedations for fatigue design of welded joints and components[M]. Springer，2015.

[124] 沈彩瑜. 铁道车辆转向架构架疲劳强度研究[D]. 成都：西南交通大学，2014.

[125] 周张义. 高速货车转向架焊接部件疲劳强度研究[D]. 成都：西南交通大学，2009.

[126] 周张义，李芾，卜继玲. 基于名义应力的焊接结构疲劳强度评定方法研究[J]. 内燃机车. 2007（7）：1-4.

[127] 周尚猛,李亚东. 国内外铁路桥梁规范抗疲劳设计方法分析[J]. 铁道标准设计. 2010（3）：46-49.

[128] Hobbacher A. IIW XIII-1965- 03/XV-1127-03-Recommedations for fatigue design of welded joints and components[M]. Springer，2003.

[129] 高浩. 车辆系统刚柔耦合动力学仿真方法及仿真平台研究[D]. 成都：西南交通大学，2013.

[130] 吴会超. 高速列车车体与车下设备耦合振动研究[D]. 成都：西南交通大学，2012.

[131] INTEC GMB H. SIMPACK Users Manuals.

[132] 中华人民共和国国家质量监督检验检疫总局. GB/T 11349.3-2006 振动与冲击. 机械导纳的试验确定第3部分：冲击激励法[s]. 2006.

[133] 王忆佳. 车轮磨耗对高速列车动力学行为的影响[D]. 成都：西南交通大学，2014.

[134] 张雪珊，肖新标，金学松. 高速车轮椭圆化问题及其对车辆横向稳定性的影响[J]. 机械工程学报，2008，44（3）：50-56.

[135] 邹航宇，张卫华，王志伟. 车轮多边形化对高速列车齿轮箱体动态响应的影响[J]. 机车电传动，2017（6）：52-56.

[136] 刘韦，马卫华，罗世辉，等. 考虑轮对弹性的车轮振动及车轮多边形化对轮轨力影响研究[J]. 铁道学报，2013（6），28-34.

[137] JOHANSSON A. Out-of-round railway wheels-assessment of wheel tread irregularities in train traffic[J]. Journal of Sound and Vibration，2006，293（3-5）：795-806.

[138] EN 13749-2011. Method of specifying structural requirement of bogie frames[S].

[139] IEC 61373-2010. Railway Applications-Rolling Stock Equipment Shock and Vibration Tests[S].

[140] Eurocode 3：Design of steel structures Part 1-9：Fatigue[S].

[141] 杨剑，张璞，陈火红. 新编 MD Nastran 有限元实例教程[M]. 北京：机械工业出版社，2008.

[142] 王国军. MSC. Farigue 疲劳分析实例指导教程[M]. 北京：机械工业出版社，2009.

[143] 钱令希，钱伟长，郑哲敏，等. 中国大百科全书：力学卷[M]. 中国大百科全书出版社，1993.

[144] JONES N. Structure Impact[M]. Cambridge UP，Cambridge，1989.

[145] MOTER L. Impact loads. ISSC Report，1996.

[146] 孙焕纯，宋亚新. 结构碰撞的动力响应分析. 计算结构力学及其应用[J]. 1994，11（1）：31-41.

[147] 宋天霞. 非线性结构有限元计算[M]. 武汉：华中理工大学出版社，1997.